LES CLASSIQUES
DE L'HISTOIRE AU MOYEN ÂGE

continuation

des Classiques

de l'Histoire de France au Moyen Âge

FONDÉS PAR LOUIS HALPHEN
PUBLIÉS SOUS LA DIRECTION DE PHILIPPE DEPREUX
SOUS LE PATRONAGE DE L'ASSOCIATION GUILLAUME BUDÉ

2e volume

LES CLASSIQUES DE L'HISTOIRE AU MOYEN ÂGE

fondés par Louis Halphen
et publiés sous la direction de Philippe Depreux
sous le patronage de l'Association Guillaume Budé

LE DOSSIER DE L'AFFAIRE DES TEMPLIERS

ÉDITION ET TRADUCTION
DE
Georges Lizerand

5e tirage

PARIS
LES BELLES LETTRES
2012

95, bd Raspail, 75006 Paris
www.lesbelleslettres.com

Première édition 1923

ISBN : 978-2-251-34001-2

INTRODUCTION

Le procès des Templiers a laissé comme traces une quantité de documents éparpillés dans beaucoup de dépôts, parce que l'ordre avait des maisons dans presque toute l'Europe, mais nombreux surtout en France, à cause de l'importance des établissements qu'il y possédait, à cause aussi des grandes procédures qui y furent entamées contre lui. Une partie de ces documents est encore inédite; mais tout ce qu'on a publié depuis la première édition de l'ouvrage de Pierre Dupuy suffit à faire connaître l'affaire, et il n'est guère de procès du moyen âge qui soit aujourd'hui aussi bien connu que celui-là. Bien que le Temple fût un ordre militaire de caractère international, bien qu'en définitive la décision du procès appartînt au pape et bien qu'elle ait été donnée par lui, le rôle considérable du roi de France dans l'affaire — qui fut en réalité la sienne — fait qu'un recueil de documents d'origine française permet d'en procurer une idée suffisante pourvu que les pièces soient replacées dans leur ordre de succession.

I. — Résumé de l'histoire du procès[1].

L'arrestation des Templiers a frappé les contemporains comme un coup de tonnerre. Mais elle fut préparée d'assez

1. On pourra trouver un exposé plus long avec des indications bibliographiques plus détaillées dans G. Lizerand, *Clément V et Philippe IV le Bel*, Paris, 1910, in-8°.

loin et ses préliminaires, encore qu'ils aient été tenus secrets, ont pourtant laissé des traces.

L'ordre du Temple, ordre surtout militaire et fondé pour la défense de la Terre Sainte, était discrédité, surtout depuis la perte de Saint-Jean-d'Acre (1291). Son inactivité faisait croire à son inutilité et la malveillance avait beau jeu contre lui; il était plus déconsidéré que l'ordre de l'Hôpital, chez qui l'hospitalité l'emportait sur l'activité militaire.

Cette déconsidération avait donné naissance, depuis longtemps, à un projet de fusion des ordres militaires. Ce projet, envisagé par Grégoire X au concile de Lyon, puis par Nicolas IV et par Boniface VIII, n'aboutit pas. Il fut repris au temps de Clément V et étudié. De ces études un document nous est conservé : c'est le mémoire présenté au pape par Jacques de Molay, grand maître du Temple, et qui concluait au rejet de l'union. Ce mémoire (reproduit ici, n° I) est maladroit; Molay y défend l'autonomie de son ordre par des arguments mesquins, intéressés, égoïstes; il donne l'impression qu'il songe plus à son ordre qu'à l'avantage de la Terre Sainte. Le travail de Molay, qui fut entre les mains du gouvernement du roi, doit avoir eu de l'influence sur ses décisions. Il était en opposition avec les intentions de Philippe le Bel, qui devait, en 1308, à Poitiers, recommander à Clément V la réunion des ordres militaires sous le commandement d'un de ses fils[1].

Le rejet de l'union des ordres laissait le champ libre aux ennemis du Temple qui surent utiliser les rumeurs défavorables qui flottaient dans l'air. Les premières accusations avaient pris naissance à l'époque du conclave de Pérouse (1304-1305), dans la région d'Agen[2]. Elles furent recueillies

1. Finke, *Papsttum und Untergang des Templerordens*, t. II, p. 118-119.

2. Finke, *op. cit.*, t. II, p. 116-117; Michelet, *Procès des Templiers*, t. I, p. 458.

par un homme de peu, *Esquiu de Floyrano*, qui, probablement au début de 1305, les fit connaître au roi d'Aragon, Jayme II, à Lérida. Celui-ci n'ayant pas donné suite à l'affaire, Esquiu vint en France, où on l'écouta[1].

On rechercha alors des témoins à charge et l'on en trouva, surtout parmi des frères exclus de l'ordre pour inconduite[2]. Quelques-uns y rentrèrent comme espions[3]; d'autres furent mis au secret à Corbeil, sur l'ordre de Guillaume de Nogaret, jusqu'à l'arrestation générale[4].

Le pape Clément V connut ces accusations avant son couronnement, qui eut lieu à Lyon, le 15 novembre 1305. Il en fut aussi instruit par Philippe le Bel dans cette ville et, de nouveau, à Poitiers (avril-mai 1307), mais brièvement, et il n'y attacha pas d'importance[5].

Après l'entrevue de Poitiers, l'affaire fut remise en question. Le roi fit, plusieurs fois, communiquer des renseignements au pape[6]. Celui-ci, le 24 août 1307, lui annonça enfin qu'après avoir pris des informations et l'avis des cardinaux, il avait, sur la demande du grand maître lui-même, décidé d'ouvrir une enquête[7]; le 26 septembre encore, il réclamait au roi des renseignements[8].

Tels sont les préliminaires de l'affaire.

Tout ce que le roi avait obtenu du pape, c'était l'engagement de commencer une information. C'est vers la fin d'août et au début de septembre que Philippe le Bel se décida à recourir à des procédés plus expéditifs et à se passer provi-

1. Finke, *op. cit.*, t. II, p. 83-85.
2. Michelet, *op. cit.*, t. I, p. 168.
3. Finke, *op. cit.*, t. II, p. 145.
4. Jean de Saint-Victor, *Memoriale temporum*, dans le *Recueil des historiens de France*, t. XXI, p. 649.
5. Bulle *Faciens misericordiam*, dans Michelet, *op. cit.*, t. I, p. 207.
6. Finke, *op. cit.*, t. II, p. 149.
7. Baluze, *Vitae paparum Avenionensium*, t. I, p. 99-100.
8. G. Lizerand, *op. cit.*, appendice (n° 6).

soirement du pape qui témoignait de plus de tiédeur que de zèle. Il y a des raisons de penser que ce changement d'attitude est dû à l'influence de Nogaret qui, succédant à Gilles Aicelin, archevêque de Narbonne, reçut la garde du grand sceau, au monastère de Maubuisson, près de Pontoise, le 23 septembre. Cette précipitation a été expliquée plus tard par le roi, lorsqu'il a prétendu que des chevaliers se préparaient à s'enfuir en emportant les biens de l'ordre[1]. Il est plus simple de croire que le roi a préféré s'adresser à l'inquisiteur de France, Guillaume de Paris, son chapelain, parce qu'il croyait pouvoir compter sur sa complaisance.

Les décisions prises à Maubuisson sont datées du 14 septembre. Elles consistent en une sorte de proclamation-réquisitoire suivie d'instructions (en français ou en latin) relatives à l'arrestation et à l'interrogatoire des Templiers, données à divers commissaires envoyés dans les bailliages et les sénéchaussées[2].

Il ressort de ces textes que le procès n'a été qu'en apparence l'œuvre de l'inquisition. La proclamation du roi mentionne bien les réquisitions adressées au bras séculier par frère Guillaume de Paris, inquisiteur de France. Mais tout le reste des documents montre que l'affaire est affaire d'État : les longues délibérations du conseil du roi, l'ordre donné aux commissaires royaux d'interroger *d'abord* les prisonniers, même en employant la torture, et d'appeler *ensuite* seulement les commissaires de l'inquisiteur, de dresser des procès-verbaux mentionnant les aveux, c'est-à-dire de taire les protestations d'innocence; les lettres adressées par le roi, de sa propre initiative, aux souverains de l'Europe, pour leur demander d'arrêter les Templiers établis chez eux, témoignent du même esprit. L'Église n'a été pour rien dans le déclenchement du procès.

1. G. Lizerand, *op. cit.*, appendice (n° 20).
2. Nous en reproduisons un spécimen sous le n° II.

L'arrestation des Templiers eut lieu le même jour (13 octobre 1307) dans toute la France et les interrogatoires commencèrent aussitôt. Nous n'avons pas ceux qui furent dirigés par les commissaires du roi à Paris, mais nous avons conservé le procès-verbal des interrogatoires auxquels procéda l'inquisiteur de France[1]. Les aveux faits par tous les prisonniers, à l'exception de trois, surtout ceux des dignitaires, déterminèrent un grand scandale, scandale qui fut encore accru par un renouvellement d'aveux que fit publiquement Molay devant l'Université de Paris (25 octobre)[2]. On obtint même de lui qu'il envoyât une lettre aux Templiers prisonniers pour leur recommander d'avouer comme il avait avoué lui-même. Ces interrogatoires d'octobre-novembre 1307 ont eu une répercussion qu'on ne peut exagérer; ils ont déterminé partout un grand scandale et, en dépit de tout ce qui a pu être dit ensuite à sa décharge, l'ordre n'a jamais pu se relever tout à fait devant l'opinion publique.

Les instructions du 14 septembre ordonnaient aussi de dresser l'inventaire des biens du Temple, ce qui nous permet de nous faire une idée assez complète de l'importance des maisons du Temple qui étaient surtout de grandes exploitations agricoles[3]. On plaça ces biens sous séquestre et on y nomma des administrateurs royaux qui furent manifestement au-dessous de leur tâche.

Durant cette première période du procès, le pape eut une attitude incertaine : le 27 octobre, il se plaignit au roi[4], mais le 22 novembre, par la bulle *Pastoralis praeeminentiae*, il ordonna à tous les princes d'arrêter les Templiers et de

1. On en trouvera quelques spécimens sous le n° III.
2. Finke, *op. cit.*, t. II, p. 307.
3. Nous reproduisons un de ces inventaires sous le n° IV.
4. Boutaric, *Clément V, Philippe le Bel et les Templiers*, dans la *Revue des questions historiques*, t. X (1871), p. 332-335.

séquestrer leurs biens en son nom[1]. A la fin de décembre, le roi remit les Templiers prisonniers à deux envoyés du pape, les cardinaux Bérenger Frédol et Étienne de Suisy.

Mais, à la fin de 1307 ou au début de 1308, l'attitude du pape se modifia complètement parce qu'il reçut des informations nouvelles sur ce qu'avaient fait les agents du roi.

Les dignitaires prisonniers, dès qu'ils purent parler aux cardinaux envoyés par le pape à Paris, reprirent courage ; Jacques de Molay et Hugues de Pairaud, visiteur de France, révoquèrent leurs aveux et le grand maître conseilla même aux autres prisonniers d'en faire autant[2]. Le pape, averti, se prit à douter de la valeur des preuves qu'on lui avait communiquées et il fut irrité de la conduite des inquisiteurs. Il cassa leurs pouvoirs et évoqua toute l'affaire à lui ; cette décision était grosse de conséquences, car elle pouvait sauver l'ordre que les agents du roi croyaient déjà perdu.

C'est alors que commence, dans l'histoire du procès, une nouvelle période, caractérisée par les efforts que fait le roi pour reprendre le procès au pape. Il est difficile d'en suivre le développement, parce que les textes qui s'y rapportent ne sont pas tous exactement datés ; du moins est-il facile d'en connaître le caractère, parce qu'ils sont assez nombreux.

L'un d'eux (reproduit ici, n° V, 3) est une consultation donnée par un anonyme touchant la révocation des aveux du grand maître et la procédure à suivre : l'auteur tient la première déposition de Molay pour la seule exacte et conseille de procéder dans l'affaire par voie de provision et non de jugement. Un autre document (n° V, 1), qui doit se placer en février 1308, est une série de sept questions posées

1. Dupuy, *Histoire de la condamnation des Templiers* (édit. de 1751), p. 227.

2. Schottmüller, *Der Untergang des Templerordens*, t. II, p. 37.

par le roi à des maîtres en théologie de l'Université de Paris; la réponse, donnée le 25 mars (nº V, 2), fut défavorable aux prétentions qu'avait le roi d'intervenir d'une manière active dans le procès; en ce qui concerne le sort des biens du Temple, elle était peu précise, c'est-à-dire décevante.

Probablement à cause de ces déceptions, une campagne — qui est presque une campagne de presse — fut entamée contre le pape. A cette campagne appartiennent : une remontrance adressée au pape, que l'on accuse de tiédeur pour l'œuvre de justice et de partialité pour les Templiers[1]; une prétendue remontrance du peuple de France (reproduite sous le nº VI, 1), qui est l'œuvre du publiciste Pierre Dubois, attaquant le pape sur un point où il était particulièrement vulnérable : le népotisme; une requête du peuple de France (en latin), qui engage le roi à frapper lui-même les Templiers (nº VI, 2).

Pour accroître cette pression morale et forcer le pape, on décida de convoquer des États à Tours. La convocation (nº VII, 1) fut rédigée en termes violents, qui devaient surexciter la population; elle fut reçue sans discussion, et les procurations données par les électeurs à leurs représentants (nº VII, 2) témoignent assez, par leur ton, de l'esprit de soumission qui allait animer les députés.

Ceci fait, le roi alla trouver le pape à Poitiers et négocia avec lui.

Une partie de ces négociations fut publique. Dans le consistoire du 29 mai 1308, Guillaume de Plaisians, l'*alter ego* de Nogaret, prononça un discours long et véhément, dont nous possédons un canevas détaillé (nº VIII, 1), discours qui fut suivi de ceux des représentants de chacun des trois

1. Ce document, aujourd'hui en déficit aux Archives nationales, a été analysé par Dupuy, *Histoire du Procès des Templiers* (édit. de 1654), nº 34.

ordres, et dont nous ne connaissons que les lignes générales; mais le pape ne fut pas intimidé. Le 14 juin, dans un second consistoire, Plaisians prononça un nouveau discours (nº VIII, 2); le pape ne céda pas davantage.

En même temps des négociations secrètes se nouaient. Le roi fit comparaître devant le pape des Templiers choisis, déjà interrogés, qui renouvelèrent leurs aveux[1]. Il fit faire des propositions plus conciliantes que n'étaient celles du 29 mai. Dans la première quinzaine de juillet, l'accord fut conclu : Clément V leva la suspension qu'il avait prononcée contre les inquisiteurs, mais décida que les procès contre les personnes du Temple seraient continués dans chaque diocèse par l'évêque, qui s'adjoindrait deux chanoines, deux Dominicains, deux Franciscains, et pourrait appeler aussi les inquisiteurs[2]. L'administration des biens de l'ordre fut désormais mixte et confiée à des curateurs, nommés moitié par le roi[3] et moitié par les évêques[4]. Enfin (12 août) il créa des commissions chargées, chacune dans un état ou dans une grande région, de procéder, sur l'ordre en tant qu'ordre, à une enquête, dont les résultats seraient soumis à un concile qui devait se réunir à Vienne et décider du sort du Temple.

Ainsi la réconciliation du roi et du pape se faisait par un compromis.

A partir de 1309, deux séries de procès sont entamées dans toute l'Europe. Les premiers sont dirigés dans chaque diocèse par l'évêque assisté d'une commission d'ecclésiastiques. La constitution de ces tribunaux offrait certainement, en général, aux Templiers une garantie qu'ils n'avaient

1. Bulle *Subit assidue*, dans les *Mélanges historiques* de la *Collection des Documents inédits*, t. II, p. 420.

2. *Mélanges historiques*, dans la *Collection des Documents inédits*, t. II, p. 423.

3. Archives nationales, J 416, nº 6.

4. Baluze, *op. cit.*, t. II, p. 98-99.

pas eue en octobre-novembre 1307; mais, dans le royaume de France, où le droit d'élection des chapitres était limité par le roi, qui souvent faisait nommer ses créatures, c'était une faible garantie. On en jugera par les instructions que donna l'évêque de Paris pour son diocèse (nº IX).

Les travaux des commissions d'enquête pontificales ont beaucoup d'importance pour l'étude de la question de la culpabilité de l'ordre en tant qu'ordre. Celle qui siégea à Paris, à partir du 8 août 1309, l'emporte en intérêt sur les autres, parce qu'elle entendit un grand nombre de témoins et, parmi eux, des témoins importants. Quelques-uns, comme Molay, refusèrent, parce qu'ils se sentaient menacés, de rien dire de positif, espérant pouvoir parler plus tard et ailleurs, devant le pape; d'autres expliquèrent pourquoi, dans leurs premiers interrogatoires, ils avaient chargé l'ordre; d'autres enfin, plus fermes et plus hardis, osèrent prendre en main la cause du Temple : tels sont ces neuf prisonniers qui, le 7 avril 1310, remirent à la commission un beau mémoire (nº X, 6), qui est à la fois le plus pressant réquisitoire contre les procédés des agents du roi et une défense qui vaut celle des érudits modernes[1]. Les Templiers reprirent courage et, le 28 mars, les défenseurs de l'ordre étaient au nombre de cinq cent quarante-six.

L'organisation de la défense paraissait donc en bonne voie quand un coup de foudre la réduisit à néant. Le 11 mai, le concile provincial de Sens se réunit sous la présidence

1. Parmi lesquels, nous retiendrons surtout : Raynouard, *Monuments historiques relatifs à la condamnation des Templiers* (1813), p. 219-228; H. C. Lea, *Histoire de l'inquisition au moyen âge* (traduction Reinach), t. III (1902), p. 315-333; J. Gmelin, *Schuld oder Unschuld des Tempelherrenordens* (1893); Ch.-V. Langlois, *Le procès des Templiers*, dans la *Revue des Deux Mondes*, t. CIII (1891), p. 412-416, et *Les derniers Capétiens* (t. III de l'*Histoire de France* de Lavisse), 1903, p. 194-196; H. Finke, *Papsttum und Untergang des Templerordens* (1907), t. I, 326-344.

du nouvel archevêque, un homme sûr, Philippe de Marigny, frère du ministre Enguerrand; il condamna, en les déclarant relaps d'une manière abusive, cinquante-quatre Templiers qui étaient revenus sur leurs aveux. L'exécution de ces malheureux, qui furent brûlés vifs, mit le désarroi chez les Templiers défenseurs de l'ordre, comme on peut le voir par la déposition faite le 13 mai par Aimery de Villiers-le-Duc (nº X, 7). La commission suspendit alors ses séances; quand elle les reprit, très peu de Templiers se présentèrent devant elle et presque personne n'osa se constituer défenseur. Elle prononça la clôture de ses travaux le 5 juin 1311, à l'abbaye de Maubuisson, où résidait le roi.

C'est au concile qui se réunit à Vienne le 16 octobre 1311 que l'on devait décider du sort du Temple. Les procès-verbaux des commissions d'enquête y furent envoyés et étudiés par plusieurs commissions. En même temps, des Templiers se mirent en route pour venir y présenter la défense de leur ordre; une lettre du pape au roi, en date du 4 novembre, estimait à quinze cents ou deux mille le nombre de ceux qui étaient réunis à Lyon dans cette intention[1].

Or, au commencement de décembre, le pape demanda à la grande commission du concile s'il fallait accorder des défenseurs à l'ordre : la majorité répondit affirmativement (la minorité, très faible, ne comprenait que cinq membres, dont quatre Français). Décision grave, car, si Clément V se ralliait à cet avis, tout ce qui avait été fait jusqu'à présent allait être remis en question.

De nouveau, comme en 1308, Philippe le Bel essaya de peser sur la volonté du pape. Il convoqua à Lyon une assemblée de députés des trois ordres comme il l'avait fait auparavant à Tours. Ses ambassadeurs : Louis d'Évreux, les comtes de Saint-Pol et de Boulogne, Nogaret, Marigny,

1. G. Lizerand, *op. cit.*, appendice, nº 30.

Plaisians, se rendirent à Vienne. A partir du 17 janvier, chaque jour, ils travaillèrent avec le pape et avec les cardinaux Arnaud de Pellegrue, Arnaud de Canteloup, Bérenger Frédol, Nicolay de Fréauville, ainsi qu'avec le vice-chancelier[1]. A la fin de ce mois, ils quittèrent la ville rapportant des offres au roi qui, le 2 mars, de Mâcon, fit parvenir au pape ses dernières propositions : il demandait la suppression de l'ordre — non sa condamnation — et il acceptait que ses biens fussent attribués à un autre ordre. Les négociations continuèrent encore et enfin, le 20 mars, le roi arriva à Vienne. Deux jours après, le pape consulta, pour la dernière fois, un consistoire composé de la grande commission du concile et des cardinaux et il leur proposa sa solution : puisque le roi de France voulait la suppression de l'ordre et que le concile demandait qu'on lui accordât des défenseurs, un procès en règle devenait impossible parce que son issue était douteuse; il n'existait qu'une solution acceptable, c'était de supprimer l'ordre, non en vertu d'un jugement, mais par provision[2].

Telle est la décision qui fut rendue publique le 3 avril, dans la troisième session du concile. Les motifs indiqués étaient que l'ordre était décrié, inutile à la Terre Sainte, que son recrutement serait désormais impossible et qu'il y avait urgence, pour empêcher la dissipation de ses biens, à ne pas différer le règlement de l'affaire[3]. Le 3 mai, malgré la résistance d'un grand nombre de Pères du concile[4], le pape attribua à l'Hôpital les biens de l'ordre, exception faite pour ceux qui se trouvaient en Espagne. Le roi, qui aurait désiré leur attribution à un nouvel ordre, accepta pourtant

1. Finke, *op. cit.*, t. II, p. 277.
2. *Ibid.*, t. II, p. 287.
3. Bulle *Vox in excelso*, publiée par Hefele dans la *Theologische Quartalschrift* (1866), t. I, p. 63-76.
4. Finke, *op. cit.*, t. II, p. 296-299.

ce transfert, mais sous la condition que l'Hôpital serait réformé dans son chef et dans ses membres.

Le pape s'était réservé le jugement des dignitaires du Temple restés prisonniers à Paris[1]. Le 19 mars 1314, une commission de cardinaux les condamna à l'emprisonnement perpétuel. Deux des condamnés, Hugues de Pairaud et Geoffroy de Gonneville, écoutèrent en silence la lecture de la sentence; mais Charney et Molay protestèrent; ils se reprochèrent d'avoir fait de faux aveux de culpabilité et d'avoir trahi un ordre qui était saint[2]. On sait que le conseil du roi, usurpant sur les attributions des cardinaux, les condamna à être brûlés vifs[3].

Ainsi, et jusqu'au dernier jour, les gens du roi avaient empiété sur le domaine de l'Église et, dans leur pensée, l'acceptation conditionnelle par le roi de l'attribution des biens à l'Hôpital était peut-être l'amorce d'une nouvelle campagne dirigée contre cet ordre. Inlassablement, le roi et ses agents avaient assiégé le pape pour obtenir de lui la destruction du Temple. L'Église n'était presque pour rien dans un procès qu'elle désapprouvait et, s'il n'eût tenu qu'à elle, jamais l'inquisition n'aurait eu à s'occuper des Templiers. Mais Clément V n'est pas pour cela dégagé de toute responsabilité. Car les calomnies, les irrégularités, les violences, les froides cruautés, l'inhumanité anonyme et administrative des gens du roi n'auraient pas prévalu si le pape n'avait pas témoigné de tant de faiblesse et s'il n'avait pas supporté, avec une résignation anormale, leurs empiétements.

1. *Regestum Clementis papae V[ti]*, *ed. cura et studio mon. O. S. B.*, n° 8784.

2. Villani, *Istorie fiorentine*, VIII, 92.

3. Voir le Continuateur de Guillaume de Nangis (*Recueil des historiens de France*, t. XX, p. 602) et Geoffroy de Paris (*Ibid.*, t. XXII, p. 144-145).

II. — Les différentes espèces de documents.

Le procès des Templiers, qui a duré cinq ans, a donné naissance à un grand nombre de pièces, qu'on peut grouper en classes, correspondant souvent chacune à un moment de la procédure.

Les premiers documents importants émanent de la chancellerie du roi de France. Ils consistent en un réquisitoire suivi d'instructions particulières relatives à l'arrestation des personnes et au séquestre des biens de l'ordre. Ces documents ont été rédigés à un grand nombre d'exemplaires, qui ne présentent que peu de variantes, et qui furent remis aux baillis, aux sénéchaux et aux commissaires chargés de l'opération. Les instructions sont tantôt en latin, tantôt en français. On conserve celles qui furent adressées au bailli d'Amiens (Archives du nord, B 1458), à celui de Rouen (vidimus aux Archives nationales, J 413, n° 22), au sénéchal de Beaucaire (Ménard, *Histoire de Nismes*, t. I, n° 136).

Une seconde catégorie de documents est constituée par les inventaires. Ils ne sont pas nombreux; en ce qui concerne le royaume de France, nous ne connaissons que ceux qui furent faits dans le bailliage de Caen (Archives nationales, J 413, n° 29). Mais il en existe un assez grand nombre aux Archives des Bouches-du-Rhône (B 151-158). Ces derniers toutefois, qui concernent le comté de Provence, datent tous de 1308.

Aux inventaires on peut joindre les procès-verbaux des interrogatoires, qui étaient de deux sortes. Ceux des premiers d'entre eux, qui furent conduits par les agents du roi seuls, ne nous sont pas parvenus. Ceux des interrogatoires qui suivirent, et qui sont l'œuvre de l'inquisiteur de France ou de ses commissaires, sont nombreux : nous possédons ceux de Bigorre, de Bayeux, de Caen, de Cahors, de Carcassonne, de Chaumont, de Clermont, de Paris, de Troyes. Ils nous dispensent de connaître les premiers qui étaient en quelque sorte préparatoires et avec lesquels ils devaient, conformément aux instructions du roi, être concordants.

Pendant cette première période du procès un grand nombre de documents nouveaux, qui ne font pas, à proprement parler, partie de la procédure, ont été rédigés; ils peuvent se grouper sous quatre rubriques :

1° Une correspondance du roi avec les princes étrangers pour les engager à procéder chez eux à l'arrestation des membres de l'ordre. Cette correspondance, qui n'offre pas un grand intérêt, est assez complète ;

2° Une correspondance du roi avec le pape mécontent de l'initiative du gouvernement. Cette section, qui est d'un intérêt capital, est incomplète. Il faut dire d'ailleurs qu'une partie des négociations entamées alors avec Clément V ne peut guère être connue, parce qu'elle a été orale;

3° Des consultations d'ordre juridique demandées à des corps semi-officiels, comme la Faculté de théologie de Paris, ou à des particuliers. Il en reste assez pour qu'on puisse en avoir une idée satisfaisante ;

4° Une campagne d'intimidation à l'aide de pamphlets. Elle est suffisamment représentée par ce qui reste des écrits de Pierre Dubois.

La période qui s'étend du mois de mai au mois d'août 1308 fournit un grand nombre de documents parce qu'elle correspond aux négociations et aux accords de Poitiers. Les principaux sont les suivants :

a) Les textes relatifs à la convocation des députés des trois ordres à Tours et à leurs mandats, textes très nombreux, mais monotones et peu instructifs pour nous ;

b) Les discours prononcés aux consistoires de Poitiers par

Guillaume de Plaisians (ceux que prononcèrent d'autres personnages ont disparu);

c) Des propositions d'accord remises au pape de la part du roi;

d) Des décisions pontificales qui établissent définitivement la procédure que l'on suivra dans le procès.

L'application des mesures décidées au paragraphe précédent (*d*) donne naissance à une nouvelle couche de documents :

1º Les procès dirigés par les évêques, en remplacement des inquisiteurs, contre les personnes du Temple. Ces procès n'ont presque pas laissé de trace et il n'y a pas lieu de le déplorer beaucoup parce qu'ils ne pouvaient guère que reproduire ceux de 1307. D'ailleurs, nous savons, par les instructions qu'il donna, comment l'évêque de Paris voulait qu'ils fussent conduits et nous savons aussi que ces instructions furent adoptées par d'autres évêques;

2º Les procès généraux, faits par des commissaires pontificaux désignés pour toute une région ou tout un état, contre l'ordre en tant qu'ordre. Les procès-verbaux de plusieurs de ces commissions nous sont parvenus : ainsi pour celles de Paris, de Brindisi, de Chypre, du Patrimoine de Saint-Pierre.

Les travaux de ces commissions d'enquête furent terminés en 1311, souvent d'une façon hâtive, parce que l'ouverture du concile était proche. C'était une œuvre considérable et qu'il était impossible de consulter utilement telle quelle. On la résuma à l'usage des Pères du concile et l'on classa les dépositions recueillies dans chaque enquête sous les divers chefs d'accusation. Nous possédons, sous le titre significatif : *Deminutio laboris examinantium*, le travail qui a été fait sur le procès anglais. Il est correct.

Bien d'autres pièces ont sans doute été rédigées alors. Il

y a eu certainement des procès-verbaux des séances tenues par les commissions du concile chargées du procès. Il y a eu de nouvelles négociations écrites entre le roi et le pape. Les premiers de ces textes ont disparu ; des seconds, il ne subsiste presque rien. Nous possédons seulement le résultat de ces études et de ces négociations : les décisions finales de Clément V.

III. — État présent des fonds.

Si on laisse de côté les documents qui ne se rapportent pas au royaume de France, on voit que le dossier du procès se compose de deux parties : l'une est aux Archives du Vatican, l'autre est en France.

A. — Les pièces conservées autrefois en cour de Rome étaient très nombreuses. Un inventaire dressé à Avignon, après la mort du pape Clément V, mentionne qu'elles remplissaient plusieurs coffres, cassettes ou sacs [1]. Ces archives furent apportées à Rome, quand les papes abandonnèrent le séjour d'Avignon, et déposées au château Saint-Ange. Elles restèrent à Rome jusqu'en 1810, date à laquelle elles furent, sur l'ordre de Napoléon Ier, saisies et expédiées à Paris. Raynouard y fit alors des recherches ; il y trouva un grand nombre de documents nouveaux et, en appendice de son livre, il en donna une liste. Déjà il constatait que le plus considérable d'entre eux (le procès-verbal de la commission pontificale d'enquête de Paris) était en mauvais état [2]. Ces archives furent restituées au pape en vertu du traité de Paris.

1. Fr. Ehrle, *Zur Geschichte des Schatzes, der Bibliothek und des Archivs der Päpste*, dans l'*Archiv für Literatur und Kirchengeschichte*, t. I, p. 42-43.

2. Raynouard, *Monuments historiques relatifs à la condamnation des Templiers* (Paris, 1813), p. 311.

Mais quand elles arrivèrent à Rome on s'aperçut qu'elles n'étaient plus complètes. Les Romains et les Français s'accusèrent réciproquement de négligence[1].

Les pièces qui subsistent à Rome sont de deux sortes. Les unes sont constituées par les interrogatoires de Poitiers et de Chinon en 1308, interrogatoires qui concernent les personnes du Temple. Les autres comprennent des enquêtes ordonnées contre l'ordre en tant qu'ordre, c'est-à-dire les documents soumis au concile de Vienne. Le principal d'entre eux est le procès-verbal de la commission de Paris : c'est un rouleau de parchemin en très mauvais état où soixante dépositions environ sont devenues illisibles et qui, heureusement, peut être remplacé par l'exemplaire qui se trouve à Paris[2].

B. — Les documents français étaient très nombreux à l'origine. Nous savons, par exemple, que Guillaume de Plaisians rapporta de Poitiers en 1308 vingt-cinq documents relatifs aux accords passés alors entre le roi et le pape. Que reste-t-il aujourd'hui du dossier primitif?

Il en reste relativement peu de chose pour la raison qu'a indiquée M. Ch.-V. Langlois[3] : c'était l'usage au temps de Philippe le Bel de laisser les ministres emporter à domicile, pour les étudier, les documents d'État; à leur mort ils n'étaient pas toujours restitués. Ceux qui se trouvaient chez Guillaume de Nogaret et chez son lieutenant, Guillaume de Plaisians, le furent; l'inventaire des pièces du dossier trouvées chez le premier comporte quinze numéros et celui des

1. *Regestum Clementis papae V^ti^* ..., t. I, p. CCC.

2. Sur ce manuscrit voir Schottmüller, *Der Untergang des Templerordens*, t. II, p. 420-422.

3. *Les papiers de Guillaume de Nogaret et de Guillaume de Plaisians au Trésor des chartes*, dans les *Notices et extraits des manuscrits de la Bibliothèque nationale*, t. XXXIX, p. 214.

pièces trouvées chez le second en comporte sept. Mais le dossier du procès français comprenait beaucoup d'autres pièces que ces ministres n'avaient pas chez eux. Toutes ne se retrouvent pas : ainsi, les inventaires, qui auraient dû être transmis en même temps que les interrogatoires, ne sont représentés à Paris que par ceux de Caen, sans doute parce que ni Nogaret ni Plaisians ne s'étaient occupés de la question des biens de l'ordre, au moins dans le détail.

Les documents relatifs aux Templiers sont aujourd'hui répartis aux Archives nationales en trois cartons (J 413-416) et un peu pêle-mêle. Seule une série est complète : elle concerne les nominations de députés à l'assemblée des états, à Tours, et compte plus de 150 numéros. Mais le gouvernement avait pris soin de faire transcrire quelques textes plus importants que les autres sur des registres. L'un d'eux (ancien registre JJ 39 des Archives nationales), qui est maintenant à la Bibliothèque nationale (manuscrit latin 10919), renferme, entre autres pièces, le mémoire de Molay et les pamphlets de Dubois.

Enfin la commission pontificale d'enquête de 1309-1311 a laissé en France un texte important. Elle avait fait dresser deux instruments publics de son procès-verbal, l'un sur parchemin, l'autre sur papier. Le premier fut envoyé au pape; mais elle avait pris la précaution de garder pour elle les minutes des notaires, ainsi que le second exemplaire du procès-verbal, qui fut déposé au trésor de Notre-Dame, pour n'en sortir et n'être communiqué qu'avec la permission du pape[1]. On a vu que l'exemplaire destiné au pape est en mauvais état; les minutes des notaires ont disparu; mais l'exemplaire déposé au trésor de Notre-Dame subsiste. Ce manuscrit a passé par bien des mains : au XVIe siècle, il se trouvait dans la bibliothèque du président Brisson; il appartint

1. Michelet, *op. cit.*, t. II, p. 272.

ensuite à l'avocat général Servin puis à Harlay, qui le légua à l'abbaye de Saint-Germain-des-Prés. C'est de là qu'en 1793 il est passé à la Bibliothèque nationale (aujourd'hui manuscrit latin 11796). Il est sur papier, en parfait état de conservation, d'une assez bonne écriture; mais l'on y trouve des abréviations assez nombreuses.

IV. — Les publications modernes.

La première étude importante sur le procès est celle de Pierre Dupuy, qui parut en 1654 dans ses *Traitez concernant l'Histoire de France, sçavoir la condamnation des Templiers, etc.* Dupuy, comme garde des Archives, avait eu entre les mains beaucoup de documents dont quelques-uns sont en déficit aujourd'hui; d'autre part, par ses relations avec Harlay, il avait pu prendre connaissance du manuscrit latin coté actuellement 10919 et en donner des extraits. Mais Dupuy, qui était « né Francais », voulait défendre en Philippe le Bel « un des grands rois qui aient gouverné nostre monarchie ». Aussi, en dépit de l'abondance de ses « Preuves », n'est-il pas parvenu à voir clair dans l'affaire.

Quarante ans plus tard, Baluze, en publiant sur les papes d'Avignon[1] une série de chroniques et de documents d'archives, fut amené à s'occuper de l'affaire des Templiers et édita une série de documents, extraits pour la plupart du même manuscrit 10919. Par malheur, l'auteur, qui fut secrétaire de Pierre de Marca, archevêque de Toulouse, gallican zélé, tout pénétré du même esprit, avait manqué d'impartialité et omis une lettre importante : la protestation adressée par le pape au roi après l'arrestation des Templiers.

1. Baluze, *Vitae paparum Avenionensium, hoc est historia pontificum romanorum qui in Gallia sederunt ab anno MCCCV usque ad annum MCCCXCIV*. Parisiis, 1693, 2 vol. in-4°. — Cet ouvrage a été réédité de nos jours par M. l'abbé Mollat (Paris, 1916-1922, 4 vol. in-8°), lequel a revu de près les textes sur les manuscrits.

Voilà pour l'œuvre des érudits de l'Ancien régime. Leurs publications n'ont été complétées qu'au XIXe siècle.

Raynouard, que la tragique aventure des Templiers avait si fort intéressé qu'il en tira une tragédie, avait fouillé les Archives pontificales du temps qu'elles étaient à Paris. Il y trouva des documents nouveaux sur l'affaire et, le premier, il vit clair dans le procès. Il exposa avec une éloquence pressante les raisons que l'on peut donner de l'innocence de l'ordre. Seulement Raynouard, qui avait connu un grand nombre de documents, n'avait pu faire que des citations trop succinctes; son travail[1] laissait désirer la publication complète des pièces qu'il avait utilisées.

C'est cette publication que Michelet se proposait de faire. Mais il laissa son entreprise incomplète, puisqu'il ne donna que le procès des Templiers de Paris et d'Elne et celui de la commission d'enquête pontificale de Paris[2]. Son édition est pourtant une œuvre essentielle pour l'étude de la question, encore que la publication, préparée un peu hâtivement, donne un texte qui n'est pas irréprochable.

Après Michelet, il faut citer Boutaric. En 1862, il publia, comme complément de son livre sur Philippe le Bel, des documents extraits des Archives nationales et du manuscrit latin 10919[3]. Les plus remarquables sont des mémoires ou des discours, dont quelques-uns doivent être attribués à Pierre Dubois. Dix ans plus tard, il donna[4] une seconde

1. Raynouard, *Monuments historiques relatifs à la condamnation des Templiers*. Paris, 1813, in-8°.

2. *Procès des Templiers*, publ. par J. Michelet, dans la *Collection des Documents inédits*. Paris, 1841-1851, 2 vol. in-4°.

3. Boutaric, *Notices et extraits de documents inédits relatifs à l'histoire de France sous Philippe le Bel*, dans les *Notices et extraits des manuscrits de la Bibliothèque nationale*, t. XX 2 (1862), p. 83-237.

4. Boutaric, *Clément V, Philippe le Bel et les Templiers*, dans la *Revue des questions historiques*, t. X (1871) et XI (1872).

série de documents extraits surtout du manuscrit précédent et laissés de côté par Baluze; les plus intéressants pour nous concernent les arrestations de 1307 et les négociations de Poitiers de l'année suivante. Mais la publication de Boutaric, qui est très intéressante et très riche en trouvailles, n'est pas exempte de fautes de lecture et aussi de fautes de traduction.

A la fin du XIXe siècle, le procès des Templiers a encore donné lieu à plusieurs publications, parmi lesquelles il faut retenir celles de K. Schottmüller, de H. Prutz, de H. Finke.

SCHOTTMÜLLER, dans le second volume de son travail[1], a publié plusieurs textes trouvés au Vatican et qu'avait déjà connus Raynouard : les interrogatoires des Templiers présentés au pape à Poitiers à la fin de juin et au début de juillet 1308 (p. 13-71); les procès-verbaux des commissions chargées de l'enquête contre l'ordre à Brindisi (p. 108-140), à Chypre (p. 147-400), dans le Patrimoine de Saint-Pierre (p. 404-419); des extraits de l'analyse du procès fait en Angleterre exécutée pour l'usage du concile de Vienne (p. 78-102).

L'année suivante, PRUTZ a publié en appendice à son livre[2] les procès-verbaux des procès faits à Bigorre, à Bayeux, Caen, Cahors, Chaumont, Clermont, Troyes (appendice VI) et une partie des inventaires des biens du Temple en Provence, conservés aujourd'hui aux Archives des Bouches-du-Rhône (p. 335-345).

Mais la contribution la plus considérable est celle de FINKE[3], qui a utilisé les Archives nationales, celles du Vati-

1. K. Schottmüller, *Der Untergang des Templerordens*, 1887, 2 vol. in-8° (le t. I contenant le texte et le t. II les documents).

2. H. Prutz, *Entwickelung und Untergang des Tempelherrenordens*, 1888, in-8°.

3. H. Finke, *Papsttum und Untergang des Templerordens*, 1907,

can, et qui a exploré à Barcelone les très riches archives de la Couronne d'Aragon. Il a publié les aveux de Jacques de Molay devant l'Université de Paris le 25 octobre 1307 (nº 149), les interrogatoires de Caen (nº 151), de Cahors (nº 152), de Carcassonne en 1307 (nº 153), celui des dignitaires de l'ordre à Chinon en 1308 (nº 154); il a éclairci beaucoup de points du procès, fait connaître le dénonciateur de l'ordre, le détail des négociations de Poitiers et de Vienne; enfin il a donné une interprétation excellente de documents déjà connus : en particulier, il a fait des travaux de la commission pontificale d'enquête de Paris une analyse qui est un chef-d'œuvre de pénétration.

V. — La présente publication.

Les documents relatifs au procès des Templiers formeraient, s'ils étaient tous réunis, un recueil de plus de 3,000 pages. Cela ne doit pas surprendre si l'on songe que le seul inquisiteur de France interrogea personnellement ou par commissaires 138 prisonniers rien qu'à Paris; la commission d'enquête pontificale siégeant dans cette même ville enregistra 232 dépositions. Il fallait donc, dans la présente publication, se borner à un choix très restreint de documents puisque la place était mesurée; il le fallait aussi parce que beaucoup de ces documents sont souvent d'une même espèce, que les dépositions, par exemple, sont souvent stéréotypées et que la succession en est très monotone.

Nous donnons d'abord (nº I) le mémoire de Jacques de Molay sur le projet de réunion des deux ordres du Temple et de l'Hôpital, mémoire qui peut servir d'introduction au procès. Nous donnons ensuite (nº II), la proclamation royale qui expose les crimes imputés à l'ordre et les instructions adres-

2 vol. in-8º (le t. I contenant le texte et le t. II les documents); *Acta Aragonensia*, 1908-1923, 3 vol. in-8º.

sées aux commissaires chargés de l'arrestation. En ce qui concerne la première partie du procès (inquisition dominicaine) nous nous contentons, avec l'inventaire des biens d'une des maisons du Temple (nº IV), des dépositions de trois dignitaires, qui confirment les accusations, et d'une déposition négative (nº III).

Pour la seconde période du procès, dans laquelle les agents du roi interviennent avec énergie, nous avons cru devoir être moins brefs, parce que les documents de cette époque donnent au procès sa véritable physionomie. Voilà pourquoi nous publions plusieurs consultations juridiques (nº V), deux pamphlets de Pierre Dubois (nº VI), la lettre de convocation des états de Tours (nº VII) et deux discours de Guillaume de Plaisians (nº VIII), qui fut chargé à Poitiers des négociations avec le pape.

Pour la troisième période (1308-1311), dans laquelle se place surtout le procès dirigé contre l'ordre en tant qu'ordre, nous avons fait plus que pour la première, parce que cette fois les témoins comparaissent volontairement, déposent avec la garantie du secret et, au moins au début, avec une certaine liberté. Nous publions donc trois dépositions de Molay, qui sont pleines de réticences, celles de prisonniers qui révoquent nettement leurs aveux et même celle d'un théologien étranger à l'ordre, dont l'avis pourrait bien représenter le sentiment du public (nº IX). Nous avons cru pouvoir laisser de côté les témoignages de ceux qui persistent dans leurs aveux; car ils émanent, pour la plupart, de Templiers réconciliés par l'évêque de Paris, soucieux de ne pas se compromettre par une nouvelle déposition, et heureux d'avoir échappé à la tragique aventure. Nous faisons suivre le tout de deux lettres du roi relatives à la décision finale du pape (nº XI).

Enfin, nous avons jugé utile de publier en appendice un extrait de la règle du Temple relatif à la cérémonie de la réception des nouveaux frères dans l'ordre, afin qu'on pût confronter les prescriptions de la règle avec les pratiques incriminées.

Un mot encore sur le présent recueil. Tous les textes qui suivent ont déjà été publiés. Mais, à l'exception du nº IX, qui est un extrait du livre de Guillaume le Maire[1], évêque d'Angers, nous les avons tous revus sur les manuscrits, ce qui nous a conduit à donner parfois un texte un peu différent de celui des éditions antérieures, surtout quand il s'agit de celles de Boutaric, qui ne sont pas toujours dignes de la réputation de cet érudit.

Quant à nos traductions pour lesquelles nous n'avions pas (sauf au nº II) de précurseur, nous n'avons pu nous conformer strictement au programme de la présente collection et leur donner une forme aisée. Nous avions affaire à des textes qui n'ont rien de littéraire ou qui, s'ils prétendent au beau style, n'y atteignent pas, à des documents administratifs, juridiques, à des pamphlets d'allure populaire, à des procès-verbaux d'audition de témoins. De même que les notaires de la commission pontificale d'enquête de 1309-1311 s'efforçaient de reproduire exactement les témoignages qu'ils entendaient, sans se soucier des redites, et au risque de tomber dans l'incorrection, nous avons essayé de suivre d'aussi près que possible, même quand leur forme était très rugueuse, les textes qui nous sont parvenus.

1. M. Saché, archiviste de Maine-et-Loire, a bien voulu vérifier sur le manuscrit l'exactitude de l'édition donnée par Célestin Port dans les *Mélanges historiques* de la *Collection des documents inédits sur l'histoire de France*, t. II, (1877), p. 446-448.

LE DOSSIER DE L'AFFAIRE DES TEMPLIERS

I.

[DE UNIONE TEMPLI ET HOSPITALIS ORDINUM AD CLEMENTEM PAPAM JACOBI DE MOLAYO RELATIO[a].][1]

Pater sanctissime, questioni quam facitis super facto unionis religionum Templi et Hospitalis, ego, magister Templi, respondeo sic :

Certe recolo quod papa Gregorius, dum esset in concilio Lugdunensi et sanctus Ludovicus[2] cum eo et alii multi ecclesiastici et seculares, fuit etiam ibi frater Guillelmus de Bellojoco, tunc magister Templi, et multi alii antiqui fratres nostri ordinis cum eo; fuit etiam de ordine Hospitalis sancti Johannis frater Guillelmus de Corcellis[3] cum pluribus aliis fratribus et discretis [personis] ejusdem ordinis. Et dictus papa Gregorius et sanctus Ludovicus voluerunt habere consilium super facto unionis predicte, et eorum intencio erat de omni-

a. *Bibliothèque nationale, manuscrit latin 10919, fol. 151-153 (en marge du mémoire, une autre main a écrit :* Super unione ordinum, videlicet Templariorum et Hospitalariorum). *Ce texte a déjà été publié par Baluze,* Vitae paparum Avenionensium, *t. II, p. 180-185; édition G. Mollat, t. III, p. 150-154.*

1. Ce mémoire est rapporté à l'année 1305, avec peu de vraisemblance, par Delaville Le Roulx (*les Hospitaliers en Terre-Sainte et à Chypre*, p. 268, note 2). Il fut rédigé par Jacques de Molay en exécution de l'ordre que lui adressa le pape Clément V de venir en cour romaine pour délibérer sur l'aide qu'il y avait lieu de fournir aux rois d'Arménie et de Chypre; nous n'avons pas conservé cet ordre, mais nous avons celui qui fut adressé au maître des Hospitaliers le 6 juin 1306 (*Regestum Clementis papae V[ti] ed. cura et studio mon. O. S. B.*, n° 1033). Molay avait

I.

ENQUÊTE PONTIFICALE SUR L'OPPORTUNITÉ DE LA FUSION DES DEUX ORDRES DES TEMPLIERS ET DES HOSPITALIERS.

Réponse de Jacques de Molay (1306-1307)[1].

Très-Saint-Père, à la question que vous me posez relativement à l'union des ordres du Temple et de l'Hôpital, moi, maître du Temple, je réponds comme suit :

Assurément, je me rappelle que lorsque le pape Grégoire était au concile de Lyon avec saint Louis[2] et beaucoup d'autres personnes ecclésiastiques et séculières, il s'y trouva aussi frère Guillaume de Beaujeu, alors maître du Temple, et avec lui beaucoup d'autres frères de notre ordre, des anciens ; frère Guillaume de Courcelles[3], de l'ordre de l'Hôpital de saint Jean, y fut également avec plusieurs autres frères et discrètes personnes de cet ordre. Et ledit pape et saint Louis voulurent avoir un avis relativement à l'union susdite et leur intention était de ne faire qu'un ordre de

rédigé deux mémoires : l'un sur la Croisade, l'autre sur l'union des ordres du Temple et de l'Hôpital. L'œuvre de Molay a été prise en considération par les agents de Philippe le Bel, car il en existe une copie dans le registre de Pierre d'Etampes (aujourd'hui à la Bibliothèque nationale, manuscrit latin 10919) et nous savons qu'il se trouvait parmi les papiers que l'on inventoria au domicile de Guillaume de Plaisians après la mort de ce ministre (Ch.-V. Langlois, *les Papiers de G. de Nogaret... au Trésor des chartes*, dans le recueil des *Notices et extraits des manuscrits*, t. XXIX (1907), p. 242, n° 510).

2. Erreur : saint Louis mourut le 25 août 1270 et le concile général de Lyon se tint du 7 mai au 17 juillet 1274.

3. Sur la mission de Guillaume de Courcelles, voir Delaville Le Roulx, *Cartulaire général des Hospitaliers*, t. III, n° 3528.

bus religionibus armorum facere unum. Sed fuit responsum quod reges Yspanie nullatenus consentirent propter tres religiones armorum[1] que sunt in patria sua stabilite. Quare deliberatum fuit pro meliori quod unaqueque religio resideret in statu suo. Item tempore Nicolai pape IIII[ti], propter perdicionem Terre Sancte que tunc fuit, quia Romani clamabant fortiter et alii populi eo quod succursus efficiens ad defensionem ipsius terre non fuerat missus per eum, ad excusacionem quodam modo sui et ut appareret se velle remedium apponere circa negocia Terre Sancte, refricavit seu reassumpsit verba unionis predicte[2], et tandem nichil fecit. Deinde Bonifacius papa super hoc fecit plurima verba, et tamen, omnibus consideratis, omnino pro meliori cessavit, prout scire poteritis per aliquos cardinalium qui fuerunt tempore suo.

Item, Pater sancte, in facto unionis animadvertenda sunt commoda et dampna, honores et scandala que possunt ex hujusmodi negocio provenire.

Primo quidem videtur michi quod non esset honor tam antiquas religiones, et que tanta bona fecerunt tam in Terra Sancta quam alibi, nunc unire, quia timendum est ne contrarium accidat eorum que huc usque fecerunt, quia nunquam vel raro fit novitas que non pariat pericula magna.

Item super omnia timenda sunt animarum pericula; et hoc dico quia diversissimum est et gravissimum hominem, qui sponte Deo se vovit in habitu et professione unius religionis, compellere vitam et mores mutare vel aliam religionem assumere nisi velit.

1. Les ordres de Calatrava, d'Alcantara et de Saint-Jacques de l'Epée.

tous les ordres militaires religieux. Mais on répondit que les rois d'Espagne n'y consentiraient pas du tout, à cause des trois ordres militaires religieux[1] qui sont établis chez eux. C'est pourquoi l'on décida qu'il valait mieux que chaque ordre restât dans son état. De même, au temps du pape Nicolas IV, par suite de la perte de la Terre Sainte qui eut lieu alors, parce que les Romains et d'autres peuples se plaignaient avec force qu'il n'eût pas envoyé un secours suffisant pour la défense de ladite Terre, le pape, pour s'excuser en quelque façon et pour montrer qu'il voulait remédier à la situation de la Terre Sainte, renouvela ou reprit le projet susdit d'union[2]; mais, finalement, il ne fit rien. Ensuite le pape Boniface en parla à plusieurs reprises; cependant, tout considéré, il préféra abandonner entièrement l'affaire, comme vous pourrez l'apprendre de quelques-uns des cardinaux qui vivaient de son temps.

Item, Saint-Père, relativement à l'union des ordres, il faut considérer les commodités et les inconvénients, l'honneur et les scandales qui peuvent en résulter.

Il me semble, en premier lieu, qu'il ne serait pas honorable d'unir maintenant des ordres si anciens et qui, soit en Terre Sainte, soit ailleurs, ont fait tant de bien, parce qu'il est à craindre que le contraire de ce qu'ils ont fait jusqu'à présent n'arrive, car on n'innove jamais, ou du moins rarement, sans provoquer de grands périls.

Item, par-dessus tout, il faut redouter le péril des âmes. Et je dis cela parce que c'est agir d'une manière très hostile et très dure que de forcer un homme qui, spontanément, s'est voué à l'habit et à la profession de foi d'un ordre, à changer sa vie et ses mœurs ou à choisir un autre ordre s'il ne le veut pas.

2. Eberhard de Ratisbonne (*Monumenta Germaniae historica, Scriptores*, t. XVII, p. 594) rapporte qu'à la suite d'une consultation de Nicolas IV, faite après la perte de Saint-Jean-d'Acre, sur l'aide à donner à la Terre Sainte, le concile de Salzbourg (1291) demanda la réunion des Templiers, des Hospitaliers et des Teutoniques; mais les envoyés du concile n'arrivèrent à Rome qu'après la mort du pape (4 avril 1292).

Item et aliud grave periculum esset si unio fieret, propter divisiones hominum, ne instigante dyabolo concertarent ad invicem, dicentes : *Nos melius valebamus et plura faciebamus bona.* Et per talem concertationem possunt multa pericula provenire, quia Templarii et Hospitalarii habent arma. Et sic facile, si rumor insurgeret inter ipsos, posset grave scandalum suscitari.

Item, si unio fieret, multum oporteret quod Templarii larg[i]arentur vel Hospitalarii restringerentur in pluribus, et ex hoc possent animarum pericula provenire, quia pauci sunt, prout credo, qui vellent vitam et mores assuetos mutare.

Item, si unio fieret, maxima diminutio esset elemosinarum et bonorum que fiunt in qualibet religionum. Nam religio Hospitalariorum super hospitalitate fundata est et ultra hoc exercent milicias et multas faciunt elemosinas. Templarii vero super milicia proprie sunt fondati et in omnibus eorum baliviis ter in septimana faciunt omnibus recipere volentibus helemosinam generalem et donant continue pauperibus decimam tocius panis.

Item donant in conventu inter duos fratres tantum de carnibus quod de residuo possent duo pauperes saciari. Unde si religiones essent unite, non facerent simul nisi quantum una fecit ad presens. Et hoc idem dicere possum de servicio Dei et divinis officiis.

Item in civitatibus et aliis locis ubi dicte religiones habent plures domos, si unio fieret, una vastaretur et alia remaneret in statu et quilibet vellet quod sua statum haberet. Unde sepe discordia possit oriri. Et ubi due religiones habent plures preceptores, oporteret quod unus esset preceptor et alii subessent. Unde, quia male contentarentur, facile posset incurri discordia.

Item, si l'on réunissait les ordres il y aurait un autre grave péril, à cause des divisions qui séparent les hommes et l'on pourrait craindre qu'à l'instigation du diable les membres des deux ordres ne se querellassent entre eux, disant : *Nous, nous valions mieux et nous faisions plus de bien.* Et beaucoup de périls pourraient provenir de cette dispute, parce que les Templiers et les Hospitaliers ont des armes. Et si la rumeur s'en répandait parmi eux, elle pourrait facilement susciter un grave scandale.

Item, si l'on réunissait les ordres, il importerait fort que les Templiers donnassent beaucoup, ou bien que les Hospitaliers fussent soumis à des restrictions ; de là pourrait provenir un péril pour les âmes, parce qu'ils sont rares, à ce que je crois, ceux qui voudraient changer leur vie et leurs mœurs habituelles.

Item, si l'on réunissait les ordres, les aumônes et les bienfaits des deux ordres diminueraient considérablement. Car l'ordre des Hospitaliers est fondé sur l'hospitalité, mais, de plus, ses membres sont soldats et font beaucoup d'aumônes. Celui des Templiers est particulièrement fondé sur le service militaire, mais ses membres, dans tous leurs bailliages, trois fois par semaine, font, à tous ceux qui en veulent, une aumône générale et ils donnent, d'une manière continue, aux pauvres le dixième de tout leur pain.

Item, ils donnent dans leur couvent pour deux frères assez de viande pour qu'on puisse, de ce qui reste, rassasier deux pauvres. D'où il suit que, si les ordres étaient réunis, ils ne feraient pas, ensemble, plus qu'un seul ne fait à présent. Et je puis dire la même chose du service de Dieu et des officiers divins.

Item, dans les villes et autres lieux où lesdits ordres ont plusieurs maisons, si l'on faisait la réunion, une des maisons serait désaffectée, l'autre subsisterait et chacun voudrait que celle-ci fût la sienne, ce qui souvent pourrait faire naître des disputes. Et là où les deux ordres ont plusieurs précepteurs il faudrait qu'il n'y en eût plus qu'un et que les autres lui fussent soumis. De là, parce qu'ils seraient mécontents, la discorde pourrait naître facilement.

Item conventus Hospitalis habet mariscalcum, commendatorem, draparium[a] et alios plures officiales. Et hoc idem est in conventu Templi. Unde ex hoc posset briga maxima et discordia inter ipsos oriri, quia quilibet vellet tenere suos officiales in statu.

Item, si aliquis vellet objicere quod pro extinguenda invidia que inter Templarios et Hospitalarios esse dicitur esset unio facienda, respondeo quod maximum dampnum esset Terre Sancte tollere talem invidiam et ex hoc proveniret magnum commodum Saracenis. Nam talis invidia semper attulit et honorem et commodum Christianis et contrarium Saracenis, quia si Hospitalarii faciebant aliquod bonum exercitium armorum contra Saracenos, Templarii numquam cessabant nisi fecissent tantumdem vel plus et e converso.

Item, si Templarii faciebant magnum passagium fratrum, equorum et aliarum bestiarum, Hospitalarii non cessabant donec similem fecissent vel plus. Et ita talis invidia, que semper viguit et viget inter eos, omni tempore fuit et est honorabilis et proficua Christianis, Saracenis vero dampnosa.

Item, si una religio habuit bonos milites et famosos in armis[a] et aliis bonis operibus, alia semper studuit toto posse meliores habere. Et propter talem invidiam utraque religio tales fecit expensas continue quod semper gravate fuerunt maximis oneribus debitorum. Unde si due religiones fuissent in unum, non credo quod super predictis tantum conati fuissent.

Item, quod per invidiam vel controversiam que inter ipsos aliquo tempore fuisset, nunquam cessavit fieri cavalcata contra Saracenos vel aliquod armorum offi-

a. *Le manuscrit porte :* marinis.

Item, le couvent de l'Hôpital a un maréchal, un commandeur, un drapier[1]; et il en est de même dans celui du Temple. Il en pourrait résulter de grandes rivalités et des conflits parce que chacun des deux voudrait maintenir ses officiers en fonction.

Item, si quelqu'un voulait objecter que, pour éteindre la rivalité qu'on dit exister entre les Templiers et les Hospitaliers, il faudrait en faire la réunion, je réponds que ce serait causer le plus grand dommage à la Terre Sainte que de supprimer cette rivalité et qu'il en résulterait un grand avantage pour les Sarrasins. Car elle a toujours procuré honneur et commodité aux Chrétiens et tout le contraire aux Sarrasins, parce que, quand les Hospitaliers faisaient une expédition armée contre le Sarrasins, les Templiers n'avaient de repos qu'ils n'en eussent fait autant ou plus et réciproquement.

Item, quand les Templiers faisaient outre-mer un grand transport de frères, de chevaux et autres bêtes, les Hospitaliers n'avaient de repos qu'ils n'en eussent fait autant ou plus. Et cette rivalité qui a toujours existé et qui existe encore entre eux fut de tout temps et est encore non moins honorable et profitable aux Chrétiens que dommageable aux Sarrasins.

Item, quand l'un des ordres eut de bons chevaliers et des hommes renommés pour leurs faits d'armes et pour d'autres bonnes actions, l'autre s'est toujours appliqué, et de tout son pouvoir, à en avoir de meilleurs. Et, par suite de cette rivalité, chacun des deux ordres fit, sans interruption, des dépenses telles que tous deux furent toujours grevés du poids des plus lourdes dettes. D'où il suit, à ce que je crois, que si les deux ordres n'en eussent fait qu'un, ils ne se seraient pas donné tant de peine à ce sujet.

Item, par suite de la rivalité et de l'opposition qui ont existé entre eux, ils n'ont jamais cessé de faire contre les Sarrasins des chevauchées ou quelque entreprise à main armée; bien mieux, à cause de cette rivalité, ils les faisaient

1. Officier chargé de tout ce qui concerne l'habillement des membres de l'ordre.

cium, quinymo propter predictam invidiam majora et meliora fiebant. Preterea nunquam auditum fuit quod ex aliqua causa ullus ipsorum apponeret manum violentam in alium.

Item apparet exemplum inter fratres Predicatores et Minores, qui multos habent meliores clericos et magis famosos quam si ambe religiones essent in unum, quia quelibet religio studet excellentiores viros habere et magis exercitat suos tam ad divinum officium quam eciam ad sermocinacionem et predicacionem verbi Dei, quod totum redundabit in honorem et commodum populi christiani.

Item, quando reges, duces, comites ac etiam alii barones, populares, peregrini quicumque vadunt ad Terram Sanctam et equitant manu armata contra Saracenos, semper consuevit hoc fieri inter ipsos quod una religio precedit et facit custodiam que dicitur avangarda, reliqua vero facit custodiam que dicitur reregarda, et sic extraneos inter ipsos cooperiunt et involvunt sicut mater infantem. Et bene oportet hoc fieri, quia agnoscunt modum Saracenorum et Saraceni cognoscunt eos, et quandocunque aliqui fecerunt cavalcatam sine ipsis, male successit eis[1], secundum quod vestre sanctitati referam cum audire placuerit. Et si due religiones essent in unum, oporteret quod alii quam ipsi facerent sive avangardiam sive reregardiam.

Item quicunque peregrini majores Domini vel minores venerunt ad Terram Sanctam, semper invenerunt refrigerium, recreacionem, auxilium et succursum sive ab una sive ab altera religionum. Et si non fuisset nisi sola religio, forsitan non invenissent ita largum remedium et succursum tam liberum. Et hoc idem dico de minimis servientibus, qui semper vel in una vel in altera religionum habuerunt bonum refugium.

plus importantes et meilleures. En outre, on n'a jamais entendu dire que, pour quelque cause que ce soit, l'un d'eux ait porté la main violemment sur un autre.

Item, un exemple de ce qui précède apparaît chez les frères Prêcheurs et les frères Mineurs qui ont des clercs bien meilleurs et de plus grand renom que si leurs deux ordres étaient réunis en un seul, parce que les deux ordres s'efforcent l'un et l'autre d'avoir les hommes les plus excellents et excitent davantage les leurs tant à la célébration de l'office divin qu'au sermon et à la prédication de la parole de Dieu, de sorte que tout rejaillira à l'honneur et pour l'avantage du peuple chrétien.

Item, quand des rois, des ducs, des comtes et même d'autres barons, des gens du peuple, des pèlerins, quels qu'ils soient, vont en Terre Sainte et chevauchent à main armée contre les Sarrasins, il est toujours d'usage chez eux qu'un des deux ordres marche en avant et fasse la garde qui est appelée « avant-garde », tandis que l'autre fait la garde qui est dite « arrière-garde », couvrant et enveloppant les étrangers qui sont entre eux comme une mère fait de son enfant. Et il est bon qu'il en soit ainsi parce qu'ils connaisent les habitudes des Sarrasins et que les Sarrasins les connaissent; et quiconque a fait une chevauchée sans eux a eu lieu de le regretter[1], ainsi que je le rapporterai à Votre Sainteté quand il lui aura plu de l'entendre. Or, si les deux ordres étaient réunis, il en faudrait d'autres pour faire soit l'avant-garde, soit l'arrière-garde.

Item, les pèlerins du Seigneur, quels qu'ils soient, grands ou petits, qui vinrent en Terre Sainte trouvèrent toujours rafraîchissement, réconfort, aide et secours auprès d'un des deux ordres. Et s'il n'y en avait eu qu'un, peut-être n'auraient-ils pas trouvé un si grand réconfort et un secours aussi complet. Et je le dis aussi pour les plus modestes sergents, qui toujours ont trouvé bon refuge chez l'un ou l'autre des deux ordres.

1. L'auteur fait probablement allusion à la défaite de Mansourah due à la témérité du comte d'Artois qui refusa de laisser les Templiers passer devant ses soldats. Voir le récit de Joinville, éd. N. de Wailly, §§ 218-219.

Commoda vero vel profectus que de unione cognosco sunt hec :

Notorium est quod omnes gentes consueverunt habere multam devocionem ad religiosos; quod totum videtur esse conversum, quia plurimi reperiuntur velle auferre religiosis quam dare, et quasi omnes libencius accipiunt quam donent eisdem et multa gravamina continue eis inferuntur per mundum tam a prelatis quam ab aliis viris potentibus et minoribus, sive clericis, sive laicis. Sed si talis unio fiat, religio erit tam fortis et potens quod bene defendet et poterit defendere jura sua a quibuscunque personis.

Item alium profectum cognosco, quia facerent minores expensas. Nam ubi modo tenentur duo hospicia, nonnisi unum teneretur; et ubi sunt duo preceptores vel duo ballivi, non esset nisi unus, sive in conventu[1] ultramarino sive in provinciis et domibus cismarinis; et hec esset maxima allevatio expensarum.

Unde, Pater sancte, in predictis omnibus continentur profectus et damna, honores et inhonores vel pericula que in facto unionis sencio et cognosco.

De consilio vero nostri conventus ac veterum proborum virorum ordinis nostri existencium citra mare et [per] provincias et ballivias, quandocunque vestre sanctitati placuerit audire, faciam ipsos ad invicem congregari eciam, si volueritis, coram vobis. Et tunc audire poteritis consilium et voluntatem dicti nostri conventus et fratrum predictorum et postmodum facere circa predicta prout sanctitati vestre melius et utilius apparebit.

Insuper, sancte Pater, audivi vobis esse narratum quod religiosi, qui subsunt obediencie, essent magis apti et proficui ad recuperacionem et custodiam Terre

Cependant, les commodités et les avantages que je reconnais à l'union sont les suivants :

Il est notoire que toutes les nations eurent autrefois accoutumé d'avoir une grande dévotion à l'égard des religieux; ce qui paraît être complètement changé parce qu'on trouve plus de gens disposés à prendre qu'à donner aux religieux et que presque tout le monde reçoit d'eux des dons plus volontiers qu'il ne leur en fait; de nombreux dommages leur sont causés, d'une manière continue, tant par des prélats que par d'autres hommes puissants ou non, clercs ou laïcs. Or, si l'union est faite, l'ordre sera si fort et si puissant qu'il défendra et pourra défendre ses droits contre n'importe qui.

Item, je connais un autre avantage : c'est qu'ils feraient de moindres dépenses. Car où l'on tient deux hospices, on n'en tiendrait plus qu'un seul; où il y a deux précepteurs ou bien deux baillis, il n'y en aurait plus qu'un, soit dans le couvent[1] d'outre-mer, soit dans les provinces et dans les maisons d'Europe; et ce serait un très grand allègement de dépenses.

Dans tout ce qui précède, Saint-Père, sont exposés les avantages et les inconvénients, l'honneur et le déshonneur ou les périls que j'aperçois et que je reconnais dans ladite union.

D'ailleurs, chaque fois qu'il vous plaira d'entendre le conseil de notre couvent et des hommes probes de notre ordre établis en deçà des mers, dans les provinces et les bailliages, je les ferai réunir les uns aux autres, même, si vous le voulez, en votre présence. Et alors vous pourrez entendre le conseil et la volonté de notre couvent et desdits frères et ensuite agir, relativement à ce qui précède, comme il paraîtra le meilleur et le plus utile à Votre Sainteté.

En outre, Saint-Père, on vous a raconté, m'a-t-on dit, que les religieux, qui sont soumis à l'obéissance, sont plus aptes et plus utiles à la reconquête et à la garde de la Terre

1. Le mot « couvent » désigne ici le chapitre ordinaire qui assiste le grand maître.

Sancte quam alie gentes. Quod quidem verum est, quia faciunt minores expensas et in domibus, in campis et factis armorum sunt magis obedientes. Sed si intenditis redditus assignare taxatos, annuos et continuos ad sustinendum tot equites et armigeros quot viderentur posse teneri, melius reputarem quod tales redditus assignarentur utrique religioni divisim, scilicet Templi et Hospitalis, quam ipsos unire, quia quilibet conantur etiam ultra posse suum debitum exercere.

Sainte que d'autres gens. Cela, certes, est vrai, parce qu'ils font de moindres dépenses et que dans les maisons, dans les camps et au combat, ils sont plus obéissants. Mais, si vous avez l'intention d'assigner des revenus fixes, annuels et perpétuels pour entretenir autant de chevaliers et d'écuyers qu'on jugera pouvoir le faire, j'estime qu'il vaudrait mieux les assigner séparément à chacun des deux ordres, c'est-à-dire au Temple et à l'Hôpital, que de les unir, parce que tout le monde s'efforce d'obtenir son dû au delà même de son pouvoir.

II.

[REX JUBET TEMPLARIOS COMPREHENDI[a]]

Philippus, Dei gratia Francorum rex, dilectis et fidelibus nostris domino de Onevale et Johanni de Torvavilla militi ac baillivo Rothomagensi, salutem et dilectionem.

Res amara, res flebilis, res quidem cogitatu horribilis, auditu terribilis, detestabilis crimine, execrabilis scelere, abhominabilis opere, detestanda flagicio, res penitus inhumana, immo ab omni humanitate seposita, dudum fide digna relatione multorum, non absque gravis stuporis impulsu et vehementis horroris fremitu, auribus nostris insonuit, cujus gravitate pensata eo crevit in nobis acerbius doloris immensitas quo talium et tantorum inmanitatem scelerum in divine majestatis offensam, orthodoxe fidei et tocius christianitatis dispendium, humanitatis obprobrium[b], exempli mali perniciem et generale scandalum, non est dubium redundare. Racionalis quidem spiritus exulanti extra terminos nature compatitur et compaciendo turbatur, eo quod sui oblita principii, proprie condicionis inscia, sue dignitatis ignara, sui prodiga[c] et in reprobum sensum data cur in honore esset non intellexit. Comparata est jumentis insipientibus, immo ipsorum insipienciam jumentorum stupenda bestialitate transcendens, ad

a. *Archives nationales, J 413, n° 22 (vidimus de Pierre de Hangest, bailli de Rouen). Publié et traduit partiellement par Boutaric* (Clément V, Philippe le Bel et les Templiers, *dans la* Revue des questions historiques, *t. X, 1871, p. 327-329). Ménard* (Histoire de Nismes, *t. I, preuves, n° CXXXVI, p. 195-*

II.

ORDRE D'ARRESTATION DES TEMPLIERS

(14 septembre 1307).

Philippe, par la grâce de Dieu roi de France, à nos amés et féaux le seigneur d'Onival, le chevalier Jean de Tourville et le bailli de Rouen, salut et dilection.

Une chose amère, une chose déplorable, une chose assurément horrible à penser, terrible à entendre, un crime détestable, un forfait exécrable, un acte abominable, une infamie affreuse, une chose tout à fait inhumaine, bien plus, étrangère à toute humanité, a, grâce au rapport de plusieurs personnes dignes de foi, retenti à nos oreilles, non sans nous frapper d'une grande stupeur et nous faire frémir d'une violente horreur; et, en pesant sa gravité, une douleur immense grandit en nous d'autant plus cruellement qu'il n'y a pas de doute que l'énormité du crime déborde jusqu'à être une offense pour la majesté divine, une honte pour l'humanité, un pernicieux exemple du mal et un scandale universel. Assurément, l'esprit raisonnable souffre pour qui dépasse les bornes de la nature et, en souffrant, il est tourmenté surtout par cela que cette gent, oublieuse de son principe, non instruite de sa condition, ignorante de sa dignité, prodigue de soi et adonnée à des sentiments réprouvés, n'a pas compris pourquoi elle était en honneur. Elle est comparable aux bêtes de somme dépourvues de raison, bien plus, dépassant leur déraison par sa bestialité étonnante,

196) a publié les instructions adressées au sénéchal de Beaucaire; il y a, entre les deux textes, quelques différences. — *b. Après le mot* dispendium, *le scribe a par erreur écrit :* humanitatis dispendium, humanitatis opprobrium. — *c. L'original porte :* prodigia.

illa omnium scelerum summe nepharia se exponit que abhorret et refugit ipsarum irrationabilium sensualitas bestiarum. Dereliquit Deum factorem suum, recessit a Deo salutari suo, Deum qui eam genuit dereliquit, oblita est Domini creatoris sui, immolavit demoniis et non Deo gens absque consilio et sine prudencia, utinam saperet et intelligeret ac novissima provideret.

Olim siquidem, ad nos fide dignorum quamplurimum inculcata relacione pervenit quod fratres ordinis milicie Templi gerentes sub specie agni lupum et sub religionis habitu nostre religioni fidei nequiter insultantes, Dominum nostrum Jhesum Christum, novissimis temporibus, pro humani generis redemptione crucifixum, gravioribus quam in cruce pertulit illatis injuriis iterum crucifigunt, dum in ipso ingressu suique professione ordinis ipsum conspectibus suis ejus effigie presentata, misera, immo miserabili cecitate ter abnegant ac horribili crudelitate ter in faciem spuunt ejus. Et postmodum, exuti vestibus quas in seculari habitu deferebant, nudi in visitatoris aut vicem ejus gerentis, qui eos ad professionem recipit, presencia constituti, in posteriori parte spine dorsi primo, secundo in umbilico et demum in ore, in humane dignitatis opprobrium, juxta prophanum ordinis sui ritum, deosculantur ab ipso. Et postquam divinam legem tam nephandis ausibus, tam detestandis operibus offenderunt, humanam offendere non verentes, professionis sue voto se obligant quod alter alterius illius horribilis et tremendi concubitus vicio, propter quod venit in diffidencie filios ira Dei, requisitus irrecusabiliter se exponet. Dereliquit fontem aque vive, mutavitque gloriam suam in similitudinem vituli et ydolis immolat gens immunda.

Hec et alia gens perfida, gens insana et dedita culti-

elle s'expose à tous les crimes souverainement abominables qu'abhorre et que fuit la sensualité des bêtes déraisonnables elles-mêmes. Elle a délaissé Dieu, son créateur, elle s'est séparée de Dieu, son salut, elle a abandonné Dieu, qui lui a donné le jour, oublié le Seigneur, son créateur, immolé aux démons et non à Dieu, cette gent sans conseil et sans prudence (et plût à Dieu qu'elle sentît, comprît et prévît ce qui vient d'arriver!).

Naguère, sur le rapport de personnes dignes de foi qui nous fut fait, il nous est revenu que les frères de l'ordre de la milice du Temple, cachant le loup sous l'apparence de l'agneau et, sous l'habit de l'ordre, insultant misérablement à la religion de notre foi, crucifient de nos jours à nouveau notre Seigneur Jésus-Christ, déjà crucifié pour la rédemption du genre humain, et l'accablent d'injures plus graves que celles qu'il souffrit sur la croix, quand, à leur entrée dans l'ordre et, lorsqu'ils font leur profession, on leur présente son image et que, par un malheureux, que dis-je? un misérable aveuglement, ils le renient trois fois et, par une cruauté horrible, lui crachent trois fois à la face; ensuite de quoi, dépouillés des vêtements qu'ils portaient dans la vie séculière, nus, mis en présence de celui qui les reçoit ou de son remplaçant, ils sont baisés par lui, conformément au rite odieux de leur ordre, premièrement au bas de l'épine dorsale, secondement au nombril et enfin sur la bouche, à la honte de la dignité humaine. Et après qu'ils ont offensé la loi divine par des entreprises aussi abominables et des actes aussi détestables, ils s'obligent, par le vœu de leur profession et sans craindre d'offenser la loi humaine, à se livrer l'un à l'autre, sans refuser, dès qu'ils en seront requis, par l'effet du vice d'un horrible et effroyable concubinat. Et c'est pourquoi la colère de Dieu s'abat sur ces fils d'infidélité. Cette gente immonde a délaissé la source d'eau vive, remplacé sa gloire par la statue du Veau d'or et elle immole aux idoles.

Voilà, avec d'autres choses encore, ce que ne craint pas de faire cette gent perfide, cette gent insensée et adonnée au culte des idoles. Non seulement par leurs actes et leurs

bus ydolorum, committere non veretur. Quorum non solum actus et opera detestanda, verum eciam repentina verba terram sua feditate commaculant, roris beneficia subtrahunt et aeris inficiunt puritatem ac fidei nostre confusionem inducunt.

Et licet delatoribus hujusmodi et tam infausti nunciationi rumoris, eam pocius ex livore invidie vel odii fomite aut cupiditatis radice quam ex fervore fidei, zelo justicie aut caritatis affectu procedere suspicantes, vix ab inicio animum inclinare possemus, multiplicatis tamen delatoribus ac denunciatoribus supradictis ac invalescente infamia, et ex presumptionibus, non levibus sed legitimis argumentis et probabilibus conjecturis, violenta presumptione et suspicione concepta ad indagandum super premissis plene veritatis indaginem, prehabito super hoc cum sanctissimo patre in Domino C., divina providencia sacrosancte Romane et universalis ecclesie summo pontifice, colloquio et diligente tractatu ac cum prelatis et baronibus nostris deliberatione consilii plenioris, cepimus diligenter intendere modos exquirendo perutiles, et per vias incedendo salubres, quibus posset lucidius in hac parte veritas repperiri et quanto amplius atque profundius hujusmodi negocium tractabatur, tanto effoso pariete, abhominationes invenimus graviores.

Unde nos, qui ad defensionem fidei ecclesiastice libertatis sumus a Domino super regalis eminencie specula constituti, et pre cunctis desiderabilibus mentis nostre augmentum catholice fidei affectamus, per dilectum in Christo fratrem G. de Parisius[1], inquisitorem heretice pravitatis auctoritate apostolica deputatum, super premissis, infamia publica referente, diligenti informatione prehabita, et tam in informatione

œuvres détestables, mais même par leurs discours imprévus, ils souillent la terre de leur saleté, suppriment les bienfaits de la rosée, corrompent la pureté de l'air et déterminent la confusion de notre foi.

Et quoique nous eussions peine, au début, à tourner notre attention vers les colporteurs de ces rumeurs si funestes, soupçonnant qu'elles provenaient de l'envie livide, de l'aiguillon de la haine, de la cupidité, plutôt que de la ferveur de la foi, du zèle pour la justice ou du sentiment de charité, cependant les délateurs et les dénonciateurs susdits s'étant multipliés et le scandale prenant consistance, des présomptions susdites, d'arguments de poids et légitimes, de conjectures probables sortirent une présomption et un soupçon violents nous portant à rechercher la vérité à cet égard. Après en avoir parlé avec notre très saint Père dans le Seigneur, Clément, par la divine Providence souverain pontife de la très sainte Église romaine et universelle, après en avoir soigneusement traité avec nos prélats et nos barons et en avoir délibéré avec notre conseil plénier, nous avons commencé à aviser soigneusement aux moyens les plus utiles de nous informer et aux voies les plus efficaces par lesquelles on pût, en cette affaire, trouver plus clairement la vérité. Et, plus nous l'examinions amplement et profondément comme en creusant un mur, plus graves étaient les abominations que nous rencontrions.

Par suite, nous qui sommes établi par le Seigneur sur le poste d'observation de l'éminence royale pour défendre la liberté de la foi de l'Église et qui désirons, avant la satisfaction de tous les désirs de notre esprit, l'accroissement de la foi catholique; vu l'enquête préalable et diligente faite sur les données de la rumeur publique par notre cher frère dans le Christ Guillaume de Paris[1], inquisiteur de la perversité

1. Guillaume de Paris, de l'ordre de saint Dominique, docteur en théologie, inquisiteur de France depuis 1303 au moins, devint confesseur du roi en remplacement de Nicolas de Fréunville, créé cardinal le 15 décembre 1305. Voir, sur lui, Quétif et Échard, *Scriptores ordinis Praedicatorum*, t. I, p. 518.

ipsa quam ex aliis diversis presumptionibus, argumentis legitimis et probabilibus conjecturis, contra prefatos Dei, fidei et nature hostes ac humani federis inimicos vehementi suspitione concepta, inquisitoris predicti, qui brachii nostri auxilium invocavit, justis in hac parte supplicationibus annuentes, licet esse posset eorum aliquos[a] fore culpabiles et alios innocentes, propter gravitatem tantam negocii, et quia veritas de premissis alias plene repperiri non posset, tum quia contra omnes est vehemens orta suspicio, tum quia si qui sint innocentes ex eis, expedit quod tanquam aurum in fornace probentur et debita judicii examinatione purgentur, deliberatione super hoc cum prelatis, baronibus regni nostri et aliis consiliariis nostris, ut premittitur, habita pleniori, decrevimus ut singulares persone predicti ordinis regni nostri sine exceptione aliqua capiantur, capti teneantur et ecclesie judicio preserventur et omnia bona sua mobilia et inmobilia saisiantur et ad manum nostram saisita fideliter conserventur.

Quare vobis commitimus et districte precipiendo mandamus quatinus ad bailliviam Rothomagi vos aut duo vestrum personaliter conferentes, singulos fratres ipsius ordinis, sine exceptione aliqua, capiatis, captos[b] teneatis ecclesie judicio preservendos et bona sua mobilia et inmobilia saisiatis, et ad manum nostram saisita, sine consumptione et devastatione quacumque, juxta ordinationem et informationem nostram vobis sub nostro contrasigillo missam, districte teneatis, quousque a nobis aliud super hoc receperitis in mandatis. Damus autem fidelibus, justiciariis et subditis[c] nostris tenore presencium in mandatis ut quantum ad

a. Le manuscrit porte aliquis. — *b.* capti *dans le manuscrit.* — *c.* subdictis *dans le manuscrit.*

hérétique, député par l'autorité apostolique; vu la suspicion véhémente résultant contre lesdits ennemis de Dieu, de la foi et de la nature et contre lesdits adversaires du pacte social, tant de ladite enquête que d'autres présomptions diverses, d'arguments légitimes et de conjectures probables; acquiesçant aux réquisitions dudit inquisiteur, qui a fait appel à notre bras; et, bien que certains inculpés puissent être coupables et d'autres innocents, considérant l'extrême gravité de l'affaire; attendu que la vérité ne peut être pleinement découverte autrement, qu'un soupçon véhément s'est étendu à tous et que, s'il en est d'innocents, il importe qu'ils soient éprouvés comme l'or l'est dans le creuset et purgés par l'examen du jugement qui s'impose; après délibération plénière avec les prélats, les barons de notre royaume et nos autres conseillers, comme il est dit ci-dessus, nous avons décrété que tous les membres dudit ordre de notre royaume seraient arrêtés, sans exception aucune, retenus prisonniers et réservés au jugement de l'Église et que tous leurs biens, meubles et immeubles, seraient saisis, mis sous notre main et fidèlement conservés.

C'est pourquoi nous vous chargeons et vous prescrivons rigoureusement en ce qui concerne le bailliage de Rouen de vous y transporter personnellement, seul ou deux d'entre vous, d'y arrêter tous les frères dudit ordre sans exception aucune, de les retenir prisonniers en les réservant au jugement de l'Église, de saisir leurs biens, meubles et immeubles, et de retenir très rigoureusement sous votre main ces biens saisis, sans consommation ni dévastation quelconque, conformément à nos ordonnance et instruction, qui vous ont été envoyées sous notre contreseing, jusqu'à ce que vous receviez de nous là-dessus un nouvel ordre. D'ailleurs, nous donnons l'ordre, par la teneur des présentes, à nos fidèles juges et sujets de vous obéir d'une manière effective et d'être attentifs relativement aux choses qui précèdent, ensemble ou séparément, et à celles qui s'y rapportent.

premissa omnia et singula et ea tangencia vobis pareant efficaciter et intendant.

Actum in regali abbacia beate Marie, juxta Pontisaram, in festo exaltationis sancte Crucis, anno Domini millesimo trecentesimo septimo.

C'est la fourme comment li commissaire iront en la besoingne :

Premierement quant il seront venu et auront la chose revelée au seneschaux et au baillis, il s'enfourmeront secretement de toutes leur meisons et pourra l'en a cautele, se mestier est, enquerre aussi des autres meisons de religion et faindre que ce soit par occasion du disime[1] ou pour autre coulour.

Apres ce, cil qui sera envoiez ovec le seneschal ou baillif, a jour assené bien matin, selon le nombre des meisons et des granches[2], esliront preudommes puissans du païs, sans soupechon, chevaliers, eschevins, conseliers et seront enfourmé de la besoingne par serment et secretement et comment li roys est de ceu enfourmés par le pape et par l'Eglise, et tantost il seront envoié en chascun lieu pour prendre les persones et saisir les biens et ordener de la garde; et se prendront garde que les vignes et les terres soient cultivées et semées convenablement et commetront la garde des biens a bonnes persones et riches du païs, ovec les mesnies qui seront trouvées es meisons, et eus presens il feront celui jour inventoire en cescun lieu de touz les moebles[3] et les seeleront et iront si efforciement que li frere et leur mesnie ne puissent contrester, et auront serjans[4] ovec eus pour eus fere obeir.

Apres ce il metront les persones souz boenne et seüre garde singulerement et cescun par soi et enquer-

Fait à l'abbaye de Sainte-Marie, près Pontoise, le jour de la fête de l'exaltation de la Sainte-Croix, l'an du Seigneur mil trois cent sept.

Forme à observer par les commissaires dans l'accomplissement de leur mission :

Premièrement, quand ils seront arrivés et qu'ils auront révélé la chose aux sénéchaux et aux baillis, ils feront une information secrète sur toutes leurs maisons, et l'on pourra par précaution, s'il en est besoin, faire aussi une enquête sur les autres maisons religieuses et feindre que c'est à l'occasion du décime[1] ou sous un autre prétexte.

Ensuite, celui qui sera envoyé avec le sénéchal ou le bailli à jour marqué, de bonne heure, choisira, selon le nombre des maisons et des granges[2], des prud'hommes puissants du pays, à l'abri du soupçon, chevaliers, échevins, conseillers et les informera de la besogne sous serment et secrètement et comment le roi en est informé par le pape et par l'Église ; et aussitôt on les enverra en chaque lieu pour arrêter les personnes, saisir les biens et organiser leur garde ; et ils veilleront à ce que les vignes et les terres soient cultivées et semées convenablement et ils commettront la garde des biens à des personnes honnêtes et riches du pays avec les serviteurs que l'on trouvera dans les maisons et, en leur présence, ils feront ce même jour en chaque lieu les inventaires de tous les meubles[3], les scelleront et iront, avec une force suffisante, pour que les frères et leurs domestiques ne puissent opposer de la résistance et ils auront avec eux des sergents[4] pour se faire obéir.

Ensuite ils mettront les personnes isolément sous bonne et sûre garde, feront d'abord une enquête sur eux, puis ils

1. Il s'agit probablement du décime accordé le 3 juin 1307 en échange de celui que le roi de France avait cédé à Charles d'Anjou (*Regestum Clementis papae V^ti*, n° 1758).

2. Ce mot désigne une métairie de moyenne importance qui dépend d'une maison principale de l'ordre.

3. On trouvera plus loin (n° IV) un exemplaire de ces inventaires faits conformément aux instructions royales.

4. A titre d'exemple, mentionnons que Jean de Villarcel, qui fut

ront de eus premierement et puis apeleront les commissaires de l'inquisiteur et examineront diligemment la verité par gehine, se mestier est, et se il confessent la verité ils escrivront leur deposicions, tesmoings apelés.

C'est la maniere de l'enquerre :

L'en les enortera des articles de la foi et dira comment li pape et li roys sunt enfourmé par pluseurs tesmoinz bien creables de l'ordre de l'erreur et de la bougrerie[1] que il funt especiaument en leur entrée et en leur profession et leur prometeront pardon se il confesse[nt] verité en retornant a la foi de sainte Eglise ou autrement que il soient a mort condempné.

L'en leur demandera par serement diligenment et sagement comment il furent receü et quel veu ou promesse il firent et leur demanderont par generaux paroles jusque tant que l'en tire de eus la verité et que il perseverent en cele verité.

Ce sunt li article de leur erreur que l'en a trouvé par plusieurs tesmoinz :

Cil qui sunt premierement receü requierent le pain et l'eaue de l'ordre et puis li commandeeur ou li metres[2] qui le rechoit le maine secretement derriere l'autel ou revestuaire ou aillours en segré et li monstre la crois et la figure nostre seigneur Jhesu Crist et li fet renoier le prophete, c'est assavoir notre seigneur Jhesu Crist de cui cele figure est, par trois foiz, et par trois foiz crachier sus la crois, puis le fet despoullier de sa robe; et cil qui le rechoit le beise en bout de l'eschine, souz le brael, puis en nombril et puis en la bouche et li dit que, se aucun freres de l'ordre veut charnelment gesir a lui, qu'il le

chargé par le bailli de Troyes de l'arrestation des Templiers de la maison de Payns (près Troyes), se fit accompagner par quarante hommes (Pétel, *Templiers et Hospitaliers dans le diocèse de Troyes*, 1908, p. 12).

appelleront les commissaires de l'inquisiteur et examineront la vérité avec soin, par la torture s'il en est besoin; et, si elles confessent la vérité, ils consigneront leurs dépositions par écrit, après avoir fait appeler des témoins.

Manière de faire l'enquête :

On leur adressera des exhortations relativement aux articles de la foi et on leur dira comment le pape et le roi sont informés par plusieurs témoins bien dignes de foi, membres de l'ordre, de l'erreur et de la bougrerie[1] dont ils se rendent spécialement coupables au moment de leur entrée, et de leur profession, et ils leur promettront le pardon s'ils confessent la vérité en revenant à la foi de sainte Église, ou qu'autrement ils seront condamnés à mort.

On leur demandera sous serment, soigneusement et sagement, comment il furent reçus, quel vœu et quelle promesse ils firent et on le leur demandera par paroles générales jusqu'à ce que l'on tire d'eux la vérité et qu'ils persévèrent dans cette vérité.

Articles de l'erreur des Templiers fournis par plusieurs témoins :

Ceux qui sont reçus demandent d'abord le pain et l'eau de l'ordre, puis le commandeur ou le maître[2] qui le reçoit le conduit secrètement derrière l'autel ou à la sacristie ou ailleurs et lui montre la croix et la figure de notre Seigneur Jésus-Christ et lui fait renier par trois fois le prophète, c'est-à-dire notre Seigneur Jésus-Christ dont c'est la figure, et par trois fois cracher sur la croix; puis il le fait dépouiller de sa robe et celui qui le reçoit le baise à l'extrémité de l'échine, sous la ceinture, puis au nombril, puis sur la bouche et lui dit que, si un frère de l'ordre veut coucher

1. Vice contre nature attribué surtout aux Bulgares (« Bougres ») hérétiques.

2. Le mot maître paraît être ici le synonyme de commandeur. Il y a dans l'ordre deux sortes de commandeurs : les uns sont les chefs d'une province dans laquelle ils possèdent la même autorité que le grand maître lui-même; les autres sont chefs d'une simple maison et dépendent étroitement du commandeur provincial.

soeffre, quar il le doit et est tenuz soffrir selonc le statut de l'ordre et que pluseurs de eus pour ce par maniere de sodomie gisent l'un ovec l'autre charnelment et cheint l'en chascun d'une cordele sus sa chemise et la doit touz jours li freres porter sus soi tant comme il vivra[1]; et entent l'en que ces cordeles ont esté touchiés et mises entour une ydole qui est en la forme d'une teste d'omme a une grant barbe, laquele teste il baisent et aourent en leur chapistres provinciaux[2]; mes ce ne le sevent pas tuit li frere, fors le grant mestre et li ancien. Derreschief li prestre de leur ordre ne sacrent pas le cors Notre Seigneur; et de ceu enquerra l'en especiaument des prestres de l'ordre.

Et doivent li commissaire envoier au roy souz leur seaulz et les seaux de commissaires de l'inquisiteur le plus tost qu'il pourront la copie de la deposicion de ceus qui confesseront les dites erreurs ou principalment le renoiement de Notre-Seigneur Jhesu Crist.

---

avec lui charnellement, qu'il lui faut l'endurer, parce qu'il le doit et qu'il est tenu de le souffrir, selon le statut de l'ordre et que, pour cela, plusieurs d'entre eux, par manière de sodomie, couchent l'un avec l'autre charnellement et ceints chacun par dessus la chemise d'une cordelette, que le frère doit toujours porter sur soi aussi longtemps qu'il vivra[1]; et l'on entend dire que ces cordelettes ont été placées et mises autour du cou d'une idole qui a la forme d'une tête d'homme avec une grande barbe, et que cette tête, ils la baisent et l'adorent dans leurs chapitres provinciaux[2]; mais ceci, tous les frères ne le savent pas, excepté le grand maître et les anciens. De plus, les prêtres de leur ordre ne consacrent pas le corps de Notre-Seigneur; et là-dessus on fera une enquête spéciale touchant les prêtres de l'ordre.

Et les commissaires doivent envoyer au roi sous leurs sceaux et sous les sceaux des commissaires de l'inquisiteur le plus tôt qu'ils pourront la copie de la déposition de ceux qui confesseront lesdites erreurs ou principalement le reniement de Notre-Seigneur Jésus-Christ.

1. Sur le port de cette ceinture pendant le sommeil, voir H. de Curzon, *la Règle du Temple*, § 680.

2. Il s'agit ici d'un chapitre composé de dignitaires et qui assiste le commandeur provincial dans son administration. Il existe, d'autre part, des chapitres hebdomadaires, sortes de conseils de discipline auxquels assistent tous les chevaliers.

III.

[TEMPLI MILITIAE FRATRUM INTERROGATIO[a]]

(octobr.-novembr. 1307).

1. — [*Gaufridi de Charneio, Normanniae praeceptoris, interrogatio.*]

... Item, anno, indicione, mense, die, pontificatu et loco predictis, in dicti inquisitoris, nostrum, notariorum, et infrascriptorum testium presencia personaliter constitutus, frater Gaufridus de Charneio, miles dicti ordinis et preceptor[1] tocius Normannie, etatis quinquaginta sex annorum vel circa, ut dicebat, testis eodem modo juratus de se et aliis in causa fidei puram, meram et integram dicere veritatem, et interrogatus de tempore et modo sue recepcionis, dixit per juramentum suum quod sunt bene triginta septem vel triginta octo anni elapsi vel circa quod fuit receptus in ordine Templariorum apud Stampas per fratem Amalricum de Rocha[2], presentibus fratre Johanne Francisco[3], preceptore Parisiensi, et quibusdam aliis qui mortui sunt.

Dixit etiam per juramentum suum quod, ipso recepto et mantello ad collum posito, asportata fuit sibi quedam crux in qua erat ymago Jhesu Christi et dixit sibi idem receptor quod non crederet in illum cujus ymago

a. Les parties de l'interrogatoire des Templiers que nous reproduisons ici sont données d'après le rouleau de parchemin J 413, n° 18, des Archives nationales. Notre n° 1 est coté : n (*lignes 233-250*)*, le suivant :* x (*lignes 372-388*)*; notre n° 3 porte la cote :* l. o. (*lignes 1056-1083*)*; notre n° 4 enfin la cote :* q. o.

III.

INTERROGATOIRE DES TEMPLIERS
(octobre-novembre 1307).

1. — *Interrogatoire de Geoffroi de Charney, précepteur de Normandie (21 octobre 1307).*

... Item, en l'année, l'indiction, le mois, le jour, sous le pontificat et au lieu susdits, en présence dudit inquisiteur, de nous, notaires, et des témoins soussignés, frère Geoffroi de Charnay, chevalier dudit ordre et précepteur[1] de toute la Normandie, âgé de cinquante-six ans ou environ, à ce qu'il disait, comparant en personne comme témoin ayant juré de la même manière de dire sur soi et sur les autres, dans un procès touchant la foi, la vérité pure, simple et entière, et, interrogé sur l'époque et le mode de sa réception, dit, sous serment, qu'il y a bien trente-sept ou trente-huit ans passés ou environ qu'il fut reçu dans l'ordre des Templiers à Étampes, par frère Amaury de la Roche[2], en présence de frère Jean Le Franceys, précepteur de Paris[3], et de quelques autres qui sont morts.

Il dit aussi sous serment qu'après qu'on l'eut reçu et qu'on lui eut mis le manteau au cou, on lui apporta une croix sur laquelle était l'image de Jésus-Christ et le même

(*lignes 1148-1155*). *Ces quatre interrogatoires ont été déjà publiés par Michelet dans son grand recueil du* Procès des Templiers, *t. II, p. 295-296, 305-306, 361-363 et 369.*

1. Le mot précepteur a le même sens que celui de commandeur.

2. Amaury de la Roche fut maître des maisons du Temple en France jusqu'en 1264, date à laquelle il fut élu grand maître de l'ordre. Voir, sur lui, H. de Curzon, *La maison du Temple de Paris*, p. 28, n. 6.

3. Jean le Franceys fut aussi précepteur du Poitou.

erat ibi depicta, quia falsus propheta erat nec erat Deus. Et tunc fecit dictus recipiens ipsum abnegare Jhesum Christum ter, ore et non corde, ut dixit.

Requisitus utrum spuerit supra ipsam ymaginem, dixit per juramentum suum quod non recordatur et credit quod hoc fuit ista de causa quia festinabant se.

Interrogatus de osculo, dixit per juramentum suum quod osculatus fuit magistrum recipientem ipsum in umbilico et audivit dici a fratre Gerardo de Sauzeto, preceptore Arvernie, qui dixit fratribus existentibus in capitulo quod tenebat, quod melius erat se commiscere cum fratibus ordinis quam libidinem exercere cum mulieribus, sed nunquam fecit nec fuit requisitus, ut dixit.

Requisitus per juramentum suum utrum receperit vel fecerit aliquos fratres in ordine predicto, dixit per juramentum suum quod sic. Dixit eciam per juramentum suum quod primum quem recepit in ordine recepit per illum modum per quem fuit receptus, et omnes alios quos recepit, sine aliqua abnegacione vel spuicione vel aliquo inhonesto. secundum prima statuta ordinis recepit, quia jam percipiebat quod ille modus per quem fuit receptus erat nephandus et prophanus et contra fidem catholicam.

Interrogatus utrum vi, vel metu tormentorum, vel carceris, vel alia de causa, aliquam falsitatem immiscuerit aut veritatem tacuerit in deposicione sua, dixit per juramentum suum quod non, immo puram et integram pro salute anime sue dixerat veritatem.

* * *

2. — [*Jacobi de Molay, milicie Templi majoris magistri, interrogatio.*]

In Christi nomine, amen. Pateat universis per hoc

frère qui le reçut lui dit de ne pas croire en celui dont l'image y était représentée, parce qu'il était un faux prophète et qu'il n'était pas Dieu. Et alors celui qui le reçut lui fit renier Jésus-Christ trois fois, de la bouche, non du cœur, à ce qu'il dit.

Requis de déclarer s'il avait craché sur l'image elle-même, il dit sous serment qu'il ne s'en souvient pas et qu'il croit que c'est parce qu'ils se dépêchaient.

Interrogé sur le baiser, il dit sous serment qu'il baisa le maître qui le recevait sur le nombril et il entendit frère Gérard de Sauzet, précepteur d'Auvergne, dire aux frères présents au chapitre qu'il estimait qu'il valait mieux s'unir aux frères de l'ordre que de se débaucher avec les femmes, mais il ne le fit jamais et ne fut pas requis de le faire, à ce qu'il dit.

Requis de déclarer sous serment s'il avait reçu ou fait recevoir quelques frères dans l'ordre susdit, il dit, sous serment, que oui. Il dit aussi sous serment que le premier qu'il reçut dans l'ordre, il le reçut de la même façon qu'il fut reçu lui-même et, tous les autres, il les reçut sans aucun reniement ou crachat ou quoi que ce soit de malhonnête, conformément aux statuts primitifs de l'ordre, parce qu'il s'apercevait que la manière dont on l'avait reçu était honteuse et sacrilège et contraire à la foi catholique.

Interrogé sur le point de savoir s'il avait mêlé à sa déposition quelque fausseté ou s'il avait tu la vérité par suite de la violence, de la crainte des tortures ou bien de la prison ou pour une autre cause, il dit sous serment que non; qu'au contraire, pour le salut de son âme, il avait dit la pure et entière vérité.

* * *

2. — *Interrogatoire de Jacques de Molay, grand maître de l'ordre du Temple (24 octobre 1307).*

Au nom du Christ, amen. Soit patent à tous, par le pré-

presens publicum instrumentum quod anno Domini millesimo trecentesimo septimo, indicione sexta, mense octobris, vicesima quarta die ejusdem mensis, pontificatus sanctissimi patris domini Clementis divina providencia pape quinti anno secundo, in religiosi viri et honesti fratris Guillelmi de Parisius ordinis Predicatorum, inquisitoris heretice pravitatis in regno Francie auctoritate apostolica deputati, in domo milicie Templi Parisius pro inquirendo contra quasdam personas ibidem existentes, eidem delatas super dicto crimine existentis, nostrum, publicorum notariorum, et infrascriptorum testium presencia personaliter constitutus frater Jacobus de Molay, major magister ordinis milicie Templi, juratus ad sancta Dei evangelia, eidem preposita et ab ipso corporaliter tacta, dicere de se et aliis in causa fidei plenam, meram et integram veritatem et interrogatus de tempore et modo receptionis sue, dixit per juramentum suum quod XLII anni sunt elapsi quod fuit receptus apud Belnam, Eduensis diocesis, per fratrem Ymbertum de Parado[1] militem, presentibus fratribus Amalrico de Ruppe[2] et pluribus aliis fratribus de quorum nominibus non recolit.

Dixit eciam per juramentum suum quod, post multas promissiones ab eo factas super observanciis et statutis dicti ordinis, posuerunt mantellum ad collum suum. Et fecit dictus recipiens apportari in presencia sua quamdam crucem eneam, in qua erat figura Crucifixi, et dixit sibi et precepit quod abnegaret Christum cujus figura erat ibi. Qui, licet invitus, fecit; et tunc precepit sibi idem recipiens quod spueret supra eam, sed spuit ad terram. Interrogatus quociens, dixit per juramentum suum quod non spuit, nisi semel, et de hoc bene recordatur.

sent instrument public, qu'en l'an du Seigneur mil trois cent sept, sixième indiction, au mois d'octobre, le vingt-quatrième jour dudit mois, la seconde année du pontificat du très saint Père le seigneur Clément V, pape par la divine providence, en présence de religieux homme et honnête frère Guillaume de Paris, de l'ordre des Prêcheurs, inquisiteur de la perversité hérétique, député dans le royaume de France par l'autorité apostolique, dans la maison de la milice du Temple à Paris, pour informer contre certaines personnes qui s'y trouvent et sont accusées devant lui dudit crime d'hérésie, en présence aussi de nous, notaires publics, et des témoins soussignés, frère Jacques de Molay, grand maître de l'ordre de la milice du Temple, comparant en personne et ayant juré sur les saints Évangiles, à lui présentés et touchés par lui, de dire sur soi-même et sur les autres, dans un procès touchant la foi, la vérité pure, simple et entière, et interrogé sur l'époque et le mode de sa réception dit sous serment qu'il y a quarante-deux ans passés qu'il fut reçu à Beaune, au diocèse d'Autun, par frère Humbert de Pairaud[1], chevalier, en présence de frère Amaury de la Roche[2] et de plusieurs autres frères, des noms desquels il ne se souvient pas.

Il dit aussi sous serment qu'après qu'il eut fait plusieurs promesses relatives aux observances et aux statuts de l'ordre, ils lui mirent le manteau au cou. Et celui qui le recevait fit apporter en sa présence une croix de bronze sur laquelle était l'image du Christ et lui dit et lui prescrivit de renier le Christ dont l'image était là. Et lui, quoique malgré lui, le fit; et alors celui qui le recevait lui prescrivit de cracher sur elle, mais il cracha à terre. Interrogé sur le point de savoir combien de fois il le fit, il dit sous serment qu'il ne cracha qu'une fois; et de cela, il se souvient bien.

1. Oncle paternel de Hugues de Pairaud qui fut, jusqu'en 1270, précepteur d'Angleterre. Voir, sur lui, P. Dupuy, *Histoire de la condamnation des Templiers* (éd. de 1751), p. 369, 397.

2. Sur Amaury de la Roche, voir plus haut, p. 31, n. 2.

Interrogatus, quum vovit castitatem, si sibi fuit aliquid dictum quod commisceret se carnaliter cum fratribus, dixit per juramentum suum quod non nec umquam fecit.

Requisitus per juramentum suum utrum alii fratres dicti ordinis per illum modum recipiuntur, dixit quod credit quod non fuerit sibi aliquid factum quod non fiat aliis; tamen dixit quod paucos fecit. Dixit tamen per juramentum suum quod postquam receperat illos quos fecit, precipiebat quibusdam de astantibus ibi quod ducerent eos ad partem et facerent eis id quod debebant. Tamen dixit per juramentum suum quod intentionis sue erat quod facerent et preciperent illud eis quod sibi fuerat factum et per illum modum reciperentur.

Requisitus utrum vi vel metu tormentorum vel carceris aut alia de causa aliquam falsitatem dixerit vel immiscuerit in deposicione sua aut tacuerit veritatem, dixit per juramentum suum quod non, immo dixit puram veritatem propter salutem anime sue.

***

3. — [*Hugonis de Paraudo, Francie visitatoris, interrogatio.*]

In nomine Domini, amen. Anno ejusdem Domini M° CCC° septimo, indictione sexta, mense novembris, ejusdem mensis nona die, pontificatus sanctissimi patris et domini domini Clementis divina providentia pape quinti anno secundo, in religiosi viri fratris Nicolai de Anisiaco[1], commissarii fratris Guillelmi de Parisius, ordinis Predicatorum, inquisitoris heretice pravitatis auc-

Interrogé sur le point de savoir si, quand il fit vœu de chasteté, on lui dit de s'unir charnellement avec ses frères, il dit sous serment que non et qu'il ne le fit jamais.

Requis de déclarer sous serment si les autres frères dudit ordre sont reçus de cette manière, il dit qu'il croyait qu'on ne lui avait rien fait qu'on n'eût fait aux autres; d'ailleurs il ajouta qu'il créa peu de Templiers. Il dit cependant sous serment qu'après qu'il avait reçu ceux qu'il créa, il prescrivait à quelques-uns des assistants de les conduire à part et de leur faire ce qu'ils devaient. Il dit aussi sous serment que son intention était qu'on leur fît et leur prescrivît ce qui lui avait été fait et prescrit et qu'ils fussent reçus de la même façon.

Interrogé sur le point de savoir s'il avait mêlé à sa déposition quelque fausseté ou tu la vérité par suite de violences, de la crainte des tortures ou bien de la prison ou pour quelque autre cause, il dit sous serment que non; qu'au contraire il avait dit la pure vérité pour le salut de son âme.

* * *

3. — *Interrogatoire de Hugues de Pairaud, visiteur de France (9 novembre 1307).*

Au nom du Seigneur, amen. L'an du Seigneur 1307, sixième indiction, au mois de novembre, le 9 du même mois, la seconde année du pontificat du très saint Père et seigneur Clément V, pape par la divine providence, en présence de religieux homme frère Nicolas d'Ennezat[1], commissaire de frère Guillaume de Paris, de l'ordre des Prêcheurs, inquisiteur de la perversité hérétique, député par l'autorité apostolique dans le royaume de France, séant dans la mai-

1. Sur Nicolas d'Ennezat, voir Quétif et Echard, *Scriptores ordinis Praedicatorum*, t. I, p. 549.

toritate apostolica in regno Francie deputati, in domo milicie Templi, Parisius, pro inquirendo contra quasdam personas dicti ordinis existentes, eidem delatas super dicto crimine, existentis, nostrum, notariorum publicorum, et infrascriptorum testium presencia personaliter constitutus frater Hugo de Paraudo, miles dicti ordinis et visitator Francie[1], juratus ad sancta Dei evangelia, ab eo corporaliter tacta, in causa fidei de se et aliis dicere veritatem et requisitus de tempore et modo sue receptionis, dixit per juramentum suum quod fuit receptus in domo Templi Lugdunensis per fratrem Hymbertum de Paraudo, patruum suum, in festo Magorum immediate preterito[2] fuerunt quadraginta quatuor anni, presentibus fratre Henrico de Dola[3] et quodam alio fratre vocato Johanne, qui postea fuit preceptor de la Muce[4], et quibusdam aliis de quorum nominibus non recolit.

Dixit etiam per juramentum suum quod, post multas promissiones ab eo factas de observandis statutis et secretis ordinis, positum fuit mantellum ordinis ad collum suum et predictus Johannes, qui postea fuit preceptor de la Muce, duxit eum retro quoddam altare et ostendit eidem quamdam crucem in qua erat ymago Jhesu Christi crucifixi et precepit sibi quod abnegaret illum cujus ymago ibi representabatur et spueret supra crucem; et ipse tunc, licet invitus, Jhesum Christum abnegavit, ore, et non corde, ut dixit.

Dixit etiam per juramentum suum quod, non obstante precepto quod fuit sibi factum de spuendo, non spuit supra crucem, ut dixit, et non abnegavit, nisi semel.

1. Hugues de Pairaud était, depuis 1302 au moins, visiteur de

son de l'ordre du Temple à Paris pour y informer contre certaines personnes dudit ordre accusées devant lui du crime d'hérésie, en présence aussi de nous, notaires publics, et des témoins soussignés, frère Hugues de Pairaud, chevalier dudit ordre et visiteur de France[1], comparant en personne, ayant juré sur les saints Évangiles de Dieu, qu'il a touchés de sa main, de dire la vérité, dans un procès touchant la foi, sur soi-même et sur les autres et interrogé sur l'époque et le mode de sa réception dans l'ordre, dit sous serment qu'il fut reçu dans la maison du Temple de Lyon par frère Humbert de Pairaud, son oncle, il y a eu quarante ans à la fête des Rois passée[2], en présence de frère Henri de Dôle[3] et d'un autre frère appelé Jean, qui fut ensuite précepteur de la Muce[4], et de quelques autres du nom desquels il ne se souvient pas.

Il dit aussi sous serment qu'après qu'il eut fait de nombreuses promesses d'observer les statuts et les secrets de l'ordre, on lui mit le manteau de l'ordre au cou et que ledit Jean, qui fut ensuite précepteur de la Muce, le conduisit derrière un autel et lui montra une croix sur laquelle était l'image de Jésus-Christ crucifié et lui commanda de renier celui dont l'image y était représentée et de cracher sur la croix; et lui, quoique malgré lui, renia Jésus-Christ de la bouche et non du cœur, à ce qu'il dit.

Il ajouta sous serment que, nonobstant l'ordre qui lui fut donné de cracher, il ne cracha pas sur la croix, à ce qu'il dit, et qu'il ne renia qu'une fois.

France, c'est-à-dire délégué par le grand maître dans l'inspection des maisons de l'ordre sises en France. Voir, sur lui, H. de Curzon, *La maison du Temple de Paris*, p. 28, n. 1.

2. 6 janvier.

3. Frère Dominique de Dijon, gardien de la maison du Temple de Joigny, reçu aussi par Henri de Dôle, déclare, le même jour, qu'on ne lui commanda pas de renier le Christ et qu'on ne lui prescrivit rien touchant la sodomie (Michelet, *Procès des Templiers*, t. II, p. 369).

4. Telle est la leçon du manuscrit. Peut-être s'agit-il de Lamure-sur-Azergues (dans le Rhône, chef-lieu de canton de l'arrondissement de Villefranche).

Requisitus utrum osculatus fuisset recipientem, vel ipse recipiens ipsum qui loquitur, dixit per juramentum suum quod sic in ore solummodo.

Interrogatus utrum aliquos fratres recepisset, dixit per juramentum suum quod sic pluries.

Requisitus per quem modum recipiebat, dixit per juramentum suum quod, postquam promiserant servare statuta et secreta ordinis, et mantellis ad colla positis, ducebat eos ad loca secreta et faciebat se osculari ab eis in inferiori parte spine dorsi, in umbilico et in ore, et postea faciebat apportari crucem in presentia cujuslibet et dicebat eis quod oportebat de statutis dicti ordinis quod abnegarent Crucifixum et crucem ter et spuerent supra crucem et ymaginem Jhesu Christi crucifixi, dicens quod, licet hoc eisdem preciperet, non faciebat corde.

Requisitus utrum invenisset aliquos qui hoc facere contradicerent, dixit quod sic, tamen finaliter faciebant abnegacionem et spuitionem.

Dixit etiam per juramentum suum quod illis quos recipiebat dicebat quod si aliquis calor naturalis urgeret ipsos ad incontinentiam, dabat eis licentiam refrigerandi cum aliis fratribus. Dixit tamen quod non precipiebat eis predicta corde, sed ore solum.

Requisitus ex quo predicta non precipiebat corde sed ore solum, quare hoc faciebat, respondit per juramentum suum quod hoc faciebat quia usus erat de statutis ordinis.

Requisitus utrum illi qui recepti fuerunt de mandato suo per alios eodem modo per quem dixit se alios recepisse recepti fuerint, respondit quod nescit, quia illa que fiunt in capitulis aliquo modo non possunt revelari illis qui non fuerint presentes nec sciri ab eis et ideo nescit si ita recipiebantur.

Requis de déclarer s'il avait baisé celui qui le recevait ou bien s'il avait été baisé par lui, il dit sous serment que oui, mais seulement sur la bouche.

Interrogé sur le point de savoir s'il avait reçu quelques frères, il dit sous serment que oui et plusieurs fois.

Interrogé sur la façon dont il les recevait, il dit sous serment qu'après qu'ils avaient promis de garder les statuts et les secrets de l'ordre et qu'on leur avait mis le manteau au cou, il les conduisait dans des endroits secrets et se faisait baiser par eux sur la partie inférieure de l'épine dorsale, sur le nombril et sur la bouche, qu'ensuite il faisait apporter une croix en présence du premier venu et qu'il leur disait qu'il leur fallait, en vertu des statuts dudit ordre, renier trois fois le Crucifié et la croix et cracher sur la croix et sur l'image de Jésus-Christ, disant que, quoiqu'il le leur ordonnât, il ne le faisait pas du fond du cœur.

Requis de déclarer s'il en avait trouvé quelques-uns qui refusassent de le faire, il dit que oui, mais qu'ils finissaient par renier et par cracher.

Il dit aussi sous serment qu'il disait à ceux qu'il recevait que si quelque chaleur naturelle les poussait à l'incontinence, il leur donnait la permission de se calmer avec d'autres frères. Il dit cependant qu'il ne prescrivait pas ce qui précède du cœur, mais seulement de la bouche.

Requis de déclarer pourquoi, s'il prescrivait ce qui précède non du cœur, mais de la bouche seulement, il agissait de la sorte, il répondit sous serment qu'il le faisait parce que c'était l'usage d'après les statuts de l'ordre.

Requis de déclarer si ceux qui furent, sur son ordre, reçus par d'autres le furent de la même façon dont il dit qu'il reçut les autres, il répondit qu'il l'ignorait, parce que ce qui se passe dans un chapitre ne peut en aucune façon être révélé à ceux qui n'y furent pas présents ni être connu par eux, et c'est pourquoi il ne savait pas s'ils étaient reçus ainsi.

Requis de déclarer s'il croyait que tous les frères dudit ordre fussent reçus de cette façon, il répondit qu'il ne le croyait pas. Ensuite cependant, le même jour, comparant

Requisitus utrum crederet quod omnes fratres dicti ordinis per illum modum sint recepti, respondit quod non credebat. Postea tamen, dicta die, in dicti commissarii, nostrum notariorum et testium infrascriptorum [presencia] comparens, dixit quod male intellexerat et male responderat et dixit per juramentum suum quod melius credebat quod omnes reciperentur per illum modum quam per alium; et hoc dicebat suum dictum corrigendo et ne denegaret[1].

Requisitus de capite, de quo supra fit mentio[2], dixit per juramentum suum quod illud viderat, tenuerat et palpaverat apud Montempessulanum in quodam capitulo et ipse et alii fratres presentes illud adoraverant. Dixit tamen quod ore et fingendo adoraverat, et non corde; nescit tamen si alii fratres adorabant corde. Requisitus ubi sit, dixit quod dimisit illud fratri Petro Alemandin preceptori domus Montispessulani, sed nescit utrum gentes regis illud invenerint. Dixit quod dictum caput habebat quatuor pedes, duos ante ex parte faciei et duos retro.

Requisitus per juramentum suum utrum vi, vel metu tormentorum vel carceris, seu alia de causa, aliquam falsitatem dixisset aut immiscuisset in sua depositione, aut veritatem tacuisset, dixit per juramentum suum quod non, immo puram sine aliquo mendatio dixerat veritatem.

***

4. — [*Johannis de Castro Villari interrogatio*[3].]

Item, frater Johannes de Castro Villari, etatis triginta annorum, juratus eodem modo de se et aliis in causa fidei dicere veritatem et interrogatus de modo et

en présence dudit commissaire, de nous, notaires, et des témoins soussignés, il ajouta qu'il avait mal compris et mal répondu et il affirma sous serment qu'il croyait que tous étaient reçus de cette façon plutôt que d'une autre et qu'il parlait ainsi pour corriger sa déposition et pour ne pas nier[1].

Interrogé au sujet de la tête dont il est fait mention plus haut[2], il dit sous serment qu'il l'avait vue, tenue et palpée à Montpellier, dans un chapitre, et que lui-même et d'autres frères présents l'avaient adorée. Il dit cependant qu'il l'avait adorée de la bouche et par feinte, et non du cœur; il ne sait cependant si d'autres frères l'adoraient du cœur. Requis de déclarer l'endroit où elle est, il dit qu'il la remit à frère Pierre Alemandin, précepteur de la maison de Montpellier, mais il ne sait si les gens du roi la trouvèrent. Il dit que ladite tête avait quatre pieds, deux devant, du côté du visage, et deux derrière.

Requis de déclarer sous serment s'il avait dit quelque fausseté ou mêlé quelque fausseté à sa déposition ou s'il avait tu la vérité par suite de violences, de la crainte des tortures ou bien de la prison ou pour une autre cause, il dit sous serment que non; qu'il avait, au contraire, dit la pure vérité sans y mêler aucun mensonge.

*
* *

4. — *Interrogatoire de Jean de Chateauvillars (9 novembre 1307)*[3].

Item, frère Jean de Chateauvillars, âgé de trente ans, ayant juré de la même façon de dire la vérité, dans un pro-

1. Cette rectification paraît indiquer qu'on a exercé sur le témoin une pression pendant la suspension de son interrogatoire.
2. Les Templiers étaient accusés d'adorer une idole dans leurs chapitres (voir plus haut, p. 29).
3. Il n'y eut parmi les accusés d'octobre-novembre interrogés à Paris que trois Templiers qui n'avouèrent rien. Les deux autres sont Henri de Hercigny (Michelet, *Procès des Templiers*, t. II, p. 375) et J. de Paris (*Ibid.*, t. II, p. 385). On peut noter que, dans la séance du 9 novembre 1307, l'inquisiteur n'était ni Guillaume de Paris, ni Nicolas d'Ennezat, mais frère Laurent de Nantes.

tempore sue recepcionis, dixit per juramentum suum quod fuit receptus apud Mormentum[1] diocesis Trecensis per fratrem Laurencium de Belna, preceptorem dicte domus, quatuor anni fuerunt in festo Magdalene instanti proximo preterito[2], presentibus fratri Juliano, capellano dicte domus, et quibusdam aliis de quorum nominibus non recolit. Dixit etiam per juramentum suum quod, post multas promissiones factas ab eo de bonis statutis et observanciis dicti ordinis tenendis, mantellum fuit sibi positum ad collum, et postea dictus recipiens recepit ipsum ad osculum oris et omnes alii fratres existentes ibidem; et nichil aliud fuit sibi injunctum vel preceptum, sicut dixit per juramentum suum.

Acta sunt hec anno, indicione, mense, die, pontificatu et loco predictis, presentibus religiosis et honestis viris fratribus Johanne de Insula, priore Trecensi, et Felice de Fayo, ordinis Predicatorum, Johanne de Farreria, Guillelmo de Choques[3] et Stephano de Matiscone, testibus ad hoc vocatis specialiter et rogatis.

cès touchant la foi, sur soi et sur les autres et interrogé sur le mode et sur l'époque de sa réception, dit sous serment qu'il fut reçu à Mormant[1], au diocèse de Troyes, par frère Laurent de Beaune, précepteur de ladite maison, il y a eu quatre ans à la Madeleine passée[2], en présence de frère Julien, chapelain de ladite maison, et de quelques autres, des noms desquels il ne se souvient pas. Il dit aussi sous serment qu'après qu'il eut fait beaucoup de promesses touchant l'observance des bons statuts dudit ordre, on lui mit le manteau au cou et qu'ensuite celui qui le recevait l'admit au baiser sur la bouche, ainsi que tous les frèrens présents; et on ne lui commanda ni ne lui prescrivit rien d'autre, ainsi qu'il le dit sous serment.

Fait en l'année, indiction, mois, jour, pontificat et lieu susdits, en présence de religieuses et honnêtes personnes, frères Jean de l'Ile, prieur de Troyes, Félix de *Fayo*, de l'ordre des Prêcheurs, Jean de Farrières, Guillaume de Choques[3] et Étienne de Mâcon, témoins à ce appelés et requis.

1. Mormant, en Seine-et-Marne, chef-lieu de canton de l'arrondissement de Melun.
2. 22 juillet.
3. Guillaume de Choques, qui fut souvent témoin dans les interrogatoires d'octobre-novembre 1307, est qualifié ailleurs de bourgeois de Paris, « civis Parisiensis ».

IV.

CE SONT LES INVENTAIRES DES BIENS DES MAISONS DEU TEMPLE.

INVENTAIRE DES BIENS DE LA MAISON DE BAUGIE[a]

(13 octobre 1307).

Inventaire des biens de la maison de Baugie, fait par Joh[an] de Verretot, baillif de Caen, le vendredi apres la Saint Denis, l'an de grace mil CCCVII, appelé oveques li mons[eigneur] Ric[hart] de Breteville, chevalier, et presenz a ceu frere Aubin, commandoour de la maison dudit lieu, frere Raoul et frere Guillaume, ses compaignons, Nicole le Bois, Richier le Tumbeour, Ranouf Gourdet, Bertin deu Coisel, Guillaume Hamon, sergens notre seignor le roi.

Premierement, XIIII vaches a let que laitieres que anoillieres; item, V geniches soranées; item, I bouvet; item, VII veaux d'anten; item, II grans buefz; item, I petit veel qui tete oncore; item, III aumailles[2] que on appele hondins.

Item, C moutons; item, brebis feneles et aigneaux IX^{XX}.

Item, que pors que truies IIII^{XX}XVIII; item, en la maison deu Temple, I truie que a VIII porcheaux a let; item, I pourchel sorané.

Item, VIII jumenz pour le herneiz; item, VIII poulains soranés, que males que feneles; item, IIII poulains au

a. *Archives nationales, J 413, n° 29, rouleau de parchemin*

IV.

INVENTAIRES DES BIENS DES MAISONS DU TEMPLE.

INVENTAIRE DES BIENS DE LA MAISON DE BAUGY[1]

(13 octobre 1307).

Inventaire des biens de la maison de Baugy, fait par Jean de Verretot, bailli de Caen, le vendredi après la Saint-Denis, l'an de grâce 1307, appelé avec lui monseigneur Richard de Bretteville, chevalier, et à ce présents frère Aubin, commandeur de la maison dudit lieu, frère Raoul et frère Guillaume, ses compagnons, Nicole le Bois, Richier le Tombeur, Ranouf Gourdet, Bertin du Coisel, Guillaume Hamon, sergents de notre seigneur le Roi.

Premièrement, 14 vaches à lait, tant laitières que pleines; item, 5 génisses de plus d'un an; item, un bouvillon; item, 7 veaux de l'année passée; item, 2 grands bœufs; item, un petit veau qui tette encore; item, 3 aumailles appelées hondins[2].

Item, 100 moutons; item, brebis femelles et agneaux 180.

Item, tant porcs que truies 98; item, en la maison du Temple une truie qui a 8 pourceaux à la mamelle; item, un pourceau de plus d'un an.

Item, 8 juments pour le harnais; item, 8 poulains de plus

portant le titre suivant : Ce sont les inventaires des biens des maisons deu Temple de la baillie de Caen. *Publié par L. Delisle,* Etudes sur la condition de la classe agricole... en Normandie au moyen âge (*1858*), *appendice, n° XVI, p. 721-723.*

1. Baugy, en Calvados (arrondissement de Bayeux, canton de Balleroy, commune de Planquery).

2. Le mot aumailles désigne ordinairement le gros bétail; nous ignorons le sens du mot hondin.

let d'ouen; item, le cheval au commandoour et I ronchin; item, IIII ronchins pour la charete.

Item, une granche de blé a Saon[1] qui, par le commandoour, est estimée a la value d'environ VI^{xx} livres t[ornois].

Item, il a a la granche de Baugie, que forment, que seigle, environ XVIII acres[2]; item, orge et dragie[3] XXIIII acres; item, avaine XV acres; item, pois XIIII acres; item, veches VI acres; deu quel labourage il y a eu bien eu despendu depuis la mi aoust environ le quart, si comme le dit commandoour disoit, et comme il estoit tesmoignié de genz de la maison.

Item, il ont amené au manoir en temps de fains environ VIII quaretées de fain, dont il y a ja bien mengié et despendu environ le quart, si comme il estoit tesmoignié deu commandoor et des genz de la dite maison.

Item, rentes de forment qui est oncor deü deu terme de la Saint Michel nouvelement passée, environ V muis a la mesure de Baiex, si comme le commandoour disoit.

Item, rente d'orge qui oncor est deü de la dicte Saint Michel, environ IIII muis a la dite mesure, si comme le dit commandoour disoit.

Item, rente en avaine qui est pour partie reçue et pour partie despendue, si comme le dit commandoour et ses genz disoient, environ IIII muis a la dite mesure.

Item, rente en deniers qui sont receüz pour les termes passez, si comme le commandoor disoit, XXV l[ivres].

Item, chanvre qui est estimé à C s[ous] ou environ.

Item, lart et char de buef pour estorement, poi ou nient.

Item, V charetes ferées, que fortes que fiebles; item, III charues o les herneiz qui y convienent.

d'un an, tant mâles que femelles; item, 4 poulains à lait d'un an; item, le cheval du commandeur et un roncin; item, 4 roncins pour la charrette.

Item, une grange de blé à Saon[1], qui est estimée par le commandeur à la valeur d'environ 120 livres tournois.

Item, il y a, à la grange de Baugy, tant en froment qu'en seigle environ 18 acres[2]; item, en orge et dragée[3] 24 acres; item, en avoine 15 acres; item, en pois 14 acres; item, en vesces 6 acres, dont on a bien employé le quart depuis la mi-août, au dire du commandeur et d'après le témoignage des gens de la maison.

Item, ils ont amené au manoir au temps des foins environ 8 charretées de foin, dont on a bien mangé et employé le quart, comme en ont témoigné le commandeur et des gens de la maison.

Item, rente en froment qui est encore due du terme de la Saint-Michel dernière, environ 5 muids à la mesure de Bayeux, au dire du commandeur.

Item, rente d'orge qui est encore due de ladite Saint-Michel, environ 4 muids à ladite mesure, au dire du commandeur.

Item, rente en avoine, qui est pour partie reçue et pour partie employée, au dire du commandeur et de ses gens, environ 4 muids à ladite mesure.

Item, rente en deniers qui sont reçus pour les termes passés, au dire du commandeur, 25 livres.

Item, du chanvre qui est estimé à 100 sous ou environ.

Item, lard et chair de bœuf pour se restaurer, peu ou point.

Item, 5 charrettes ferrées, tant fortes que faibles; item, 3 charrues avec les harnais correspondants.

1. Saon, dans le Calvados, arrondissement de Bayeux, canton de Trévières.

2. Nous renonçons à donner l'équivalence des mesures mentionnées dans cet inventaire parce qu'elles ont beaucoup varié avec les époques et les endroits.

3. On désigne sous le nom de dragée un mélange de graines qu'on laisse croître en herbe comme fourrage.

Item, environ la moitié d'un tonnel de vin.

Item, un poi de cervoise pour les garsons et pour les ouvriers.

Item, pain cuit pour les garsons et pour les genz de la maison.

Item, en la cuisine, I grant pot de cuivre et V maains; item, I paelle de fer; item, I paelle perchié; item, I petite caudiere, I trepié, I landier, I cramillié, I grail, III grans paelles et I petite, et I plon ou l'en chauffe l'eau.

Item, oues et poulaille en la court de la maison.

Item, XVI tonneaux vuides.

Item, en la chapele IIII paire de vestemenz d'iglise fornis; item, I galice; item, les livres de la chapele et touailles et paremenz a autel.

Item, en la chambre au commandoour, III henaps d'argent pleins, II grans et I petit; item, I petit henapin de mardre a pié d'argent; item, II henaps de mardre a pié d'argent mauvais, et autres menus henaps de bois.

Des deniers, n'i avoit nul, et disoit le commandoour que il s'en estoit acquitié.

Item, en la chambre au commandoour, II paire de dras pour son lit, I bougren[1], I sarge pour le lit au dit commandoour; item, une sarge ynde, que le commandoour disoit que il avoit achetée pour un de lour freres; item, III sourcos forréz, I gardecorps, IIII cotes, III manteaux et I chape a pluie pour le commandoour; item, I sourcot en une huche de cleir blou qui est a la fame mons^r^ Rog[er] de Planes[2] et est en gages[3], si comme le commandoour et Bertin deu Coisel disoient; item, I sourcot, I paelle, qui sont Johan Hervieu; item, I sourcot qui est Guillot Gaaigne-bien; item, I orellier.

Item, il a en dortour et allors par l'ostel XX coites,

Item, environ la moitié d'un tonneau de vin.

Item, un peu de cervoise pour les valets et les ouvriers.

Item, du pain cuit pour les valets et pour les gens de la maison.

Item, dans la cuisine, un grand pot de cuivre et 5 tasses; item, une poêle de fer; item, une poêle percée; item, une petite chaudière, un trépied, un landier, une crémaillère, un gril, 3 grandes chaudières et une petite et un poêlon pour chauffer l'eau.

Item, des oies et des volailles dans la cour de la maison.

Item, 16 tonneaux vides.

Item, dans la chapelle, 4 paires de vêtements d'église complets; item, un calice; item, les livres de la chapelle et du linge et des parements d'autel.

Item, dans la chambre du commandeur, 3 hanaps d'argent massif, 2 grands et un petit; item, un petit hanap d'onyx à pied d'argent; item, 2 hanaps d'onyx à pied d'argent mauvais et d'autres menus hanaps de bois.

Il n'y avait pas de deniers et le commandeur disait s'en être servi pour s'acquitter.

Item, dans la chambre du commandeur, 2 paires de draps pour son lit, une pièce de bougran[1], une couverture pour le lit dudit commandeur, une couverture de couleur indigo que le commandeur disait avoir achetée pour un des frères; item, 3 surcots fourrés, un manteau, 4 cottes, 3 manteaux et une chape à pluie pour le commandeur; item, en une huche, un surcot bleu clair appartenant à la femme de monseigneur Roger de Planes[2] et qui est en gage[3], ainsi que le disaient le commandeur et Bertin du Coisel; item, un surcot, un manteau, qui appartiennent à Jean Hervieu; item, un surcot, qui appartient à Guillot Gagnebien; item, un oreiller.

Item, il y a au dortoir et ailleurs par l'hôtel 20 lits de

1. Étoffe de soie très fine et très différente de notre bougran qui n'est qu'une doublure de forte toile.

2. Peut-être Pleines, dans le Calvados, arrondissement de Vire, canton de Saint-Sever.

3. Ces gages paraissent indiquer que les Templiers de Baugy faisaient quelquefois des prêts d'argent.

que grandes, que petites; item, draps et couvertours selonc les lis, mes tant n'i a pas de couvertours comme des coites.

Item, que doubliers que touailles pour l'estorement de la maison XIIII.

Item, en la maison, en celier, a une douzaine que pintes, que cartes d'estain.

Item, II bachins et II lavoours pour l'estorement de la maison.

Item, houstilz qui sont neccessaires pour le brachin de la dite maison.

Item, il y a teile qui oncor est a depechier, environ XXX verges.

Item, il appartient a la maison, si comme le commandoour disoit, un moulin et dismes, qui sont bailliés par parties singulieres a C l[ivres], dont le dit commandoour disoit que il avoit receü partie.

Les choses desus dites furent bailliés en garde, de par le roi, à Robert Burnouf de Planquere[1], Sanson de Caenchy[2], Robert Soupire et Guillaume Hune de Casteillon[3]. Et fut commandé a Bertin deu Coisel, sergent deu lieu, que il se preist garde des choses de la maison que elles fussent bien traitiés.

Les noms des mesnies et des sergens qui estoient en service en la maison de Baugie, et dient que lour services lour sont encor deüz et que lour terme est a la saint Martin d'yver prouchain :

Mons[eigneur] Guill[aume] Duredent, chapelain de la chapele deu dit lieu.

Herouart le Roi, clerq de la dite maison

Ph[ilippe] Alain, garde des vaches.

Johan Goiet, garde des moutons.

Denis le Boulengier, garde des poulains.

plumes, tant grands que petits; item, des draps et des couvertures selon ce qu'il y a de lits, mais il n'y a pas autant de couvertures que de lits de plumes.

Item, tant nappes que serviettes pour le train de la maison, 14.

Item, dans la maison, au cellier, il y a une douzaine de pintes ou de quarts d'étain.

Item, 2 bassins et 2 autres bassins à laver pour le nettoyage de la maison.

Item, les outils nécessaires à la fabrication de la bière de ladite maison.

Item, il existe environ 30 verges de toile qui est encore à couper.

Item, la maison possède, au dire du commandeur, un moulin et des dîmes qui sont données à bail par parties séparées pour 100 livres, dont ledit commandeur, à ce qu'il disait, avait reçu partie.

Les choses susindiquées furent, de par le Roi, confiées à la garde de Robert Burnouf de Planquery[1], Samson de Canchy[2], Robert Soupire et Guillaume Hune de Castillon[3]. Et l'ordre fut donné à Bertin du Coisel, sergent du lieu, de veiller à ce que les choses de la maison fussent bien administrées.

État des domestiques et des serviteurs qui étaient en service à la maison de Baugy et qui disent qu'on leur doit encore leurs gages et que leur terme est fixé à la Saint-Martin d'hiver prochaine :

Monseigneur Guillaume Duredent, chapelain de la chapelle dudit lieu.

Herouart le Roi, clerc de ladite maison.

Philippe Alain, vacher.

Jean Goiet, berger.

Denis le Boulanger, garde des poulains.

1. Planquery, dans le Calvados, arrondissement de Bayeux, canton de Balleroy.
2. Canchy, ibid., canton d'Isigny.
3. Castillon, ibid., canton de Balleroy.

Thomas de Balerry } sont gardes d'une charue et deu
Thomas Vaque } harneis.

Pierre le Roi } sont garde d'une charue et deu har-
Robert Tison } neis.

Joh[an] Quentin } sont garde d'une charue et deu
Guillaume Drouet } harneis.

Giefroi de Semilly[1] est portier de la maison.

Thomas Burnouf est fornier deu dit lieu.

Robin le Queu est brachoour et cuisinier.

Joh[an] Levesque } sont vallés par ostel.
Jordain Liart }

Guill[aume] le For, vavassour, est forest[ier] de la maison.

A la daerie a trois baasses.

Joh[an] Osber est garde des pors.

Guil[aume] Gausel aide au dit Joh[an] a garder les [pors].

Maheut deu Quemin } ont livreson, lonc temps a, en
Ioh[an] Chouquet et sa fame } la maison.

Le garson au commandoour.

Le pastour qui garde les oues.

Thomas de Ballery Thomas Vaque	qui ont la garde d'une charrue et de son harnais.
Pierre le Roi Robert Tison	qui ont la garde d'une charrue et de son harnais.
Jean Quentin Guillaume Drouet	qui ont la garde d'une charrue et de son harnais.

Geoffroy de Semilly[4], portier de la maison.

Thomas Burnouf, boulanger dudit lieu.

Robin le Queu, brasseur et cuisinier.

Jean Lévêque Jourdain Liart	valets de l'hôtel.

Guillaume le Fort, vavasseur, forestier de la maison.

A la laiterie, il y a trois servantes.

Jean Osber, porcher.

Guillaume Gausel, adjoint audit Jean pour la garde des porcs.

Mathieu de Quemin Jean Chouquet et sa femme	sont, depuis longtemps, rationnaires à la maison.

Le valet du commandeur.

Le pâtre qui garde les oies.

1. Semilly, dans le Calvados, canton de Bayeux, commune de Cussy.

V.

[DE MODO PROCEDENDI ADVERSUS TEMPLARIOS[a]]

(1308).

1. — [Ad magistros in theologia Parisienses regia interrogatio[a].]

In prosecucione negocii Templariorum tam quo ad personas quam ad bona occurrunt dubia, que sequntur :

[1]. Primo causa namque fidei dupliciter pertinet ad ecclesiam : uno modo fidem predicare, populum instruere; et si quid dubium circa fidem occurrat[b] aliquibus, seu inter aliquos errantes vel alios, ad ecclesiam pertinet cognicio et decisio. Item alio modo, ut, si quis contra fidem committat, contra talem[c] sacrilegum ad finem spiritualem penitencie ac reconciliacionis procedat, si penitentem et obedientem reperiat; vel si contumacem in pertinacia vel relapsum post abjuracionem erroris, de quo non est presumendum eum stare qui sic egit, licet lugens et dolens, ecclesia tales contumaces vel relapsos dimittit curie seculari. Non eos judicat temporaliter nec condempnat, immo pro relapsis errorem iterum agnoscentibus orat, contra quos curia secularis vires sue potestatis exercet. Circa hoc autem nemo dubitat.

a. Double exemplaire aux Archives nationales, J 473, nos 31 (copie que nous désignons par la lettre A*) et 31* bis *(copie que nous appelons* B*). Publié par H. Finke,* Papsttum und Untergang des Templerordens, *t. II, p. 107-109. — b.* occurrerit *B. — c.* talem, *omis dans A.*

V.

CONSULTATIONS
TOUCHANT LA PROCÉDURE A SUIVRE CONTRE LES TEMPLIERS

(1308).

1. — Questions posées par le roi aux maîtres en théologie de Paris (début de 1308)[1].

Dans la poursuite de l'affaire des Templiers, tant en ce qui concerne les personnes qu'en ce qui concerne les biens, des doutes surgissent, que voici :

[1.] Premièrement, une cause relative à la foi appartient doublement à l'Église : d'une première façon en ce qui concerne la prédication de la foi et l'instruction du peuple et parce que, si un doute concernant la foi envahit l'esprit de quelques-uns, qu'ils soient ou ne soient pas de ceux qui errent, la connaissance et la décision de l'affaire revient à l'Église. De même, d'une autre façon : parce que, si quelque sacrilège pèche contre la foi, elle doit procéder contre lui afin de l'amener à la pénitence spirituelle et à la réconciliation, quand elle le trouve repentant et obéissant; ou, si c'est un obstiné opiniâtre ou un relaps qui, auparavant, a abjuré son erreur et dont on ne peut pas présumer la persévérance après une telle conduite, l'Église, malgré son affliction et sa souffrance, remet ces obstinés et ces relaps à la cour séculière. Elle ne les juge ni ne les condamne au temporel; bien plus, elle prie pour les relaps qui reconnaissent pour la seconde fois leur erreur, ces relaps contre qui la cour séculière exerce la force de son autorité. Là-dessus, il n'existe de doute pour personne.

1. La réponse des maîtres en théologie de Paris fut donnée le 25 mars 1308 avec un certain retard (voir plus loin, n° 2). On peut donc placer ce questionnaire vers le mois de février.

Sed occurit dubium ex eo quod, juxta legis divine preceptum, princeps secularis vel populus jurisdictionem exercens[a] audit per hereticos vel scismaticos vel alios infideles nomen Domini blasfemari fidemque catholicam exsuflari[b] : si hoc fiat palam, vult contra eos ex jurisdictione sibi commissa vires exercere justicie, vel si factum non est palam, vult super facto contra Deum et fidem commisso, ut sibi nunciatur[c], inquirere; et si reperiat crimen de facto commissum, nullo juris dubio super fide catholica occurente, vult contra violatorem talem exercere justiciam, ut ceteri timorem habeant; nisi justiciam exerceat, videt scandalum generari posse.

Utrum ergo sine aliqua requisicione ecclesie vel cujuscumque teneatur ad hoc vel sibi liceat queritur, an per novum testamentum sit ejus potestatis secularis restricta auctoritas, ut, nisi ad requisicionem ecclesie, non debeat interponere partes suas.

[2.] Secundo in Templariorum negocio, ubi quasi una secta dampnata tam horribilis, tam abhominabilis, plurium invenitur, propter majus periculum princeps temporalis magis modo pretacto justiciam debeat exercere ad tantam pestem heresis extirpandam ex suo officio, an eo, quod dicti Templarii ordinem religionis se tenere dicebant, manus principibus sit ligata, ut contra eos procedere non possint, nisi ad requisicionem ecclesie? An reatus sic probatus, sic clarus per tanti numeri Templariorum confessiones[d], omnem dignitatem excludat et privilegium, maxime quia erat militum collegium, non clericorum principaliter?

[3.] Tercio, cum quingenti Templarii et ultra in diversis partibus constituti per regnum Francie circuitum fuerint errorem dicte secte confessi necnon magis-

a. exercet *B.* — *b.* exufflari *A.* — *c.* nunciantur *B.* — *d.* confessionem *B.*

Mais un doute s'élève en ceci que, selon le commandement de la loi divine, le prince laïque ou le peuple qui a la juridiction entend blasphémer le nom du Seigneur et voit cracher sur la foi catholique par les hérétiques ou les schismatiques ou les autres infidèles : il veut, si la chose est publique, en vertu de la juridiction à lui commise, exercer l'action de sa justice, ou, si le fait n'est pas public, faire une enquête touchant l'acte commis contre Dieu et contre la foi, tel qu'il lui est dénoncé; et, s'il trouve que le crime a été commis réellement, qu'il ne subsiste là-dessus aucun doute d'ordre juridique touchant la foi catholique, il veut exercer sa justice contre le coupable, afin que les autres soient terrorisés; il voit qu'un scandale peut naître s'il n'exerce pas sa justice.

On demande donc si cela lui est permis sans réquisition de l'Eglise ou d'autrui, ou bien si l'autorité de sa puissance séculière est ainsi restreinte par le nouveau Testament qu'il ne doive pas intervenir, sinon à la réquisition de l'Église.

[2.] Secondement, dans l'affaire des Templiers — où l'on ne trouve, pour ainsi dire, qu'une secte unique, formée de plusieurs personnes, damnée, si horrible et si abominable — est-ce que, à cause de la grandeur du péril, le prince temporel doit plus complètement exercer de la manière susdite sa justice, pour extirper, en vertu de son office, une hérésie si grande et si pestilentielle, ou bien est-ce que, par cela même que les Templiers ont affirmé constituer un ordre religieux, la main du prince est ainsi liée qu'il ne peut procéder contre eux autrement qu'à la réquisition de l'Église? Ou bien, est-ce qu'une accusation ainsi prouvée, ainsi mise en lumière par les confessions d'un si grand nombre de Templiers, annule toute dignité et tout privilège, puisque l'ordre était surtout un collège formé de chevaliers et non pas de clercs?

[3.] Troisièmement, comme cinquante Templiers et davantage, établis en diverses régions du royaume de France, ont confessé l'erreur de ladite secte, ainsi que le maître et les dignitaires de l'ordre, est-ce que cette preuve suffit contre l'ordre entier? Suffit-elle pour que ce faux ordre soit con-

ter illius et majores, an ergo contra totum ordinem probacio sufficiat ut tota falsa religio sit dampnata vel saltim dampnanda, maxime cum confitentes predicti ac in singulis partibus dicti regni confessionem aliorum et confessionis modum ignorarent? An expectare oporteat, quod similiter in regnis aliis sint confessi, ut talis religio sit dampnanda vel pro dampnata habenda?

[4.] Quarto, cum in ingressu fratris cujuslibet post professionem communem factam palam ingrediens a recipiente ad partem occulte traheretur, duobus vel tribus solum presentibus, ubi apostare contra fidem cogebatur et sic sunt plures contra quos probari non potest nisi sponte confiteantur vel ab eis extorqueatur veritas, quia qui presentes in eorum recepcione fuerint decesserint, an si nullo modo possit a talibus veritas extorqueri, pro catholicis sint habendi et recipiendi?

[5.] Quinto, si forte tales non confitentes et crimen negantes, contra quos probari non potest, sint x, xx vel xxx vel plures, an in eis jus vel status dicti ordinis remanere debeat? An per tot alios testes deponentes contra ordinem ordo hujusmodi reprobetur?

[6.] Sexto queritur de bonis que dicti Templarii in communi tanquam sua propria possidebant, ex causa hujusmodi debeant principi confiscari, in cujus jurisdictione constituta sunt, an ecclesie, an Terre Sancte negocio, cujus contemplacione bona illa illis collata vel alias quesita fuere, sint pocius applicanda?

[7.] Septimo, si forsan ex jure vel devocione principum Terre Sancte negocio applicentur, ad quem disposicio, regimen bonorum talium vel administracio, debeat pertinere : an ad ecclesiam, an ad principes, maxime in regno Francie, ubi omnia bona Templario-

damné dans sa totalité ou du moins tenu pour condamnable, à raison de ce fait surtout que les susdits, qui ont avoué dans les différentes régions du royaume, ignoraient mutuellement leurs aveux et le détail de ces aveux? Ou bien convient-il d'attendre des confessions identiques dans les autres royaumes pour que l'ordre soit condamnable ou qu'il doive être tenu pour tel?

[4.] Quatrièmement, étant donné que chaque frère, au moment où il entrait dans l'ordre, après qu'il avait fait publiquement la profession de foi commune, était, par celui qui le recevait, en présence de deux ou trois frères seulement, tiré à part en une cachette où on le forçait à apostasier contre la foi et qu'ainsi il en est plusieurs contre lesquels il n'existe pas de preuves, s'ils n'avouent pas spontanément ou si on ne leur arrache pas la vérité, puisque ceux qui étaient présents à leur réception sont morts, doit-on, si l'on ne peut d'aucune façon leur arracher la vérité, les tenir et les recevoir pour catholiques?

[5.] Cinquièmement, si, par hasard, ceux qui ne confessent rien et qui nient le crime et contre lesquels on ne peut apporter aucune preuve sont dix, vingt, trente ou plus, est-ce que les droits et le statut dudit ordre doivent subsister en eux? Ou bien est-ce qu'un ordre de cette espèce est réprouvé par le fait que tant d'autres témoins ont déposé contre lui?

[6.] Sixièmement, on demande si, par suite de ce qui précède, les biens que lesdits Templiers possédaient en commun et qui étaient leur propriété doivent être confisqués au profit du prince dans la juridiction de qui ils sont constitués ou bien être attribués soit à l'Église, soit à la Terre Sainte, en considération desquelles ils ont été acquis ou recherchés par eux.

[7.] Septièmement, s'il arrivait qu'en vertu du droit ou par suite de la dévotion des princes, on les attribuât à la Terre Sainte, à qui la disposition, le règlement ou l'administration de ces biens doivent-ils revenir : à l'Église ou aux princes — surtout dans le royaume de France, où l'on sait que tous les biens des Templiers ont été depuis une

rum ab antiquo in speciali domini regis et predecessorum suorum[a] garda et custodia fuisse noscuntur?

*
* *

2. — [*Magistrorum in theologia responsum*[b].]

Serenissimo ac christianissimo principi Philippo, Dei gratia regi Francorum illustrissimo, sui capellani humiles et devoti, magistri in theologia Parisius, licet indigni, tam actu regentes quam non regentes, cum omni subjectione se promptos et voluntarios regie majestati semper gratum et devotum servicium exhibere.

Illustrissimi regni Francorum reges christianissimi non tam magnitudine potestatis quam morum venustate ac pietate christiane religionis ab ipso regni exordio claruisse noscuntur. Hinc est, excellentissime domine, quod vos, sanctorum predecessorum vestrorum mores laudabiles imitantes, zelo fidei succensus, tamen cum debita regula racionis volentes quidem fidem deffendere, sine tamen usurpatione juris alterius potestatis, cum possetis precipere nobis vestris clientulis, ex magna tamen dignatione vestra sentenciam nostram per vestras litteras amicabiliter requirere maluistis, qualiter videlicet absque alieni juris injuria possetis procedere contra quosdam ipsius fidei subversores, super hoc quosdam certos articulos proponentes, super quibus et magnitudo negocii, et quorundam majorum nostrorum absencia compulit nos tardius debito respondere; propter quod de tante tarditatis offensa parcat nobis pietatis regie benivolencia consueta. De predictis autem articulis diligenti et matura deliberatione

a. suorum et suorum *A.* — *b. Archives nationales, J 413, n° 1.*

date ancienne sous la garde et la surveillance spéciale du seigneur roi et de ses prédécesseurs?

***

2. — *Réponse des maîtres en théologie (25 mars 1308).*

Au sérénissime et très chrétien prince Philippe, par la grâce de Dieu, très illustre roi de France, ses humbles et dévots chapelains, maîtres en théologie à Paris, quoique indignes, tant en activité qu'en non-activité, toujours empressés et disposés avec une complète soumission à rendre à la majesté royale entier et dévoué service.

Les rois très chrétiens du très illustre royaume de France sont connus pour avoir brillé, depuis l'origine même du royaume, moins par l'étendue de leur puissance que par l'excellence de leurs mœurs et par leur piété chrétienne. Voilà donc, très excellent prince, qu'imitant les louables mœurs de vos saints prédécesseurs, brûlant de zèle pour la foi, mais voulant cependant la défendre, conformément à la règle légitime de la raison, sans usurper sur le droit d'une autre puissance, et quoique vous puissiez l'exiger de nous, qui sommes vos humbles clients, par suite néanmoins de votre grande estime, vous avez mieux aimé nous demander amicalement par votre lettre comment, sans faire injure au droit d'autrui, vous pouviez procéder contre certains destructeurs de ladite foi, nous proposant, à ce sujet, certains articles, sur lesquels et l'importance de l'affaire et l'absence de quelques-uns des plus considérables d'entre nous nous ont forcés à répondre plus tardivement qu'il n'eût fallu (que la bienveillance accoutumée de votre clémence royale veuille bien pardonner l'offense de ce long retard!). Sur les susdits articles, après une délibération diligente, mûrie et répétée, nous avons, pour éviter la prolixité et épargner le

Publié par Denifle et Chatelain, Chartularium universitatis Parisiensis, *t. II, n° 664.*

prehabita et frequenter, taliter duximus respondendum ut ad vitandam prolixitatem et nimiam occupationem regie majestatis ponamus precise conclusiones quas, persuasi motivis rationabilibus, credimus esse veras.

Ad predictos igitur articulos in modum qui sequitur respondemus :

[1.] Ad primum quo queritur utrum princeps secularis possit hereticos capere, examinare vel punire, dicimus quod nobis videtur quod auctoritas judicis secularis non se extendit ad faciendum processum aliquem in facto heresis contra aliquem non derelictum ab ecclesia, nisi ecclesia requirente vel requisita, nisi quando evidens et notorium periculum immineret; in quo casu, sub spe certa ratihabitionis, licet potestati seculari eos capere, cum proposito reddendi ecclesie quamcito obtulerit se facultas. Nec videtur nobis quod ex aliqua auctoritate novi vel veteris Testamenti expresse possit haberi quod princeps secularis aliter se debeat intromittere de crimine supradicto. Quod autem juxta hoc queritur utrum si quod jus principes habere viderentur per vetus Testamentum in causa dicti criminis, per novum Testamentum in aliquo sit restrictum, dicimus quod, si vocetur restrictio revocatio cujuscunque statuti vel juris habentis virtutem solum ex institutione legis veteris, omne tale est in legis nove tempore sic restrictum, quod videlicet totum quod habet virtutem ex sola institucione legis veteris, est in novi Testamenti tempore revocatum.

[2.] Ad secundum principale quod queritur, utrum Templarii, quia milites sunt, sint pro non religiosis et non exemptis habendi, dicimus quod nobis videtur, quod milicia ad deffensionem fidei ordinata statum religionis non impedit et quod tales milites votum religionis institute ab ecclesia profitentes pro religionis

temps de la majesté royale, décidé de répondre en posant brièvement les conclusions que, persuadés que nous sommes par des motifs raisonnables, nous croyons être vraies.

Donc, sur les susdits articles, nous répondons comme il suit :

[1.] Sur le premier, où l'on demande si un prince séculier peut arrêter les hérétiques, les examiner et les punir, nous disons qu'il nous semble que l'autorité du juge séculier ne va pas jusqu'à faire un procès pour hérésie à quelqu'un qui n'est pas livré par l'Église, à moins que l'Église ne le requière ou ne soit requise, qu'il y n'ait péril imminent, évident et notoire; auquel cas, sous condition certaine de ratification, il est permis à la puissance séculière de les arrêter, avec l'intention de les remettre à l'Église dès qu'elle le pourra. Et il ne nous semble pas qu'en vertu de l'autorité du nouveau ou de l'ancien Testament on puisse admettre expressément que le prince séculier doive autrement s'occuper du crime susdit.

Quant à la question de savoir si le droit que les princes paraissaient tenir de l'ancien Testament dans les causes relatives au crime susdit est restreint en quelque chose par le nouveau Testament, nous disons que, si l'on appelle restriction la révocation de n'importe quel statut ou quel droit tirant seulement sa force de la doctrine de l'ancienne Loi, tout sous le régime de la nouvelle Loi est restreint à ce point, que ce qui est fondé uniquement sur la doctrine de l'ancienne Loi est révoqué depuis l'application du nouveau Testament.

[2.] Sur le second article, où l'on demande si les Templiers, parce qu'ils sont chevaliers, doivent être réputés non-religieux et non-exempts, nous disons qu'il nous semble que la milice créée pour le service de la foi n'exclut pas un statut d'ordre religieux et que de tels chevaliers, prononçant le vœu de l'ordre institué par l'Église, doivent être tenus pour des religieux exempts. S'il en est toutefois qui n'ont

haberi debeant et exemptis. Si qui autem non fecerunt talem professionem, sed solum obligaverunt se ad illam heresim observandam, non sunt religiosi nec pro religiosis habendi. Si tamen sit dubium utrum sic professi fuerint, ad ecclesiam que ipsorum religionem instituit istam causam pertinet terminare. Racione tamen criminis totum, quod crimen tangit, pertinet ad ecclesiam in quacunque persona, donec, ut predictum est, fuerit ab ecclesia derelicta.

[3.] Ad tertium, quando queritur utrum propter suspicionem que habetur ex confessationibus jam factis ordo debeat reprobari, dicimus quod, cum jam factis confessationibus habeatur vehemens suspicio contra omnes de ordine quod sint heretice vel fautores, puta non accusando vel non notificando ecclesie, cum vehemens presumptio habeatur quod predictam heresim vigere in ordine nullatenus ignorarent, presertim cum magistri tocius ordinis et alii quamplurimi crimen hujusmodi sint confessi, debet hoc sufficere ad reprobandum in odium personarum vel ad inquirendum contra totum ordinem sic publice de tanto crimine diffamatum.

[4.] Ad quartum, quando queritur de non confessis vel non convictis quid de eis, si qui tales fuerint, sit agendum, dicimus quod cum vehemens sit presumptio contra omnes de ordine, ut dictum est, etsi tales non sint ut heretici condempnandi, cum nec confessi fuerint nec convicti, tamen quia multum timendum est de eis propter suspicionem predictam, videtur nobis sic eis esse salubriter providendum, quod de infectionis aliorum periculo caveatur.

[5.] Ad quintum, cum queritur de triginta vel quadraginta remanentibus, etc., patet ex hiis que in tercio et quarto articulis sunt expressa.

pas fait une telle profession, mais se sont seulement obligés à observer cette hérésie, ils ne sont pas des religieux et ne doivent pas être tenus pour tels. S'il est cependant douteux qu'ils aient fait une pareille profession, il appartient à l'Église, qui a institué leur ordre, de décider en ce point. A raison de la nature du crime, cependant, tout ce qui touche ce crime appartient à l'Église, chez n'importe quelle personne, jusqu'à ce que, comme il a été dit plus haut, elle soit abandonnée par elle.

[3.] Sur le troisième article, où l'on demande si, à cause de la suspicion qui provient des confessions déjà faites, l'ordre doit être réprouvé, nous disons que, comme, par suite des confessions déjà faites, il y a suspicion véhémente que tous les membres de l'ordre ne soient hérétiques ou fauteurs d'hérésie, par exemple pour n'avoir rien dénoncé ni fait connaître à l'Église; comme il existe une présomption véhémente qu'ils n'ignoraient nullement l'existence de cette hérésie dans l'ordre; et comme, principalement, les maîtres de l'ordre entier et un grand nombre d'autres ont confessé ce crime, cela doit suffire à faire réprouver l'ordre en haine des personnes ou à justifier une enquête contre l'ordre tout entier ainsi diffamé publiquement pour un si grand crime.

[4.] Sur le quatrième article, quand on demande ce qu'il convient de faire de ceux qui n'ont rien confessé et qui n'ont pas été convaincus, s'il en existe de tels, nous disons que, comme il existe une présomption véhémente contre tous les membres de l'ordre, ainsi qu'il est dit, bien que ceux-là ne doivent pas être condamnés comme hérétiques, puisqu'ils n'ont rien confessé et qu'ils n'ont pas été convaincus, cependant, parce qu'ils sont fort à craindre, à cause de la susdite suspicion, il nous paraît qu'il est bon d'y pourvoir et de prendre garde au péril d'infection des autres.

[5.] Quant à la cinquième question, relative aux trente ou quarante membres de l'ordre restant, etc., la réponse ressort de ce qui est dit aux articles 3 et 4.

[6-7.] Ad sextum et septimum, cum queritur quid de Templariorum possessionibus sit agendum, dicimus quod, cum bona Templi non fuerint data Templariis principaliter et ut dominis, sed pocius ut ministris ad deffensionem fidei et subsidium Terre Sancte, et hoc fuerit finalis intentio dancium illa bona, et ea que sunt ad finem, rationem et necessitatem sorciantur ex fine, cum predictus finis adhuc remaneat, ipsis deficientibus, debent dicta bona ad dictum finem ordinari fideliter et servari. De gardia autem nobis videtur ordinandum secundum quod magis expedit dicto fini.

Hec igitur, serenissime domine, secundum quod melius potuimus concorditer conclusimus et conscripsimus, multum ex corde volentes obsequi mandatis regiis ac eciam veritati; que utinam, sicut desideramus, majestati regie sint accepta, quia multum libenter diligens studium parati sumus impendere ad ea que tante celsitudini forent grata. Et utinam tanta fidei injuria, cujus estis pugil precipuus et deffensor, que tam scandalosa et horribilis est toti populo christiano, juxta vestrum sanctum desiderium celeriter vindicetur.

Regiam majestatem vestram, quam firmiter credimus non solum regimini temporali reipublice, verum eciam spirituali profectui ecclesie fructuosam, per longa tempora velit Altissimus conservare nosque, vestros devotos et humiles capellanos, dignetur vestra precellens benignitas commendatos habere.

In testimonium autem omnium predictorum, sigilla nostra duximus presentibus apponenda[a].

a. *Sur quatorze des seize simples queues du parchemin qui portent les sceaux des maitres, on lit* : magistri [A.] de Alexandria, minoris; magistri Girardi de S. Victore; magistri Laurentii de Valle Scolarium; magistri Jacobi de Karoliloco; magistri Henrici, de ordine S. Augustini; magistri Girardi de Carmelo; fratris Romei, de ordine Predicatorum; fratris Hervei, de ordine

[6-7.] Pour la sixième et la septième question, où l'on demande ce qu'il faut faire des biens des Templiers, nous disons que, comme les biens du Temple ne furent pas donnés aux Templiers à titre particulier, en tant que seigneurs, mais plutôt en tant que défenseurs de la foi et auxiliaires de la Terre Sainte et que telle fut l'intention finale des donateurs de ces biens, ce qui est fait en vue d'une fin, pour une certaine raison ou pour une certaine nécessité, doit sortir son effet en vue de cette fin; et, comme ladite fin subsiste encore, alors qu'ils sont défaillants, lesdits biens doivent être fidèlement administrés et conservés en vue de ladite fin. Il nous paraît qu'en ce qui concerne leur garde, il en doit être ordonné selon ce qui convient le mieux à cette fin.

Telles sont, sérénissime seigneur, les conclusions sur lesquelles nous sommes tombés d'accord et que nous avons rédigées du mieux que nous avons pu, voulant de tout notre cœur obéir aux ordres royaux et aussi à la vérité. Plaise à Dieu, comme nous le désirons, qu'elles paraissent acceptables à Votre Majesté Royale; car, et très volontiers, nous sommes prêts à consacrer notre diligente application à ce qui peut être agréable à une si grande Altesse. Et plaise au ciel qu'une si grande injure à la foi, dont vous êtes le principal champion et défenseur, une injure aussi scandaleuse et horrible pour le peuple tout entier, soit rapidement punie, selon votre saint désir.

Que le Très-Haut veuille conserver pour longtemps Votre Majesté Royale, qui, nous le croyons fermement, est utile non seulement au gouvernement temporel de l'État, mais encore au progrès spirituel de l'Église, et que votre éminente bonté daigne nous avoir en sa garde, nous ses dévots et humbles chapelains.

En témoignage de tout ce qui précède, nous avons fait apposer nos sceaux aux présentes[1].

Predicatorum; magistri Alexandri, de ordine S. Augustini; magistri Guillelmi Alexandri; magistri Radulphi de Hotot; fratris Galteri Clunianensis; magistri P[etri] de S. Audomaro; magistri Johannis de Monte S. Eligii.

1. Sur quatorze des seize queues simples portant les sceaux du

Datum in festo Annunciationis beate Virginis, anno Domini M° CCC° septimo[1].

*
* *

3. — [*Consultatio altera*[a].]

[1.] Ad primam questionem, qua queritur, cum magister Templariorum semel publice sit confessus se fore reum (?) in hiis de quibus accusatus fuit et postea dixit se hoc confessum fore metu pene et tercio quod prima confessio fuit vera et forte adhuc varie respondebit, qualiter sit contra ipsum agendum, respondeo siquidem quod, secundum juris canonici regulas et civilis et prout ostendit ratio naturalis, nimis est indignum quod illud, quod quis est palam et publice confessus, proprio valeat testimonio infirmare. Constat autem quod dictus magister primo fuit confessus errores suos inquisitori heretice pravitatis sponte, presentibus multis bonis personis; ac postea diebus plurimis perseverans coram eodem inquisitore, pluribus religiosis ac universitate Parisiensi presentibus cum lacrimis suas[b] ordinisque sui confessus fuit errores palam per

a. *Archives nationales, J 413, n° 32 (rouleau de parchemin, avec, au dos, la mention :* de facto Templariorum). *Publié par Finke,* Papsttum und Untergang des Templerordens, *t. II, p. 102-104, et en partie (§ 1) par Prutz,* Entwickelung und Untergang des Templerordens, *p. 345-346. — b. Le manuscrit porte :* suum.

parchemin, on lit les noms suivants : « Maître [A.], d'Alexandrie, mineur; maître Girard, de Saint-Victor; maître Laurent, du Val-des-Écoliers; maître Jacques, de Charlieu; maître Henri, de l'ordre de saint Augustin; maître Girard, du Carmel; frère *Romei*, de l'ordre des Prêcheurs; frère Hervé, de l'ordre des Prêcheurs; maître Alexandre, de l'ordre de saint Augustin; maître Guillaume Alexandre; maître Raoul, de Hotot; frère Gautier, de Cluny; maître P[ierre], de Saint-Omer; maître Jean, de Mont-Saint-Eloi. »

Donné le jour de la fête de l'Annonciation de la sainte Vierge, l'an du Seigneur 1307[1].

* * *

3. — Autre consultation (début de l'année 1308)[2].

[1.] Sur la première question par laquelle on demande comment on agira avec le maître des Templiers, qui a confessé une première fois publiquement qu'il était coupable de ce dont on l'a accusé, qui a dit ensuite qu'il a avoué par crainte de la souffrance et, troisièmement, que sa première confession était vraie et qui peut-être variera encore, je réponds avec assurance que, d'après les règles du droit canonique et du droit civil et ainsi que l'indique la raison naturelle, il est tout à fait indigne que celui qui a avoué ouvertement et publiquement puisse infirmer son propre témoignage. Il est constant, en effet, que ledit maître a confessé d'abord spontanément ses erreurs à l'inquisiteur de la perversion hérétique, en présence de plusieurs bonnes personnes; qu'ensuite, persévérant pendant plusieurs jours, il a, en présence du même inquisiteur, de plusieurs religieux et de l'Université de Paris, confessé en pleurant son erreur

1. C'est-à-dire le 25 mars 1308, nouveau style.

2. La date de ce document se tire du premier paragraphe, où l'on parle de la révocation de ses aveux, que fit Jacques de Molay au mois de décembre 1307; d'autre part, l'auteur répond à un questionnaire qui ressemble beaucoup, sauf dans le premier paragraphe, à celui que nous venons de reproduire. Finke (*Papsttum und Untergang des Templerordens*, t. II, p. 107) l'attribue dubitativement à Nogaret. Cela n'est guère acceptable. Certaines expressions du paragraphe 3 (*rex Francie*, *patrem... dormientem*) et les dernières lignes du dernier paragraphe (à partir de *Si enim*) font songer à des passages du discours prononcé à Poitiers devant le pape, le 14 juin 1308, par Guillaume de Plaisians (nº VIII, 1). Or ce même discours contient des passages qui sont l'œuvre de Pierre Dubois.

modum sermonis, duobus mensibus et amplius postea perseverans; ab inicio plangens verecondiam temporalem peciit aliquando ut torqueretur, ne fratres sui dicerent quod eos liberaliter destruxisset. Responsum fuit ei quod ipse testes habebat palam contra eum deponentes, propter quod torquendus non erat; nullus metus fuit ei illatus. Vanus timor pene figure non potuit hominem sic constanter inducere ad talia confitenda. Cum igitur testes habeat contra se propriamque confessionem tociens iteratam, in qua tanto tempore perseveravit, cum insuper tot aliorum Templariorum occurant testimonia, per quos ritus ille dampnatus Templariorum clare probatur, sit autem impossibile magistrum ipsum ordinis talia ignorasse, nemo sane mentis dubitare debet, quin errorum precedentibus confessionibus cum tot probationibus aliis concurrentibus sit standum contra eum. Nec mirum, si postmodum variet. Est enim secretum Dei judicium, ut tantarum Christi bla[s]femiarum magister, qui tantis temporibus male vixit, tot alios ad sectam traxit dampnatam, remanere non debeat, quin ad exemplum in hoc seculo puniatur, nec enim sine scandalo facile posset ecclesia talis hominis misereri. Quod est similiter dicendum in fratre Hugone de Paredo, qui mille fratres et ultra noscitur ad heresim dampnatam traxisse, et de similibus[a].

[2.] Ad secundam questionem, qua queritur, utrum essencia professionis eorum censeri debeat esse corrupta, que talis est : *Juro servare statuta ordinis et secreta* (hoc facto inter secreta exigitur quod profes-

a. *Après le mot* similibus, *une autre main a ajouté :* sicut enim cervus fontes, sic totus populus catolicus expectat (?) videre dictorum flagiciorum vindictam.

et celle de son ordre publiquement sous forme de discours, et a persévéré encore deux mois et plus ; il est constant, en outre, que dès le début du procès, pleurant sur sa honte humaine, il demanda un jour à être torturé pour que ses frères ne pussent dire qu'il avait librement causé leur ruine. On lui répondit qu'il y avait des témoins déposant contre lui publiquement, que, par suite, il ne devait pas être torturé ; on ne détermina en lui aucune crainte. La vaine terreur de l'image de la souffrance n'a pu conduire un homme à faire aussi constamment de tels aveux. C'est pourquoi, comme il a contre lui des témoins et sa propre confession tant de fois renouvelée, dans laquelle il a persévéré si longtemps, comme, de plus, il faut y ajouter tant de témoignages d'autres Templiers par lesquels le rite condamnable du Temple est prouvé clairement et qu'il est impossible que le maître de l'ordre lui-même ait ignoré de telles choses, aucune personne d'esprit sain ne doit douter qu'à cause des erreurs précédemment avouées, et de tant d'autres preuves concurrentes, son aveu ne doive lui être opposé. Rien d'étonnant si, après l'aveu, il varie. C'est, en effet, le secret jugement de Dieu que le maître de si grands blasphèmes contre le Christ, qui a mal vécu si longtemps, attiré tant d'autres frères dans une secte condamnée, ne doit pas rester sans être, pour l'exemple, puni en ce monde ; et, en effet, l'Église ne peut pas facilement et sans scandale avoir pitié d'un tel homme. On doit en dire autant de frère Hugues de Pairaud, qui est connu pour avoir attiré à l'hérésie condamnée mille frères et plus, ainsi que de ceux qui ont fait comme lui[1].

[2.] Sur la seconde question, par laquelle on demande si l'essence de leur profession, qui est celle-ci : *Je jure de conserver les statuts et les secrets de l'ordre* (et, en fait, parmi les secrets on exige que le profès renie le Christ), doit être réputée corrompue, je réponds que, quoique un homme

1. A la fin de ce paragraphe, une autre main a ajouté dans le manuscrit la mention suivante : « De même que le cerf recherche les sources, ainsi le peuple entier désire voir la punition de ces turpitudes. »

sus abneget Christum). Respondeò quod, licet justus, ubi non vere dubitat, ad veritatem firmandam sepe per modum dubitacionis faciat questionem de re certa tanquam de dubia, et hoc modo possit esse catholici questio supradicta, tamen qui diceret talem professionem tenere quominus sit prorsus essencia vel substancia ejus corrupta, vel qui vere super hoc dubitaret, non esset bene firmus in fide. Nam, ut scriptum est : *Dubius in fide infidelis est.*

Inter cetera vero corruptam dicte professionis essenciam seu substanciam esse ostendo multiplici racione :

Primo propter profitentis errorem in substancia obligacionis et contractus errantis. Certum enim est quod omnes qui ingrediebantur ordinem supradictum ante ingressum intendebant et credebant ordinem illum esse catholicum et societatem fratrum et collegium esse ad Christi servicium solum fondatum et secreta ordinis esse licita. Cum igitur ipse ingrediens se tali collegio conferebat, cum obedenciam promittebat, quod est principale omnis professionis, ut Christi collegio, quod est pocius Antechristi, errabat per facti ignoranciam in substancia contractus ipsius, quoad statum collegii, cum quo contrahebat et cui se ligabat, errabat in substancia obligationis, quia pro Christi obsequio se offerebat, cum tamen collegii esset contraria intencio. Se namque dedicare Deo credebat; se dyabolo dedicabat. Item jurabat se servare secreta, que credebat licita in sui essencia, que erant illicita.

Secundo, probatur idem alia racione : In omni enim contractu, ea que inter contrahentes juxta contractum principale aguntur, inesse videntur, hoc est intus de substancia contractus esse et formam dant ipsi contractui secundum juris raciones. Cum igitur in proposito,

juste, quand il n'éprouve vraiment aucun doute, fasse souvent usage du doute pour affermir la vérité et mette en question une chose sûre aussi bien qu'une douteuse et que, de cette façon, la question susdite puisse venir d'un catholique, cependant, celui qui dirait observer sa profession de telle sorte que son essence ou sa substance n'en soit pas altérée, même si vraiment il éprouvait des doutes là-dessus, ne serait pas bien ferme en sa foi, car, ainsi qu'il est écrit : *Celui qui est hésitant en matière de foi est un infidèle.*

Que l'essence ou la substance de ladite profession soit corrompue, c'est ce que je prouve, entre autres, par de multiples raisons :

Premièrement, à cause de l'erreur du profès qui se trompait dans la substance de son obligation et de son contrat. Il est certain, en effet, que tous ceux qui entraient dans l'ordre susdit le voulaient et le croyaient au préalable catholique, formant une société et un collège de frères fondés pour le seul service du Christ et qu'ils considéraient ses secrets comme licites. Donc, comme le susdit adhérent se joignait à un tel collège, comme — ce qui est le point principal de toute profession de foi — il promettait obéissance comme à un collège du Christ à ce qui était plutôt un collège de l'Antéchrist, il errait par ignorance de fait dans la substance dudit contrat, il errait dans la substance de son obligation touchant le statut du collège avec lequel il contractait et auquel il se liait, puisqu'il s'offrait au service du Christ, alors que le dessein de l'ordre était opposé. Car il croyait se donner à Dieu et il se donnait au diable. De même, il jurait de conserver les secrets qu'il croyait licites en leur essence et qui ne l'étaient pas.

Secondement, la même chose est prouvée par une autre raison : en effet, dans tout contrat, ce qui est arrangé entre les contractants, à côté du contrat principal, paraît se trouver dans le contrat lui-même, c'est-à-dire être incorporé à sa substance, et cela donne, conformément à des arguments juridiques, sa forme au contrat lui-même. Donc, comme dans le contrat proposé, après la profession que faisaient les Templiers, il leur fallait immédiatement, c'est-à-dire

post professionem quam Templarii faciebant in continenti, hoc est antequam diverterent ad alios actus extraneos, juxta ritum suum oportebat eos Christum negare aliaque turpia promittere et facere, perinde est ac si in precedenti professione id principaliter ageretur.

Tercio, probatur idem alia racione. Videmus enim in matrimonio carnali quod, si condicio turpis adicitur, que sit contra bonum matrimonii, hoc est propter quod matrimonium et tota substancia matrimonii est corrupta...[1].

Quarto, hoc idem ostendo : Ubi namque me tibi obligo turpi ex causa, ut occidas hominem vel aliud flagicium committas, tota obligacionis substancia nulla est...[2].

[3.] Ad terciam questionem, qua queritur an sit dandus deffensor in hoc negocio, respondeo quod, quoad personas singulas, certum est quod non. Nec enim intervenit procurator. Sed quoad totum ordinem, si procederetur per viam accusationis directe et per viam ordinariam, postquam magister ordinis est impeditus ex facto proprio, videretur prima facie debere dari deffensorem; set hic non est ita. Nec enim accusacio instituitur nec litis ordinacio, set ex deposicionibus innumerosorum Templariorum claret ecclesie de ordinis corruptela. Rex Francie, persone ecclesiastice ac totus populus hujus regni vident tam fetidum collegium, in quo sic Christus offenditur, clamant ad Dominum, non accusando, non judicium aliquod instituendo, set ecclesiam Romanam sollicitando, ut corpus Christi fidemque catholicam deffendat contra perfidos illos, a tanta labeque purget ac tollat scandalum ecclesie. Non ergo ut accusator vel partem faciens litigantis rex loquitur, set ut Dei minister fideique deffensor et pugil clamat ecclesie, ut subveniat; filius patrem excitat dormientem, ut

avant de vaquer à d'autres occupations étrangères, renier d'après leur rite le Christ et promettre et faire d'autres turpitudes, c'est comme si, dans la profession précédente, il s'était agi de cela principalement.

Troisièmement, la même chose est prouvée par une autre raison : nous voyons, en effet, que si, dans le mariage charnel, une condition honteuse est introduite, qui soit contraire au bien du mariage, c'est-à-dire à ce pourquoi le mariage est institué, le mariage est sans valeur et toute la substance du mariage est corrompue[1]...

Je le prouve encore par un quatrième argument : car lorsque je m'oblige envers toi, en vertu d'une cause honteuse, pour que tu tues un homme ou que tu commettes un autre crime, la substance entière de mon obligation est nulle[2]...

[3.] A la troisième question, par laquelle on demande s'il faut accorder un défenseur en cette affaire, je réponds qu'en ce qui concerne les personnes en particulier, il est certain que non. Et, en effet, aucun procureur n'est intervenu. Si l'on procédait à l'égard de l'ordre entier par voie d'accusation directe et par la voie ordinaire, quand le maître de l'ordre est empêché par le fait même de se défendre, il semblerait, à première vue, qu'on doive accorder un défenseur; mais, ici, il n'en va pas de même. En effet, on n'institue ni accusation ni ordonnance de procès; mais c'est des dépositions d'innombrables Templiers que la corruption de l'ordre ressort nettement pour l'Église. Le roi de France, les personnes ecclésiastiques et le peuple entier de ce royaume voient un ordre tellement fétide, en qui le Christ est tellement offensé, qu'ils en appellent au Seigneur, non en portant une accusation ni en instituant un procès, mais en provoquant l'Église romaine à défendre le corps du Christ et la foi catholique contre ces hommes perfides, à la laver d'une si grande tache, à ôter le scandale de l'Église. Donc le roi ne parle pas comme accusateur ni comme partie au procès; mais, comme ministre de Dieu, défenseur et

1. Ces deux points sont développés par de très longs raisonnements que nous laissons de côté parce qu'ils ne nous instruisent pas sur l'affaire des Templiers elle-même.

2. Même observation qu'à la note 1.

contra fures domum domini fodientes vigilet, sicut ecclesia catholicos principes requirere consuevit. Cum igitur ecclesia requirit principes, non est accusacio, et cum princeps catholicus requirit ecclesiam excitando, non est accusacio, set ecclesie vulnera Christi ostendit, ut sanet et carnes putridas de corpore ecclesie expellat.

Quid ergo facit ecclesia? Decidat[a], utrum clamor opere compleatur, cum casus est dubius. Hic autem jam dubius esse non potest. Nam per tot deposiciones Templariorum, licet non ad finem ordinis[1] dampnandi sint recepte[b], liquet ecclesie ordinem illum esse pravum. Hec videt ecclesia, que sine omni accusatore ex se tenetur perquirere; jam evidencia rei nequiciam ordinis demonstrat. Ad quid ergo dabitur deffensor, nisi, quod absit, ad Templariorum deffendendos errores, cum rei evidencia reddat rem notariam? Preterea, ecclesia ipsa locum obtinet deffensoris, si vidisset, quod locus posset esse deffencioni, cum tamen nullus sit.

Preterea, ubi namque reperitur de Nestorianis[c] vel aliis sectis hereticorum olim dampnatis, quod locus deffensionis daretur sectis illis? Postquam igitur liquet ecclesie de heresi Templariorum, qualis deffensio potest locum habere vel figura judicialis servaretur? Absit!

Item, ecclesia contra totum ordinem per modum judicii non habet procedere set per modum provisionis. Videt enim ecclesia tot fratres illius ordinis dampnatum ostendentes, quod impossibile est illum ordinem posse deinceps proficere nec remanere sine scandalo tocius ecclesie. Amoveat ergo scandalum, festineat ad hoc ecclesia! Tantum est enim scandalum, quod sine

a. Le manuscrit porte : descendat. — *b.* recepti *dans le manuscrit.* — *c.* Nestoriariis *dans le manuscrit.*

champion de la foi, il lui crie d'intervenir; le fils excite son père endormi à veiller contre les voleurs qui percent les murs de la maison du Seigneur, de même que l'Église a coutume de requérir les princes catholiques. Quand donc l'Église requiert les princes, il n'y a pas accusation; et quand un prince catholique requiert l'Église et l'incite à agir, il n'y a pas accusation; mais il lui montre les blessures de l'Église du Christ pour qu'elle les guérisse et qu'elle extirpe du corps de l'Église les chairs putréfiées.

Que fait donc l'Église? Elle doit décider si la plainte repose sur des faits, quand le cas est douteux. Mais, ici, il ne peut être douteux! Car il appert de tant de dépositions de Templiers, quoiqu'elles n'aient pas été reçues en vue de la condamnation de l'ordre[1], que l'ordre est dépravé. L'Église le voit, elle qui est tenue de faire une enquête sans qu'il y ait d'accusateur; déjà l'évidence des faits démontre la corruption de l'ordre. Pourquoi donc donnera-t-on un défenseur, sinon — ce qu'à Dieu ne plaise — pour défendre les erreurs des Templiers, puisque l'évidence des faits rend le crime notoire? En outre, l'Église elle-même tient lieu de défenseur, si elle voit qu'il peut y avoir lieu à défense, alors même qu'il n'y a aucun défenseur.

Au surplus, où donc trouve-t-on qu'en ce qui concerne les Nestoriens ou d'autres sectes d'hérétiques jadis condamnées, on ait reconnu qu'il y avait pour elles place pour un défenseur? Maintenant donc que l'hérésie des Templiers apparaît limpide à l'Église, quelle est la défense qui peut trouver place et quelle forme de procès peut être observée? A Dieu ne plaise!

Item, l'Église n'a pas à procéder contre l'ordre entier par voie de jugement, mais par voie de provision. En effet, l'Église voit tant de frères de cet ordre qui, par la confession de l'erreur qui l'entachait, font voir qu'il est condamné et qu'il est impossible qu'il puisse désormais être utile ni subsister sans scandale pour l'Église tout entière. Que l'Église écarte donc le scandale! Qu'elle se hâte de le faire!

1. L'auteur vise les dépositions recueillies dans les procès faits aux personnes du Temple.

mortali et gravissimo periculo sui et aliorum ecclesia Romana non potest amplius differe, quominus tollat hunc ordinem sic scandalizantem totam Dei ecclesiam. Mora namque eciam modici temporis est intolerabile periculum allatura, juxta illud : *Si oculus tuus scandalizaverit te*, etc.[1].

Item videmus quod in concilio Lugdunensi Gregorius X, propter pluralitatem religionum, per provisionem, propter modicum scandalum, quod non erat contra fidem, plures ordines[2] amovit de medio ecclesie nec fuit ibi deffensio vel strepitus judiciarius aliquis observatus. Quanto ergo magis in proposito ecclesia cernens et videns scandalum ecclesie debet talem ordinem ex se tollere? Nam deinceps propter multorum Templariorum errorem, esto quod omnes forsitam non peccassent, totus ordo est notorie in abhominacionem et in scandalum toti mundo.

[4.] Ad quartam questionem, qua queritur an, si aliqui, licet pauci, reperiantur innocentes, utrum sit in eis totus ordo firmandus vel deffendendus, respondeo difficile esse, immo quasi impossibile, inveniri in eis aliquos innocentes, quin ex conversatione vel alias fuerint contagione percussi; presumpcioque gravis et violenta est contra omnes, nec quisquam ex eis, quamvis per tormenta vel alias confiteri non vellent nec forte testes contra eum extarent, utpote mortui sunt vel sunt forsitan pertinaces cum eo, non ideo sequitur, quod innocens probetur, cum gravis presumpcio semper vigeat contra eum. Semper eciam esset petra scandali[3] et abhominacio cuilibet catholico eum videnti. Quo-

1. *Marc*, IX, 46 : « Si ton œil t'a scandalisé, arrache-le. »
2. Le pape se prononça à Lyon contre les nouveaux ordres

En effet, le scandale est si grand que l'Église romaine ne peut, sans péril mortel et très grave pour soi et pour les autres, différer davantage de supprimer cet ordre qui scandalise ainsi toute l'Église de Dieu. Un délai, même assez court, déterminerait un péril intolérable. Car il est écrit : *Si ton œil t'a scandalisé*, etc.[1].

Item, nous voyons que dans le concile de Lyon Grégoire X, à cause du trop grand nombre d'ordres et à cause d'un scandale médiocre qui n'atteignait pas la foi, a exclu du sein de l'Église plusieurs ordres[2] et qu'il n'y eut, à cette occasion, ni défense ni débat judiciaire. A plus forte raison, en cette affaire, l'Église, qui discerne et qui voit le scandale, doit-elle extirper d'elle-même un tel ordre. Car, à cause de l'erreur de tant de Templiers, en admettant même que peut-être tous n'ont pas péché, l'ordre entier est notoirement désormais une abomination et un scandale pour le monde entier.

[4.] A la quatrième question, par laquelle on demande si l'on doit, au cas où l'on en trouverait quelques-uns d'innocents, même en petit nombre, confirmer ou défendre l'ordre entier, je réponds : il est difficile, bien plus, il est quasi impossible de trouver parmi eux quelques innocents qui n'aient pas été, par relation ou autrement, touchés par la contagion; et il existe une présomption grave et violente contre tous, et si quelqu'un d'entre eux, par la torture ou autrement, ne veut rien avouer, ou si par hasard il n'existe pas de témoins contre lui, parce que les témoins sont morts ou parce qu'ils partagent son obstination, il ne s'ensuit pas que son innocence soit démontrée, puisqu'une grave présomption continue à peser sur lui. Il continuerait à être une pierre de scandale[3] et une abomination pour n'importe quel catholique qui le verrait. C'est pourquoi on ne peut

mendiants non reconnus et qui pullulaient (constitution XXIII, dans Mansi, *Sacrorum conciliorum nova et amplissima collectio*, t. XXIV, p. 96-97).

3. *Pierre*, I, II, 8.

modo ergo in talibus posset remanere religio vel firmari, non potest videri...[1].

Item major pars eorum peccavit ut per confessos jam ex omnibus quasi regionibus et ex magistris eorum jam liquet. Et ad universitatem dampnandam sufficit quod major pars peccaverit, maxime cum illi peccaverunt, per quos ipsa universitas regebatur...[2].

Item videmus quod propter detestacionem criminis, propter delictum plurium, tota civitas et congregacio destruitur, licet plures in eis fuerint innocentes ac propter delictum unius tota cognatio, quod in divina pagina reperitur, propter peccatum ydolatrie contra fidem et propter peccatum sodomie, quorum utrumque in Templariorum ordine committebatur, immo statuebatur pro ritu...[3].

Preterea, qui remanerent semper essent in scandalum ecclesie Dei et in abhominacionem, propter quod ecclesia sine gravi peccato et periculo animarum scandalizancium talem ordinem firmare non potest. Nec est aliqua necessitas vel utilitas, que ex hoc aliquatenus sequeretur, si ordo firmetur. Quare, secundum juris divini et humani regulas, talis ordo firmari non potest nec debet in paucis, immo nec in pluribus, qui ex illo ordine remanerent. Si enim ab esu carnium abstineo, ne fratrem scandalizem, pro quo Christus mortuus est secundum Apostolum ac omnia, quecunque sine peccato mortali possunt obmitti, sunt propter vitandum scandalum dimitenda nec secundum juris divini ac humani regulas scandalum est negligendum, nisi ubi sine salutis eterne periculo vitari non potest. Hic autem vitari potest sine periculo; ymmo sine periculo et scandalo totius ecclesie, talis ordo remanere non potest.

---

voir comment l'ordre pourrait subsister ou être confirmé en de telles personnes...[1].

Item, la majorité d'entre eux a péché, comme il appert déjà de ceux qui, venus de toutes les régions, pour ainsi dire, ont avoué, et aussi des maîtres. Et, pour condamner l'ensemble, il suffit que la majorité ait péché, surtout parce que ceux-là ont péché par qui la société était gouvernée[2].

Item, nous voyons qu'à cause de l'horreur du crime et de la faute de plusieurs, il est arrivé qu'une ville ou une société ait été détruite en entier, bien que plusieurs aussi parmi elle eussent été trouvés innocents ou que, par la faute d'un seul, toute sa parenté ait aussi parfois été détruite, comme on le voit dans l'Écriture sainte à propos du péché d'idolâtrie commis contre la foi et à cause du péché de sodomie, lesquels étaient tous deux commis dans l'ordre du Temple et, qui plus est, y étaient établis en règle...[3].

En outre, ceux qui resteraient seraient toujours dans l'Église de Dieu un scandale et une abomination, parce que l'Église ne peut confirmer un tel ordre sans péché grave et sans péril pour l'âme des auteurs du scandale. Il n'est pas nécessaire de confirmer l'ordre et, s'il l'était, aucune utilité n'en résulterait en aucune manière. C'est pourquoi, conformément aux règles du droit divin et humain, un tel ordre ne peut ni ne doit être confirmé dans la personne de quelques-uns de ses membres, pas même de plusieurs qui subsisteraient. Si, en effet, je m'abstiens de manger de la viande pour ne pas scandaliser mon frère, pour qui, selon l'Apôtre, le Christ est mort, il faut, pour éviter le scandale, éviter tout ce qui peut être omis sans péché mortel, et ne pas négliger le scandale, conformément aux règles du droit divin et civil, excepté lorsqu'il ne peut être évité sans péril pour le salut éternel. Or ici le scandale peut être évité sans péril; bien plus, un tel ordre ne peut subsister sans péril et sans scandale pour l'Église tout entière.

1. Nous ne donnons pas la fin de ce paragraphe qui manque d'intérêt.
2. Même observation qu'à la note précédente.
3. Même observation encore.

VI.

[POPULI PROCLAMATIONES]

(1308).

1. — [« *Remonstrance du peuple de France* »[a].][1]

La pueble du royaume de France, qui touz diz ha esté et sera par la grace de Dieu devost et obeissant a seinte Yglise plus que nul autre, requiert que leur sires li rois de France, qui puet avoir acés a nostre pere le pape, li mo[n]stre que il les ha trop fortement corrociés et grant esclandre commeü entre eus, pour ce que il ne fait samblant, fors que de parole, de faire punir, non pas la bougrerie des Templiers, mais la renoirie aperte par leurs professions faites devant son enquisiteour et devant tant de prelaz et d'autres bonnes genz, que nul home qui en Dieu creüst ne devroit ceu rappeler en doutte ne en tel fait notoire querre, garder ne demander ordre ne droit, si come les decretales le dient espressement. Pour quoy le pueble ne set penser raison de cest delay ne de tele perversion de droit, fors que il cuident que ce soit voir que l'on dit communemant : que grandemant de or doné et promis leur nuist, ou ce que eus ne prometent rien ne ne donnent pour droit faire. Et sunt meü cil ou la renommée commune par le decret qui contient ces paroles : *Pauper, dum non habet quid offe-*

a. *Bibliothèque nationale, manuscrit latin 10919, fol. 106-108 v°. Publié par Boutaric*, Notices et extraits de documents inédits relatifs à l'histoire de France sous Philippe le Bel, *dans*

VI.

REMONTRANCES ET SUPPLIQUES DU PEUPLE DE FRANCE

(début de 1308).

1. — Prétendue « Remontrance du peuple de France », par Pierre Dubois[1].

Le peuple du royaume de France, qui toujours a été et sera, par la grâce de Dieu, dévot et obéissant à sainte Église, plus que nul autre, requiert que son seigneur le roi de France, qui peut avoir accès auprès de notre père le pape, lui montre qu'il a trop fortement courroucé les Français et soulevé grand scandale parmi eux, parce qu'il ne paraît faire punir qu'en paroles, non pas même la bougrerie des Templiers, mais les reniements révélés par les confessions qu'ils ont faites devant son inquisiteur et devant tant de prélats et autres bonnes personnes qu'aucun croyant ne devrait les mettre en doute ni, sur un fait aussi notoire, chercher, garder ou demander ordre ni droit, ainsi que les décrétales le disent expressément. C'est pourquoi le peuple de France ne sait quelle raison donner de ce délai ni de pareille perversion du droit, à moins de tenir pour vrai ce que l'on dit communément : que beaucoup d'or donné et promis leur nuit, ou bien qu'ils ne promettent ni ne donnent rien pour droit faire. Et eux ou la commune renommée sont mus par le décret qui contient ces paroles : *Le pauvre*

le recueil des Notices et extraits des manuscrits de la Bibliothèque nationale, *t. XX, 2e partie (1862), p. 175-179.*

1. Cette remontrance anonyme a certainement été rédigée par Pierre Dubois, comme l'indique au paragraphe 2 (p. 86 et 87, ligne 7) sa citation favorite : *nervi testiculorum Leviathan* (*Job*, XL, 12).

rat, non solum audiri contempnitur, immo etiam contra veritatem opprimitur; cito enim violatur auro justicia nullamque reus pertimescit culpam, quoniam se posse redimere nummis existimat[1].

Et si [est] meü le pueble a croire plus legierement ce, pour ce que l'un pechié vient de l'autre, jouste ce que dit le canon : *Quidam perplexi sunt nervi testiculorum Leviathan*[2], *id est peccata, per quod patet et expertum est quod peccatum unum est causa et occasio multorum peccatorum.* Or voit le pueble que la decretale dit que ceus qui hont les pooirs des benefices donner par leurs dons en doivent honorer des greigneurs benefices et du greigneur nombre les persones plus letré[e]s, et se eus le font, il font justice et le commandemant de droit : quar si grant vertu comme est justise requiert que ceux a qui il apartient donent a chascun leur droit. Or voit le pueble que leur pere espirituel, par l'affection de sanc, ha doné des benefices de seinte Yglise Deus as prochains de luy, a son neveu le cardonal, plus que telx quarante papes y a il eu ne donerent onques a touz leurs lignages et plus que Boniface ne nul autre ne dona onques a tout son lignage.

Et si ha laissié mestres de theologie, de decret et seigneours de lois II^c, ou plus, que il bien cognoissoit ou pooit cognoistre, des quelx chacuns est greigneur clerc les quatre pars que son neveu n'est ne estre porroit; et si n'ont pas les II^c autant des biens de seinte Yglise come il a doné audit neveu. Et si ha doné et baillié le dit pape la grant cure de la province de Roen[3], pour ce que il y a grant prise, a son nevou et a un autre la grant cure de Tholouse[4] et a un autre de Poitiers[5]. A teles persones, se il ne fussient de son lignage

1. *Corpus juris canonici*, partie II, cause XI, question III, canon 72.

qui n'a rien à offrir, non seulement on dédaigne de l'écouter, mais encore on l'opprime, contre la vérité; car la justice est vite altérée par l'or, et l'accusé ne craint nulle faute parce qu'il pense pouvoir se racheter pour de l'argent[1].

Et ainsi le peuple de France est conduit à croire cela plus facilement, parce qu'un péché en entraîne un autre, ainsi que le dit le canon : *Les indécis sont les nerfs des testicules de Leviathan*[2], *c'est-à-dire les péchés, par quoi il est patent et prouvé qu'un seul péché est la cause et l'occasion de beaucoup de péchés.* Or le peuple voit que la décrétale dit que ceux qui ont le pouvoir de donner des bénéfices en don doivent honorer par les plus considérables et les plus nombreux les personnes les plus lettrées; et s'ils le font, ils font justice et ce que commande le droit : car une si grande vertu comme est justice requiert que ceux à qui il appartient donnent à chacun son droit. Or le peuple voit que leur père spirituel, par affection de sang, a donné des bénéfices de la sainte Église de Dieu à ses proches, à son neveu le cardinal, plus que quarante papes passés n'en donnèrent jamais à tout leur lignage, et plus que Boniface ni aucun autre n'en donna jamais à tout son lignage.

Et ainsi il a laissé de côté deux cents maîtres de théologie, de décret et seigneurs ès droit, ou plus, qu'il connaissait bien ou pouvait connaître, dont chacun est au total plus grand clerc que son neveu n'est ni ne pourrait être; et ainsi les deux cents n'ont pas autant de biens de sainte Église qu'il en a donné audit neveu. Et ainsi ledit pape a donné et baillé à son neveu la grande cure de la province de Rouen[3], parce qu'on y peut trouver grand profit, et à un autre la grande cure de Toulouse[4], et à un autre celle de Poitiers[5]. De

2. *Job*, XL, 12.

3. Bernard de Fargues, créé évêque d'Agen le 22 janvier 1306 (*Regestum Clementis papae V*[ti], n° 1106), transféré à l'archevêché de Rouen le 4 juin 1306 (*Ibid.*, n° 1030).

4. Gaillard de Preissac, nommé le 25 décembre 1305, fut déposé en 1317 par le successeur de Clément V, Jean XXII.

5. Erreur : aucun évêque de Poitiers ne fut parent de Clément V. Mais l'accusation de népotisme portée par l'auteur est fondée, car le pape a pris dans sa famille cinq cardi-

ou servi ne l'eussent, il tensist chacun pour bien ranté d'une parroisse de C livres de rentes. Et en y a moult de plus lettrés qui ne poent pas tant avoir, non pas sexante.

Or regarde le pueble que Nostre Seigneur comande que l'on face justise sus le petit et sus le grant et sans accepcion et favour de persones. Or decida frere Thomas de Aquin que accepcions de persones ou prejudice d'autrui en tel cas contient pechié mortel et conclust que cest pechié ne puet ou soy soffrir vertu, pour ce que vertuz et vices sunt contraires. Et que cest meffait sont si très grant, quant a Dieu et a touz ceux qui raison entendent[a], il apert.

Soit posé que vous, noble roy de France, aiez grieve maladie (dont Dex vous gart!) et si avez I grand ost a mener et covient que I soul home en soit mestre gouverneur en lieu de vous et si aiez une bataille champel a faire par I soul home, sus le peril de votre vie, et ne poez par vous eslire phisicien ne avoir en que I tout seul ne que I champion ne que un meneour de l'ost, vous donnez le pooir de ceu eslire a l'ome du monde a qui vos avez fait plus de bien, pour ce que plus est tenu a vous et que plus vous en fiez en li : se il ami regarde que le phisicien et les II chevaliers, commant que il leur preigne de bien faire leur offices, aront de vous autant de rente come les diz arcevesques et evesques, et il, pour enrichir II nevours que il a chevaliers et I phisicien, le vous nomme et eslit, — et si set bien que il trovast aussi ligierement d'autres plus fors, plus saiges, plus esprovez que ses nevours, mais il vuet que ses neveour haient le profit lequel vous voussissiés qui

a. entendont *dans le manuscrit*.

naux : Raymond de Got, Raymond de Fargues, ses neveux, Arnaud de Pellegrue, Arnaud de Canteloup, Bernard de Jarre, et

telles personnes, si elles n'étaient de son lignage ou si elles ne l'avaient servi, il les eût tenues pour bien rentées d'une paroisse de cent livres de rente. Et il y en a beaucoup de plus lettrées qui n'en peuvent pas tant avoir, pas même soixante.

Or le peuple considère que Notre-Seigneur commande que l'on fasse justice au petit comme au grand et sans acception ni faveur de personne. Or frère Thomas d'Aquin décide qu'acception de personne au préjudice d'autrui en tel cas contient péché mortel et conclut que ce péché ne peut en soi souffrir vertu, parce que vertus et vices sont contraires. Et que ce méfait soit très grand aux yeux de Dieu et de tous ceux qui entendent raison, c'est chose évidente.

Supposons, noble roi de France, que vous ayez une grave maladie (et Dieu vous en garde!) et que pourtant vous ayez à conduire une grande armée et qu'il convienne qu'un seul homme en soit le maître et gouverneur à votre place et que vous ayez à livrer une bataille en champ clos par l'entremise d'un seul champion, au péril de votre vie, et que vous ne puissiez de vous-même choisir de médecin ni en avoir plus qu'un, de même qu'un seul champion et qu'un seul chef d'ost: vous donnez le pouvoir de les choisir à l'homme du monde à qui vous avez fait le plus de bien, parce qu'il vous est plus attaché et que vous avez plus de confiance en lui. Si cet ami considère que le médecin et les deux chevaliers, de quelque façon qu'ils s'y prennent pour bien exercer leur office, auront de vous autant de rente que lesdits archevêques et évêques et que, pour enrichir deux de ses neveux qui sont chevaliers et un autre qui est médecin, il vous les nomme et choisisse (et pourtant il sait bien qu'il en aurait trouvé facilement d'autres plus forts, plus savants, plus éprouvés que ses neveux, mais il veut que ses neveux aient le profit que vous

cinq évêques : Bernard de Fargues, nommé à Agen, Rouen, puis Narbonne, Amanieu de Fargues, à Agen, Bernard de Fargues, à Albi, Gaillard de Preissac, à Toulouse, Arnaud de Canteloup, à Bordeaux.

fust donez as III meillours homes que l'en peüst trover a vous et au besoing de vostre cors guarir, et de vostre cors et le royaume desfendre —, se il mesavenoit a ces trois neveours ainsi esleüz de tez offices, ne puniriés vous pas l'oncle autant et plus comme eus?

Vous savez que nostre sire Jhesu Crist est le pere de toutes les ames[a] et que les evesques et touz curé sunt par droit appellé phisicien des ames et champions a combatre pour leur Sauveour encontre touz les diables. Et si savez que une soule ame vaut plus que tout l'or et l'argent du monde, et Jhesu Crist ha plus doné de biens au pape pour faire bien et loialmant son office en ceste election que il ne dona a Moyse[b], as III patriarches et a touz les prophetes, que il ama tant.

Ces chouses regardées et considerées, dites au pape que il s'escuse, se il puet soffisamment, de pechié d'offense contre Dieu et contre chascun des diz arcevesques et evesques, si que il ne puisse estre accusé *de crimine lese divine majestatis*, et que il ne soit cheüt en la poine laquele toucha l'Apostre, *quando ipse omnibus que perversa sunt factis*[c] *asserit Deum negari*[1], et saint Augu[s]tin s'i acorde au canon XI, q. III, c. *Existimant*[2].

Et si regart nostre pere le pape que tout ne soit il meintenant qui droit face au pueble des dites porveances si mal faittes, come chascun le set et voit, apres sa mort au cri du pueble, se vous ne l'enpeschiés, sera de ligier procuré que le successeur appele les diz neveurs, et trovez pou lettrez pour si grant estat et pour preschier et enseignier si grant pueble, les desposera et mettra en leurs lieus granz mestres de divinité, qui seront des greigneurs doctours de toute la crestienté,

a. aumes *dans le manuscrit.* — *b.* Moysi *dans le manuscrit.* — *c.* factis Deum asserit Deum *dans le manuscrit.*

auriez voulu qui fût donné aux trois meilleurs hommes que l'on pût vous trouver pour guérir votre corps et défendre votre corps et le royaume), s'il arrivait mésaventure à ces trois neveux, ainsi élus, ne puniriez-vous pas leur oncle autant et plus qu'eux ?

Vous savez que Notre-Seigneur Jésus-Christ est le père de toutes les âmes et que les évêques et tous les curés sont de droit appelés médecins des âmes et champions, combattant pour leur Sauveur contre tous les diables. Et ainsi vous savez qu'une seule âme vaut plus que tout l'or et l'argent du monde, et Jésus-Christ a donné au pape, pour qu'il fasse bien et loyalement son office, plus de biens qu'il n'en a donné à Moïse, aux trois patriarches et à tous les prophètes qu'il aima tant.

Ces choses regardées et considérées, dites au pape qu'il s'excuse suffisamment, s'il le peut, du péché d'offense contre Dieu et contre chacun desdits archevêques et évêques, de telle sorte qu'il ne puisse être accusé du crime de lèse-majesté divine et qu'il ne tombe pas sous le coup de la peine qui frappa l'Apôtre, quand il affirme qu'on *nie Dieu en commettant des actes pervers*[1], comme le confirme saint Augustin, cause XI, question 3, canon *Existimant*[2].

Et que notre père le pape considère que, s'il n'y a maintenant personne qui fasse droit au peuple sur lesdites nominations si mal faites, comme chacun le sait et le voit, après sa mort, si vous ne l'empêchez, il sera, au cri du peuple, facile d'obtenir que son successeur, ayant appelé lesdits neveux et les ayant trouvés insuffisamment lettrés pour occuper de si hautes situations et pour prêcher et enseigner un si grand peuple, les dépose et les remplace par de grands maîtres en théologie qui seront parmi les plus grands docteurs de toute la chrétienté, plus grand chacun, s'il veut, que tous ceux qui sont en la cour de Rome aujourd'hui.

1. *Tite*, I, 1, 16.

2. *Corpus juris canonici*, partie II, cause XI, question III, canon 84.

chascun greigneur, se il veut, que il n'en a nul en la court de Rome au jour d'uy.

Le semblable est bien trouvé en droit que le pape ha autrefois deposé evesque par defaute de science; et si l'en devroit l'en trop plus tost faire en cest cas (pour ce que, par droit commun, l'election appartient au chapitre, sanz ce que soverain y deüst mettre la main, ne mais par certaines voies : se le chapitre ne se peüst acorder a son pastour eslire ou postuler as dites iglises) le pape, qui devoit de son office a chascun garder son droit, entredist sanz cause ou osta la puissance de eslire a ceux a qui ele appartenoit. Et se il n'eüssent eslues persones plus lettrées de leurs colleges, le pape les en eüst refusées ou le deüst avoir fait.

Et pour ce que le pape et les siens qui hont ou aront besoing que l'en sueffre de eus, au mains les siens, en aucun temps ne deüssient pas si grant pueble, si devost et si obedient, corrocier ne escondire de ce que l'on peüst faire ou dire par raison, meismemant pour si grant esclandre apaisier et oster, bien set le pueble, *quod justicia est constans et perpetua voluntas jus suum unicuique tribuens*[1], *cessante acceptione personarum*. Et pour ce, qui fait ce qu'il doit, requiert sanz affection de persone, il est fiz Dieu, qui varie de riens ou delaye par affection de persone, par don ou par promesse, pour paor, par amour, pour hainge, il est fiz au deauble et renoie Dieu, qui est veray justise, par icel fait.

Or vous plaise a dire a nostre pere le pape que il se gart bien que il aille droite voie en sa grant seignorie, et que en ce forte chose li est que il ne mefface a la requeste des siens et de son païs meismement. Et ce escrit li bons Climenz li quart, son predecesseur, qui fut du pueble cher et marié[2], a un evesque esleü en discort[3]

De même et en droit, on constate que le pape a autrefois déposé des évêques pour défaut de science ; et l'on devrait bien plutôt le faire dans le cas présent (car, en droit commun, l'élection appartient au chapitre, sans qu'un souverain y doive mettre la main, sinon en certains cas : si le chapitre ne peut se mettre d'accord pour élire son pasteur ou le présenter auxdites églises) ; dans le cas présent, dis-je, le pape, qui, par son office, devait conserver son droit à chacun, a interdit sans cause ou a enlevé ce pouvoir d'élire à ceux à qui il appartenait. Et s'ils n'avaient élu les personnes les plus lettrées de leurs collèges, le pape les aurait refusées ou aurait dû le faire.

Et pour ce que le pape et les siens (ces derniers au moins), qui ont ou auront besoin qu'on les supporte, en aucun temps n'auraient dû courroucer un peuple si grand, si dévot et si obéissant, ni lui refuser ce que l'on peut faire ou dire raisonnablement, surtout pour apaiser et supprimer un si grand scandale, le peuple sait bien *que la justice est la volonté constante et perpétuelle de donner à chacun son droit*[1], sans acception de personnes. Et pour cette raison, qui fait ce qu'il doit, requiert sans affection de personne, est fils de Dieu ; qui varie en quelque chose ou temporise par affection de personne, par don ou par promesse, par peur, par amour, par haine, est fils du diable et par ce seul fait renie Dieu qui est vraie justice.

Qu'il vous plaise donc de dire à notre père le pape qu'il prenne bien garde d'aller en droite voie en sa grande seigneurie et qu'en cela il importe qu'il ne méfasse à la requête des siens et de son pays mêmement. Et ceci le bon Clément IV, son prédécesseur, qui fut cher au peuple et qui fut marié[2], l'écrivit en ces termes à un évêque qui, élu au milieu d'un schisme[3] de son pays, et ayant été confirmé par lui, malmenait ceux qui en avaient élu un autre : *Ceux qui s'adonnent à la sagesse disent qu'il est plus difficile*

1. *Institutes*, livre I, 1 : *de justitia et jure*, 1.
2. Ce pape, avant d'entrer dans l'Église, avait été juriste.
3. Peut-être faut-il traduire : à un évêque de son pays élu en concurrence.

de son païs, que il avoit confermé, qui malmenoit ceus qui avoient esleü un autre, par ces paroles : *Qui dant operam sapientie dicunt difficilius esse uti modeste prosperitatibus quam pacienter adversitatibus*[1]. Segont ce et pour ce, requist nagaires le mestre de l'ordre des prescheours au pape, que il ne baillast prelation a nul de ses freres : quar en cent bien conversanz l'en porroit trouver, si come il li dist, a poines un bien conversant en l'enour et es richeces de prelacions ; de telz prelaz, que que eus preschent, l'on croit trop plus le fait que les paroles.

Pour ce dit l'Evangile : *Cepit Jesus facere et docere*, et : *Quia super cathedram Moïsi sederunt scribe et Pharisei, que dicunt facite, sed que faciunt facere nolite*[2]; *a fructibus enim eorum cognoscetis eos*[3]. Et pour ce que aucun font bien pour la gloire du monde ou pour autre cause temporele et ont aucun vice occulte en eus, l'on ne puet pas savoir qui est proudome ne de plusours qui plus l'est ; mais quant l'on voit un home soupris de pechié mortel ou que il l'a fait une foiz, se l'on n'aperçoit son esmendemant, meismement la ou il covient satisfaction aperte si forte a faire, come es cas desus diz, l'on doit cuidier que il soit encore en pechié et refuser le come lié encore de tel pechié. Se il estoit a aucune dignité appelez, tel prelaz doit savoir que ils corront ses souzmis par tel example et par le diffamement de teles choses, *ut probatur*, *XI*, *q. III*, *c.* : « *Non sunt audiendi*[4] » ; *in dicto Apostoli*, *cum ait* : « *Omnis Christi actio nostra debet esse instructio*[5] » ; *et in canone inde sumpto, quo cavetur* : « *Quod agitur a prelatis de facili trahitur a subditis in exemplum*[6]. »

de vivre modestement dans la prospérité que patiemment dans l'adversité[1]. Selon cela et pour cela, le maître de l'ordre des Prêcheurs requit naguère le pape de ne donner de prélature à aucun de ses frères : car, sur cent hommes de bonne vie, l'on en pourrait trouver, disait-il, à peine un vivant honnêtement dans les honneurs et les richesses d'une prélature; de tels prélats, quoi qu'ils prêchent, l'on croit bien plus les actes que les paroles.

C'est pourquoi l'Évangile dit : *Jésus commença à faire et à enseigner*, et : *Puisque sur la chaire de Moïse se sont assis les scribes et les Pharisiens, faites ce qu'ils disent, mais ne faites pas ce qu'ils font*[2]*; c'est par leurs fruits qu'il faut les connaître*[3]. Et, parce que quelques-uns font le bien pour la gloire du monde ou pour une autre cause d'ordre temporel et ont en eux un vice caché, l'on ne peut pas savoir qui est prud'homme ni, entre plusieurs, qui l'est le plus; mais, quand on voit un homme surpris en péché mortel ou qui en a commis une fois, si on ne le voit pas s'amender, surtout lorsqu'il convient de donner une satisfaction évidente et si forte, comme dans le cas ci-dessus dit, on doit croire qu'il est encore en état de péché et le rejeter comme étant encore lié par ce péché. S'il était appelé à une dignité, un pareil prélat doit savoir qu'il corrompt ses sujets par un tel exemple et par la divulgation de telles choses, comme il est prouvé au canon *Non sunt audiendi*[4] et par la parole de l'Apôtre, quand il dit : *Chaque acte du Christ doit nous servir d'instruction*[5], et dans le canon qui en est tiré où il est déclaré : *Ce que font les prélats est transformé facilement en exemple par les sujets*[6].

1. Nous n'avons pu retrouver l'origine de cette citation.
2. *Mathieu*, XXIII, 2, 3.
3. *Ibid.*, VII, 20.
4. *Corpus juris canonici*, partie II, cause XI, question III, canon 56.
5. *Romains*, XV, 4.
6. Nous n'avons pu retrouver l'origine de cette citation.

*
* *

2. — [« *Populi Franciae ad regem supplicatio* »[a].][1]

Cum instancia devote supplicat populus regni Francie quatinus advertat regia majestas quod quelibet sectarum [et] heresum, de quibus jura pro domino papa allegata [sunt][2] super discordia punitionis Templariorum inter vos commota, fidem catholicam profitebatur se tenere et tenebat, nisi quod in uno seu pluribus articulis discrepabat, se dividens a totali observancia ecclesie Romane, et in hoc cum aliquo rationis colore, licet solum apparenti, non vero, errans, sicut erraverunt Greci et Pentharcos[3] climatis orientalis cum no[n]gentis episcopis et eorum populis baptizatis eis subjectis. De talibus intelliguntur et expresse loquuntur jura contra intentionem regiam allegata. Sed non est eadem ratio in istis, qui non debent dici heretici, immo omnino a potestate et extra ecclesiam positi, super hoc evidenter et notorie confessi.

Modo dicit Apostolus : *Quid ad nos de hiis qui foris sunt judicare*[4] ? Apostolus etiam suo facto simili docuit qualiter super notorio sit procedendum, cum ipse Corinthium, quare notorie incestum commiserat[b].

a. *Bibliothèque nationale, manuscrit latin 10919, fol. 108 v°-109 r°* (*sous le titre :* de facto Templariorum, *écrit d'une autre encre et d'une autre main*). *Publié par Boutaric*, Notices et extraits des manuscrits relatifs à l'histoire de France sous Philippe le Bel, *dans le recueil des* Notices et extraits des manuscrits de la Bibliothèque nationale, *t. XX, 2e partie, p. 180-181. Raynouard en avait déjà publié un fragment dans ses* Monuments historiques relatifs à la condamnation des Templiers, *t. I* (*1813, p. 118*). — *b.* commiserant *dans le manuscrit.*

* * *

2. — Prétendue « Supplique du peuple de France », par Pierre Dubois[1] (1308, avant le 29 mai).

Le peuple du royaume de France supplie instamment et dévotement Sa Majesté royale de considérer que n'importe laquelle des sectes et des hérésies, au sujet desquelles on allègue des droits[2] pour le seigneur pape relativement au différend qui s'est élevé entre vous et lui touchant la punition des Templiers, faisait profession de conserver la foi catholique et la conservait, sauf que sur un point ou plusieurs elle différait et se séparait de l'observance complète de l'Église romaine. En cela elle errait, avec quelque apparence de raison, — mais seulement avec l'apparence, non la réalité, — ainsi qu'ont erré les Grecs et le Pentarque[3] de la région orientale avec neuf cents évêques et les peuples baptisés qui leur étaient soumis. Et c'est à propos de ces sectes que l'on envisage et que l'on formule les droits qui sont allégués expressément à l'encontre de l'intention du roi. Mais il n'en va pas de même pour ces misérables qui ne doivent pas être tenus pour hérétiques; au contraire, ils sont entièrement placés en dehors de la puissance de l'Église, s'en étant confessés d'une manière évidente et notoire.

L'Apôtre s'exprime ainsi : *Est-ce à nous qu'il appartient de juger ceux du dehors*[4]*?* L'Apôtre, en effet, dans un cas semblable, a montré comment on doit procéder à l'égard de ce qui est notoire, quand lui-même a excommunié un Corinthien

1. Natalis de Wailly (*Mémoires de l'Académie des inscriptions et belles-lettres*, 1855, t. XVIII, p. 490-492) a montré en effet que l'auteur de ce mémoire n'est autre, encore une fois, que le publiciste Pierre Dubois.

2. Peut-être cette phrase fait-elle allusion au paragraphe 1 de la réponse des maîtres de théologie de Paris (ci-dessus, p. 65) ?

3. N. de Wailly (*Ibid.*) admet que par le mot Pentarque l'auteur « désigne peut-être le souverain de la Russie »; Renan (*Histoire littéraire de la France*, t. XXVI, p. 502) considère que le Pentarque de Dubois est le patriarche des Nestoriens. Il est plus probable qu'il s'agit du patriarche grec de Constantinople.

4. I *Corinth.*, V, 12.

excommunicavit, tradens *corpus ejus Sathane in interitum carnis ut salvus fieret spiritus in die Domini*[1]. Qualiter in hoc facto sit procedendum docuit suo facto princeps filiorum Israel, Moyses, amicus Dei, cui facie ad faciem Dominus loquebatur, cum, propter similem apostasiam filiorum Israel, qui vitulum aureum adoraverant, dixit : *Accipiat unusquisque gladium et interficiat proximum suum*[2]. Sic fecit interfici, ob perpetuam rei memoriam et timorem, XXIIM consensu Aaron fratris sui, qui erat summus sacerdos constitutus de mandato Domini, minime requisito. Et si *omnia que scripta sunt et facta*, ut ait Apostolus, *ad nostram doctrinam scripta sunt et facta*[3], quare sic non procedet rex et princeps christianissimus etiam contra totum clerum, si sic erraret vel errantes sustineret et foveret (quod absit!)?

Nonne isti Templarii omnes sunt homicide vel homicidiorum fautores, sustentores, participes et receptatores, cum eis apostantibus et occidentibus damnabiliter consentientes? Nonne clamant sanctorum patrum et Apostoli et canones quod talia agentes et consentientes pari pena punientur? Nonne sic expedit maleficia puniri quod pena unius metus multorum existat et quod *venie facilitas incentivum retribuat delinquendi*[4]?

Si respondeatur quod Moyses premissa fecit ut sacerdos et quod sacerdos fuit, nam scriptum est : *Moyses et Aaron in sacerdotibus ejus*[5], respondet populus : non videtur tenendum quod Moyses fuit sacerdos, nisi quod legislator, prout cavetur in lege, sacerdotis nomen accipiendo, cum dicit lex : *Est jus ars boni et equi, cujus quis merito nos sacerdotes appellat*[6]. Nonne Moyses, cum legem dabat populo, sacra dabat? Si alias fuisset Moyses

1. I *Corinth.*, V, 5.
2. *Exode*, XXXII, 27.
3. *Romains*, XV, 4.

parce qu'il avait notoirement commis un inceste et *livré son corps à Satan pour que sa chair fût détruite, afin que l'esprit fût sauvé au jour du Seigneur*[1]. Comment, dans cette affaire, il faut procéder, Moïse l'a enseigné par sa propre conduite, lui, l'ami de Dieu, à qui le Seigneur parlait face à face, quand, à cause d'une apostasie semblable des fils d'Israël, qui avaient adoré le veau d'or, il a dit : *Que chacun prenne son glaive et tue son plus proche*[2]. Ainsi, pour qu'on en garde un souvenir et une crainte éternels, il en fit tuer vingt-deux mille, sans avoir demandé le consentement d'Aron, son frère, qui était établi grand prêtre sur l'ordre de Dieu. Et, si *tout ce qui est écrit et fait est*, comme le dit l'Apôtre, *écrit et fait pour notre instruction*[3], pourquoi le roi et prince très chrétien ne procéderait-il pas même contre le clergé tout entier, si, ce qu'à Dieu ne plaise, celui-ci errait de la sorte ou s'il soutenait et favorisait l'erreur ?

Est-ce que tous ces Templiers ne sont pas des homicides ou bien des partisans, des soutiens, des complices, des receleurs d'homicides, s'accordant, d'une manière condamnable, avec les apostats et les assassins ? Est-ce que les Apôtres et les canons des saints Pères ne proclament pas que ceux qui ainsi agissent et approuvent doivent être punis de la même peine ? Ne convient-il pas que les méfaits soient punis parce que la peine d'un seul fait la crainte de plusieurs et que *la facilité du pardon procure l'aiguillon qui fait faillir*[4] ?

Si l'on répond que Moïse a fait ce qui précède comme prêtre et qu'il fut prêtre, car il est dit : *Moïse et Aron dans leur sacerdoce*[5], le peuple répond : il ne semble pas qu'on doive admettre que Moïse fut prêtre, sinon, comme la loi y pourvoit, en prenant ce nom à titre de législateur, puisque la loi dit : *Le droit est l'art du bien et du juste, dont, à juste titre, on nous appelle les prêtres*[6]. Moïse, quand il donnait sa loi au peuple, ne donnait-il pas quelque chose de sacré ? Si, d'ailleurs, Moïse avait été prêtre, il n'aurait pas eu

4. *Corpus juris canonici*, décret II, cause XXIII, question IV, canon 33.

5. *Psaumes*, LXXXXVIII, 6.

6. *Digeste*, livre I, 1 : *de justitia et jure*, 1.

sacerdos, summum sacerdotem supra se non habuisset, et, ut sacerdos, tot interfici non precepisset et fecisset. Nonne dixit Dominus ad sanctum David prophetam : *Non edificabis mihi templum, quia vir sanguinis es*[1] ?

Sic ergo Scripturas pervertentibus non credatur, et propter eos executio justitie in multorum dispendium minime differatur, ut accedat regi christianissimo summa beatitudo per prophetam a Deo promissa, cum ait : *Beati qui faciunt judicium et justitiam in omni tempore*[2], quod est in proposito maxime propter detestationem et horrorem tanti criminis faciendum, omnium personarum, precum, munerum et aliorum inhonesta mentium affectione sublata, nisi Scripturarum intellectus[a] per fictas hominum prudentias subvertatur, Antichristum jam venisse monstrando Deumque, juxta testimonium Apostoli, per facta tam perversa negando.

a. *Le manuscrit porte :* scripturarum et intellectus.

au-dessus de lui un grand prêtre et, comme prêtre, il n'aurait pas ordonné de tuer et fait tuer tant de personnes. Le Seigneur n'a-t-il pas dit au saint prophète David : *Tu ne m'édifieras pas de temple, parce que tu es un homme de sang*[1] *?*

Ainsi donc, qu'on ne croie pas ceux qui renversent les Écritures et qu'à cause d'eux l'administration de la justice ne soit nullement différée au préjudice de plusieurs, afin que la béatitude suprême, promise par Dieu, quand il dit : *Heureux ceux qui jugent et rendent la justice en tout temps*[2], aille au roi très chrétien; ce qui est en question surtout à cause de la haine et de l'horreur qu'il faut éprouver pour un si grand crime, sans avoir considération d'esprit malhonnête à raison des personnes, des prières, des dons et d'autres choses, à moins que l'intelligence des Écritures ne soit renversée par une fausse science humaine en montrant que l'Antéchrist est arrivé et en niant Dieu, selon le témoignage de l'Apôtre, par des actes si vicieux.

1. *Chroniques*, I, XXII, 8.
2. *Psaumes*, CV, 3.

VII.

[POPULI CONSILIUM GENERALE]

1. — [*Convocatio consilii*[a].] [1]

Philippus, Dei gracia Francorum rex, dilectis et fidelibus nostris omnibus majoribus, consulibus, scabinis, juratis et communitatibus locorum insignium regni nostri ad quos presentes littere pervenerint, salutem et dilectionem.

Semper progenitores nostri ad hereses et errores alios ab ecclesia Dei pellendos et specialiter e regno Francie pre ceteris principibus suorum temporum fuerunt solliciti, preciosissimam fidei catholice margaritam, utpote thesaurum incomparabilem, a furibus et latronibus defendentes. Attendentes igitur ad petram ex qua excisi sumus, progenitorum nostrorum inherentes vestigiis, guerrarum temporalium quibus nos et vos Dominus visitavit, pacem eum[b] nobis dedisse supponimus ut guerris contra fidem catholicam suscitatis, nedum ab hostibus patentibus sed potius ab ocultis, qui quanto nobis assistunt propinquius, quanto nocent latencius, tanto periculosiores existunt, totis viribus intendamus.

Scitis quod fides est catholica, ex qua id quod sumus in Christo subsistimus; ex ea vivimus, ex ea nos sic exules et mortales nobiles facti sumus in Domino

a. *Archives nationales, J 415, n° 19 (vidimus de l'official de Châlons, du 18 avril 1308). Publié par Boutaric,* Notices et extraits de documents inédits relatifs à l'histoire de France sous Philippe le Bel, *dans le recueil des* Notices et extraits des manus-

VII.

ÉTATS DE TOURS (1308).

1. — Convocation des députés (25 mars 1308)[1].

Philippe, par la grâce de Dieu, roi de France, à tous nos chers et féaux maires, consuls, échevins, jurats et communautés des lieux insignes de notre royaume à qui ces lettres parviendront, salut et dilection.

Nos prédécesseurs furent toujours soucieux, plus que tous les autres princes, de chasser les hérésies et les autres erreurs de l'église de Dieu et particulièrement du royaume de France, en défendant, comme un trésor incomparable, la très précieuse perle de la foi catholique contre les voleurs et les brigands. Aussi, considérant la pierre dans laquelle nous sommes taillés, nous attachant aux traces de nos ancêtres, nous admettons que Dieu nous a accordé la fin des guerres temporelles par lesquelles il nous a, de même que vous, éprouvés, afin que nous consacrions toutes nos forces aux guerres suscitées contre la foi catholique par des ennemis non pas découverts, mais bien plutôt secrets, qui sont d'autant plus dangereux qu'ils sont plus proches de nous et qu'ils nous nuisent d'une manière plus cachée.

Vous savez que c'est par la foi catholique que nous demeurons ce que nous sommes dans le Christ; c'est par elle que nous vivons, par elle que, d'exilés et de mortels

crits de la Bibliothèque nationale, *t. XX, 2e partie (1862), p. 163-165, et par G. Picot,* Documents relatifs aux états généraux et assemblées réunis sous Philippe le Bel *(1901), p. 490-491. — b. Le manuscrit porte :* cum.

1. Cette convocation est l'œuvre de Guillaume de Nogaret, comme l'a montré R. Holtzmann, *Wilhelm von Nogaret*, p. 151, n. 2.

Jhesu Christo, ut Dei vivi, patris eterni, filii veri simus cum Christo nec non regni celestis heredes. Hec nos spes fovet pulcherrima; hec est ergo nostra tota substancia. Si quis igitur hanc cathenam violare nititur, nos catholicos conatur occidere; Christus est nobis via, vita et veritas. Quis ergo potest ipsum negare, per quem et in quo subsistimus, quin nos destruere satagat? Cogitet unusquisque quod ipse nos tantum dilexit quod pro nobis carnem assumere in carneque mortem subire crudelissimam non expavit. Diligamus ergo nos talem Dominum Salvatorem, qui sic nos prius dilexit, qui sumus unum corpus regnaturi cum eo pariter; ad ejus vindicandas injurias intendamus.

Proh dolor! Templariorum error abhominabilis, tam amarus, tam flebilis, vos non latet : Jhesum Christum nedum in sui professione negabant, sed ingredientes suum prophanum ordinem negare cogebant et ejus opera, que sunt vite nostre necessaria sacramenta, necnon omnia que sunt a Deo creata, supra crucem ejus, qua sumus redempti, spuebant, calcabant pedibus et, in creature Dei contemptum, loca vilia per osculum visitabant, ad vicem ydola adorabant. Contra naturam vero, quod animalia bruta recusant, sibi ritu suo tam reprobo licere dicebant.

Celum et terra moventur tanti flatu sceleris et elementa turbantur. Enormitates hujusmodi per partes regni nostri singulas commisisse probantur et ex depositione majorum ejus ordinis (si sic appellari valeat) clare patent; nec est verisimile per tot et tantos communiter premissa in regno [tantum] nostro commissa; quin imo etiam ultra mare fuisse commissa probata; quin generaliter, ubique terrarum sint, eodem modo com-

que nous étions, nous sommes anoblis dans le seigneur Jésus-Christ, afin que nous soyons avec le Christ les vrais fils du Dieu vivant, Père éternel, ainsi que les héritiers du royaume du ciel. Ce magnifique espoir nous réconforte, il est par suite toute notre substance. Si donc quelqu'un tente de briser cette chaîne, il s'efforce de nous tuer, nous catholiques; le Christ est pour nous la voie, la vie et la vérité. Qui donc peut le nier, Lui, en qui et par qui nous subsistons, qui ne s'efforce aussi de nous détruire? Que chacun considère que lui-même nous a tant aimés qu'il n'a pas craint de se revêtir de chair pour nous et d'endurer, dans cette chair, une mort très cruelle. Aimons donc un tel Seigneur et Sauveur qui nous a d'abord tant aimés, nous qui sommes un seul corps et qui devons régner pareillement avec lui; efforçons-nous de venger ses injures.

O douleur! L'abominable erreur des Templiers, si amère, si déplorable, ne vous est pas cachée : non seulement ils reniaient Jésus-Christ dans leur profession de foi, mais ils forçaient à renier ceux qui entraient dans leur ordre sacrilège et ils reniaient ses œuvres qui sont les sacrements nécessaires de notre vie, de même que tout ce qui a été créé par Dieu. Ils crachaient sur sa croix par laquelle nous avons été rachetés, ils la piétinaient et, au mépris de la créature de Dieu, ils se baisaient dans les endroits honteux, ils adoraient des idoles à sa place. Ils disaient qu'il leur était permis, par leur coutume condamnable, de faire, contre la nature, ce que les animaux stupides refusent de faire.

Le ciel et la terre sont agités par le souffle d'un si grand crime et les éléments sont troublés. Il est prouvé que des énormités de cette sorte ont été commises dans les diverses régions de notre royaume et elles sont patentes par la déposition des dignitaires de l'ordre (si on peut l'appeler ordre); et il n'est pas vraisemblable qu'elles aient été commises en commun par tant et de si grands personnages seulement dans notre royaume; au contraire, il est prouvé qu'elles ont été commises outre-mer; bien mieux, partout où il y a des terres, et de la même manière. Contre une peste si cri-

missa. Contra tam sceleratam pestem debent insurgere leges et arma, pecudes et omnia quatuor elementa[1].

Nos igitur ad extirpationem tantorum scelerum, tam gravium errorum, stabilitatem fidei necnon honorem sancte matris Ecclesie promovendum, ad sedem apostolicam conferre nos personaliter proponimus in proximo. Cujus operis sancti vos volumus esse participes, qui participes estis et fidelissimi zelatores fidei christiane; vobisque precipimus quatinus de singulis villis predictis insignibus duos viros fidei fervore vigentes, Turones, ad tres septimanas instantis festis Paschatis, mittere non tardetis, qui nobiscum assistant in predictis, communitatum vestrarum nomine, ad ea que fuerint dictis negociis oportuna.

Actum Meleduni, xxv die martii, anno Domini M° CCC° septimo[2].

***

2. — [*Deputatorum procurationis exemplar*[a].]

A touz ceux qui ces presentes lettres verront, Jehans Poullez, prevoz de Giem, et Phelippes Poullez, garde du seel de la dite prevosté, salut.

Sachent tuit que par devant nous vindrent en propres personnes Thomas du Vergier, Guillaume de Creeil... [*suit une liste de quarante noms*], touz bourgeois de Giem, le plus et les plus soufisenz et la plus saine partie de la ville de Giem, si comme il disoient, et firent, ordennerent et establirent Estienne Cartier et Jehan Galebrun, bourgeois de Giem, porteurs de ces lettres,

a. Archives nationales, J 415, n° 160 (original scellé sur double queue de parchemin). Publié en partie seulement par G. Picot,

minelle tout doit se lever : les lois et les armes, les bêtes et les quatre éléments[1].

Donc, en vue de procurer l'extirpation de tant de crimes, de tant de graves erreurs, l'affermissement de la foi, ainsi que l'honneur de sainte mère Église, nous nous proposons de nous rendre très prochainement auprès du siège apostolique. A cette œuvre sainte nous voulons que vous participiez, vous qui participez à la foi chrétienne et qui en êtes les zélateurs très fidèles; et nous vous prescrivons de ne pas tarder à envoyer à Tours, trois semaines après la prochaine fête de Pâques, de chacune des villes insignes susdites, deux hommes animés par la ferveur de la foi qui, au nom de vos communautés, assistent avec nous, aux lieu et date indiqués, à tout ce qui pourra être utile auxdites affaires.

Fait à Melun, le 25 mars de l'an du Seigneur 1307[2].

***

2. — *Exemple de procuration remise aux députés aux États de Tours (29 avril 1308).*

A tous ceux qui verront ces présentes lettres, Jean Poullez, prévôt de Gien, et Philippe Poullez, garde du sceau de ladite prévôté, salut.

Sachent tous que devant nous vinrent en personne Thomas du Verger, Guillaume de Creil,... [*suit une liste de quarante noms*], tous bourgeois de Gien, les plus qualifiés et formant la plus saine partie de la ville de Gien, à ce qu'ils disaient, et qu'ils firent, ordonnèrent et établirent Étienne Cartier et Jean Galebrun, bourgeois de Gien, porteurs de ces lettres, leurs procureurs généraux et envoyés spéciaux,

Documents relatifs aux états généraux et assemblées réunis sous Philippe le Bel (*1901*), *p. 658-659*.

1. Cette phrase se retrouve dans le discours prononcé contre Boniface VIII par Guillaume de Nogaret le 12 mars 1303, avant son départ pour Anagni, en présence de l'assemblée convoquée au Louvre.
2. 1308, nouveau style.

leurs procureeurs generauls et messages especiaux, en tele maniere que la condicion de l'ung ne soit meilleur de l'autre et que ce qui par l'ung d'eux sera commencié puisse par l'autre estre mis a fin, pour aler a Tourz ou la ou il plaira a nostre seigneur le roy, pour ouir et recevoir la volenté, ordonnence et establissement du roy nostre seigneur et de son noble conseil sus l'ordenance, absolucion ou condampnacion des Tampliers et sus toutes autres choses qui au roy nostre seigneur et a son dit conseil plairont a ordenner et establir et pour faire toutes autres choses que leauls procureeurs pueent faire et doivent et que il feroient se presenz estoient; et de ce faire leur donnent plein povoir et mandement especial et promistrent par leur leauz creanz par devant nous a avoir aggreable, ferme et estable tout ce qui par les diz procureeurs ou par l'ung d'eux sera fait, procuré ou ordenné sus la caucion et obligacion de touz leur biens. En tesmoing de ce, nous avons seellé ces presentes lettres du seel de la prevosté de Giem.

Donné en l'an de grace mil CCC et huit, le lundi devant la feste de saint Phelippe et saint Jasques.

de telle manière que la condition de l'un ne l'emporte pas sur celle de l'autre et que ce qui sera commencé par l'un puisse être terminé par l'autre, pour aller à Tours, ou bien où il plaira à notre seigneur le roi, pour entendre et recueillir les volonté, ordonnance et établissement du roi notre seigneur et de son noble conseil touchant l'ordonnance, absolution ou condamnation des Templiers et sur toutes autres choses qu'il plaira au roi notre seigneur et à son dit conseil d'ordonner et d'établir et pour faire toutes autres choses que de loyaux procureurs peuvent et doivent faire et qu'ils feraient s'ils étaient présents; et, de ce faire, ils leur donnent plein pouvoir et mandement spécial, et ils ont promis par-devant nous par leur loyal engagement, en donnant comme caution leurs biens et en s'obligeant sur eux, de tenir pour agréable, définitif et établi tout ce qui sera par lesdits procureurs ou par l'un d'eux fait, procuré ou ordonné. En témoignage de quoi, nous avons scellé ces présentes lettres du sceau de la prévôté de Gien.

Donné en l'an de grâce mil trois cent huit, le lundi avant la fête des saints Philippe et Jacques.

VIII.

[WILLELMI DE PLASIANO ORATIONES]

1. — [*Oratio prima*[a].]

In Dei nomine, amen. Christus vincit, Christus regnat, Christus imperat.

Post illam universalem victoriam, quam ipse dominus Jhesus Christus fecit in ligno crucis contra [h]ostem antiquum pro defensione ecclesie sue et [h]umani generis redempcione, qui regnat et imperat et pre aliis antonomatice et per excellenciam meretur dici et nuncupari rex, — tum quia filius regis regum, videlicet Dei patris, qui est et fuit et erit in eternum et ultra[b] rex celi et terre, rex regum et dominus dominancium, tum quia incarnatus et natus de Maria virgine, matre sua, que et ipsa ex regali fuit orta progenie, cui nunquam fuit regina reperta similis nec in posterum habebit sequentem, — et eciam imperator quia omnibus sub sole existentibus imperat, angelis etiam et bonis et malis spiritibus, omnibus eciam elementis et a nemine imperatur, non fecit aliquam particularem victoriam contra inimicos sue ecclesie et fidei orthodoxe, ita miram et magnam et strenuam, ita utilem et necessariam[c], sicut fecit novissime hiis diebus per ministros...[d] delegatos ad hoc in perfidorum Templariorum negocio, miraculose

a. Archives nationales, J 413, n° 37, sur papier. Publié par H. Finke, Papsttum und Untergang des Templerordens, *t. II, p. 135-140. Pour la lecture de ce texte, qui est difficile et en mauvais état, nous avons été aidé par M. Martin-Chabot, archiviste aux Archives nationales. — b.* ultra regum *dans le manuscrit. — c.* nessessariam *dans le manuscrit. — d. Ici un mot illisible.*

VIII.

DISCOURS DE GUILLAUME DE PLAISIANS.

1. — Esquisse du discours prononcé au premier consistoire de Poitiers (29 mai 1308).

Au nom de Dieu, amen. Le Christ triomphe, le Christ règne, le Christ commande.

Après cette victoire universelle remportée sur le bois de la croix contre l'antique ennemi pour la défense de son Église et la rédemption du genre humain par le Seigneur Jésus-Christ lui-même, qui règne et commande et qui mérite, plus que les autres, d'être, par antonomase[1] et par excellence, dit et appelé roi (tant parce qu'il est le fils du Roi des rois, c'est-à-dire de Dieu le Père — qui est et fut et sera éternellement et toujours roi du ciel et de la terre, Roi des rois et Seigneur des souverains — que parce qu'il s'est incarné et qu'il est né de la Vierge Marie, sa mère, qui elle-même est de souche royale, cette reine à qui on ne trouva jamais sa semblable et qui n'en aura aucune dans l'avenir) et qui mérite même d'être appelé empereur, parce qu'il commande à tous sous le soleil, aux anges, aussi bien qu'aux bons et aux mauvais esprits et même à tous les éléments et qu'il n'est commandé par personne, Jésus n'a pas remporté sur les ennemis de son Église et de la foi orthodoxe une victoire particulière aussi admirable, grande et rapide, aussi utile, nécessaire, comme il l'a fait tout récemment, ces jours-ci, par le moyen de ministres... à ce délégués, en découvrant miraculeusement dans l'affaire des perfides Tem-

1. Figure de rhétorique désignant un personnage par le caractère dont il est le type.

detegendo eorum pravitatem hereticam in animorum ipsorum periculum et subversionem fidei et destruccionem ec[c]lesie diucius occultatam.

Ad manifestandum igitur predictam victoriam vobis, pater beatissime, qui estis urbis et orbis universalis episcopus, vicarius spiritualis in terris summi presulis Jhesu Christi, ac fratribus vestris, qui sunt columpne ecclesie sancte Dei, ac per vos et ipsos omnibus christicolis, dominus meus Francie rex, dicti regis Jhesu Christi in regno suo temporalis vicarius, totus et integer [venit], id est cum omnibus membris suis prelatis, capitulis, toto clero et ecclesia, baronibus et militibus, communitatibus et fidelibus populis regni sui, ad vestre sanctitatis venerabilem presenciam, predecessorum suorum inherendo vestigiis, Romane ecclesie matri sue et sedi[a] vestre debitam et devotam reverenciam exhibendo, non intendentes ipse, ejus prelati, barones et populi partem accusatoris, denunciatoris, instructoris vel promotoris in figura judicii contra quemquam assumere, sed ut fidei catholice zelatores, defensores ecclesie, murus Jerusalem et[b] purgatores heretice pravitatis vobis dicte victorie nunciare et elucidare[c] materiam atque formam.

Fuit igitur dicta victoria in belli ingressu [h]orrenda et terribilis, in ejus progessu jocunda et mirabilis, in ejus egressu dilucida, not[oria] et indubitabilis. Nilque aliud restat agendum, nisi quod in ejus execucionis effectu per vos, pie pater, et alios ad quos pertinet debitis et oportunis adjuta remediis, ut, perquam christicolis necessaria[d] et utilis publicetur et declaretur omnibus populis.

a. Le manuscrit porte : cedi. — *b.* se *dans le manuscrit.* —

pliers leur perversité hérétique longtemps cachée, pour le péril des âmes, le renversement de la foi et la destruction de l'Église.

C'est pourquoi, pour rendre ladite victoire manifeste à vous, très saint Père, qui êtes l'évêque universel de Rome et du monde, le vicaire spirituel sur la terre du très haut souverain Jésus-Christ, et à vos frères, qui sont les colonnes de la sainte Église de Dieu, et, par vous et par eux, à tous les chrétiens, monseigneur le roi de France, vicaire temporel en son royaume dudit roi Jésus-Christ, vient, sain et entier, c'est-à-dire avec tous ses membres, — les prélats, les chapitres, tout le clergé et l'Église, les barons et les chevaliers, les communautés et les fidèles du peuple de son royaume, — en présence de votre vénérable Sainteté, en suivant les traces de ses prédécesseurs, en témoignant à sa mère l'Église romaine et à votre siège la révérence dévote qui lui est due, sans intention d'assumer lui-même, non plus que ses prélats, ses barons, son peuple, le rôle d'accusateur, de dénonciateur, d'instructeur ou de promoteur en forme de procès contre qui que ce soit, mais comme zélateurs de la foi catholique, défenseurs de l'Église, remparts de Jérusalem et extirpateurs de la perversité hérétique, pour vous annoncer ladite victoire, en mettre en lumière la substance et la forme.

Donc cette victoire fut horrible et terrible au commencement de la lutte, joyeuse et admirable dans son développement, claire, notoire et indubitable dans son issue. Et il ne reste rien d'autre à faire, sinon que, pour en assurer l'achèvement, aide soit prêtée par vous, pieux Père, et par d'autres à qui il appartient au moyen de remèdes nécessaires et convenables, pour qu'elle soit communiquée aux chrétiens comme très nécessaire et utile et manifestée à tous les peuples.

c. *Le manuscrit porte :* elusidare. — *d.* nessessaria *dans le manuscrit.*

[H]orrenda fuit domino regi et aliis Christi ministris et terribilis ab inicio propter quatuor : primum propter condicionem personarum denunciancium, quia parvi status erant homines[1] ad tam grande promovendum negocium ;

secundum, propter magnitudinem et immensitatem, divicias et potencias, statum religionis delatorum et sibi adherencium ;

tercium, propter in[h]umanitatem criminum, ex quibus, si vera erant, divina et humana subvertebatur natura ;

quartum, propter dilectionis, fidelitatis et devocionis vincula, quibus erant domino regi, utpote suo principali patrono et domino temporali, adstricti, et quia dominus rex prosequebatur eosdem et sui predecessores[a] fecerant speciali gracia et favore et pre aliis religiosum portantibus habitum pecculiarem confidenciam habebat de ipsis.

Super hoc publice narretur totus processus regis ab inicio informacionis secrete per eum facte et postea per inquisitorem et maturitas consilii[b] sui facti apud Pontiseram usque ad tempus ordinate capcionis eorum.

Jocunda et mirabilis :

Primo, quia Deus tales hujus victorie elegit ministros, qui non querunt in his que sua sunt, sed que Christi, abicientes a se omnem cupiditatem et vanam gloriam. Et hic dicatur regis intencio et ordinacio super bonis. Alius enim vivens ausus non fuisset agendi rem tam grandem ; et ipse propter multa tenetur ad hoc, potissime quia in coronacione sua juravit.

a. *Le manuscrit porte :* predessessores. — b. conscilii *dans le manuscrit.*

Elle fut horrible et terrible pour le seigneur roi et pour les autres ministres du Christ, dès son commencement, pour quatre raisons : premièrement, à cause de la condition des dénonciateurs, parce qu'ils étaient des hommes de bien petit état[1] pour mettre en train une si grande affaire;

secondement, à cause de la grandeur et de l'immensité des richesses et de la puissance, de la condition des accusés de l'ordre et de leurs adhérents;

troisièmement, à cause de l'inhumanité des crimes par lesquels, s'ils étaient vrais, la nature divine et humaine se trouvait bouleversée;

quatrièmement, à cause des liens de dilection, de fidélité et de dévotion par lesquels ils étaient unis au seigneur roi, comme à leur principal patron et seigneur temporel; et parce que le seigneur roi les traitait — et ses prédécesseurs avaient fait de même — avec une faveur et une grâce spéciale et que, plus qu'en d'autres personnes revêtues de l'habit religieux, il avait en eux une confiance particulière.

Là-dessus on exposera publiquement toute la procédure du roi, depuis le commencement de l'information secrète faite par lui et ensuite par l'inquisiteur et le conseil mûri tenu à Pontoise jusqu'au temps où l'on ordonna leur arrestation.

Cette victoire fut joyeuse et admirable :

1° Parce que Dieu a choisi des ministres de cette victoire tels qu'ils ne recherchent pas quels sont, en cette affaire, leurs avantages, mais quels sont ceux du Christ, éloignant d'eux-mêmes toute cupidité et toute vaine gloire. Et qu'on dise ici l'intention du roi et ce qu'il a ordonné touchant les biens. En effet, aucun autre vivant n'aurait osé faire une chose aussi grande; et lui-même y est tenu pour beaucoup de raisons, surtout parce qu'il l'a juré à son couronnement.

1. On a vu dans l'introduction que le premier dénonciateur fut un certain *Esquiu de Floyrano;* un mémoire remis à la commission d'enquête de Paris (voir plus loin, n° X, 6) dit qu'il y avait parmi les accusateurs des fugitifs de l'ordre ou des gens qui en avaient été chassés pour leurs crimes (Michelet, *Procès des Templiers*, t. I, p. 168).

II°, quia Christus videtur miraculose egisse, ut vos de regno Francie a domino electo et benedicto pre ceteris regnis mundi apostoli Petri successorem assumpserit vosque in regno predicto presencialiter cum curia vestra in regno predicto adessetis[a] cum rege et ipsum vobis et duos sibi corde et corporali presencia conjunxerit, ut utriusque virtus simul unita constanter debellaret pro ipso.

III°, quia omnes primates [s]celerati ordinis ex diversis mundi partibus sub alterius cause velamine in dictum regnum de premissis subituros a[d]duxit justiciam[1].

IIII°, quia magister cum omnibus aliis primatibus ante capcionem eorum excusando se regi et tegendo errores, quantum poterat, et exprimendo regula[m] et secreta eorum ex ore[b] suo aliis presentibus et consencientibus confessus fuit heresim manifestam adversus sacramentum clavium et confessionis sacramentalis[2].

V°, quia in capcione eorundem aliqui ex eis metu criminum sibi impositorum, desperati de Christi misericordia, laqueo se suspenderunt, alii se occiderunt, alii se precipitaverunt.

VI°, quia uno eodemque tempore omnes, paucis exceptis, in diversis regni partibus per omnes bailivias et senescallias predicta confessi fuerunt spontanei, pro tribus partibus, absque quod unus sciret de alio, et omnium in substancia articulorum est concors confessio nec interrogabantur de certo nec illi qui erant in

a. adesse *dans le manuscrit.* — b. hore *dans le manuscrit.*

1. Le 6 juin 1306, le pape avait convoqué pour la quinzaine de la Toussaint le maître des Hospitaliers afin de délibérer avec lui sur l'aide à fournir aux rois d'Arménie et de Chypre (*Regestum*

2° Parce que le Christ semble avoir agi miraculeusement de telle sorte que, du royaume de France, élu et béni par le Seigneur avant les autres royaumes du monde, il vous a élevé comme successeur de l'apôtre Pierre, pour que vous soyez présent dans le royaume susdit avec votre curie, avec le roi susdit; et il vous a unis l'un à l'autre et tous deux à lui-même corps et âme, afin que le courage de l'un et de l'autre unis ensemble combattît constamment pour lui.

3° Parce qu'il amena tous les dignitaires de l'ordre criminel de diverses parties du monde, sous le prétexte d'une autre affaire, dans ledit royaume, pour y affronter la justice au sujet de ce qui précède[1].

4° Parce que le maître, avec tous les autres dignitaires avant leur arrestation, en s'excusant auprès du roi et en cachant ses erreurs autant qu'il pouvait et en faisant connaître de vive voix leur règle et leurs secrets en présence des autres qui approuvaient, confessa une hérésie manifeste touchant le sacrement des clefs et de la confession sacramentelle[2].

5° Parce que, lors de leur arrestation, quelques-uns d'entre eux, par crainte des accusations dont ils étaient l'objet, désespérant de la miséricorde du Christ, se pendirent, que d'autres se tuèrent, que d'autres se précipitèrent.

6° Parce que, au même moment, tous, à l'exception de très peu, en diverses parties du royaume, dans tous les bailliages et les sénéchaussées, ont confessé spontanément et entièrement ce qui précède et presque toujours sans rien savoir les uns des autres et parce qu'en substance les confessions sur tous les articles sont concordantes; et pourtant

Clementis Vti, n° 1033). Un ordre analogue fut envoyé à Molay et à divers dignitaires des deux ordres (Finke, *Papsttum und Untergang des Templerordens*, t. II, p. 124). D'autre part, le pape retint près de lui Hugues de Pairaud, visiteur de France, qui se disposait à prendre la mer (*Regestum Clementis Vti*, n° 1540).

2. Il s'agit de l'absolution que le grand maître donnait quelquefois aux chevaliers et dont on lui faisait grief (Finke, *ouvr. cité*, t. II, p. 143).

una bailivia vel senescallia sciebant de aliis. — Item, magister in publico sermone coram universitate Parisiensi[1]. — Item, ille de Usecia et ille de Carcassona et multi alii per aperta miracula[2].

VII°, quia fuit in eis tam diutina persev[e]rancia et sepius[a], nunc coram episcopis, interdum coram officialibus eorundem et aliis viris religiosis, et coram clero et populo eorum iterata[b] confessio. — Quidam autem, post confessionem spontaneam et sepius[c] coram diversis per magna intervalla septimanarum et mensium itera[ta]m et perseveracionem diutinam, revocaverunt easdem, collusione habita super hoc inter eos, ut noverunt domini cardinales missi Parisius[3], et confortacione[d] recepta per nuncios et literas aliquorum, qui suo loco et tempore detegentur, quorum quidam magni de hac terra dicuntur fuisse. Et corrumpti sunt peccunia, alii aliis inordinatis motibus, qui penam fautorum hereticorum possunt merito formidare.

VIII°, quia post confessiones generales concordes omnium alii post multa tempora spontanei enormiora confessi sunt. Et hic dicas illud, quod illi v confessi fuerunt coram archiepiscopo Senonensi et illi xxx coram

a. cepius *dans le manuscrit.* — b. iterato *dans le manuscrit.* — c. cepius *dans le manuscrit.* — d. consertacione *dans le manuscrit.*

1. Il s'agit des aveux renouvelés par Molay, le 25 octobre 1307, le lendemain de sa comparution devant l'inquisiteur Guillaume de Paris, au Temple, devant les membres de l'Université de Paris (Michelet, *Procès des Templiers*, t. II, p. 305-306).

2. D'après le compte-rendu adressé par Jean Bourgogne au roi d'Aragon (Finke, *Papsttum und Untergang des Templerordens*, t. II, p. 144), Plaisians cita dans son discours le miracle suivant : dans la sénéchaussée de Beaucaire, un frère Mineur alla voir son frère, qui était Templier, dans sa prison et l'engagea à avouer. Celui-ci refusa ; mais aussitôt son cou enfla, sa face se révulsa

ils n'étaient pas interrogés sur des points déterminés et ceux qui se trouvaient dans un bailliage ou une sénéchaussée ne savaient rien des autres. — Voir, de même, le langage que le maître de l'ordre tint en public en présence de l'Université de Paris[1]. — Cf. le Templier d'Uzès et celui de Carcassonne et beaucoup d'autres qui se sont signalés par des miracles notoires[2].

7° Parce qu'il y eut chez eux une persévérance dans les aveux, si prolongée et répétée, tantôt en présence des évêques, parfois en présence de leurs officiaux et d'autres personnes religieuses, et, en présence du clergé et du peuple, une confession renouvelée. — Quelques-uns, à la vérité, après leur confession spontanée et souvent renouvelée en présence de diverses personnes durant un grand intervalle de semaines et de mois, et après y avoir persévéré longtemps, la révoquèrent après collusion entre eux, comme l'ont appris les seigneurs cardinaux envoyés à Paris[3] et, grâce aux encouragements qu'ils ont reçus oralement et par écrit de certaines personnes dont les noms seront dévoilés en leur lieu et en leur temps, et dont certains des plus considérables passent pour être de ce pays. Et les uns sont corrompus par l'argent, d'autres sont déterminés par des sentiments déréglés et ils peuvent craindre, à juste titre, la peine des fauteurs d'hérésie.

8° Parce que, après les confessions générales et concordantes de tous, d'autres, spontanément, ont confessé, longtemps après, des énormités. Et ici il y aura lieu de dire ce que cinq d'entre eux ont confessé devant l'archevêque de Sens

et l'écume lui vint à la bouche. Alors le Mineur réitéra ses instances. Le Templier avoua ses erreurs et sa figure redevint ce qu'elle était auparavant.

3. Les deux cardinaux venus à Paris, en décembre 1307, pour prendre livraison au nom du pape des Templiers prisonniers étaient Bérenger Frédol et Étienne de Suisy. Leur arrivée détermina Molay et Pairaud à révoquer leurs aveux. D'autre part, la veille du jour où le roi et les cardinaux devaient venir dans leur prison, on communiqua aux Templiers prisonniers, de la part de Molay, des tablettes par lesquelles ils étaient invités à révoquer leur déposition (Finke, *Papsttum und Untergang des Templerordens*, t. II, p. 338).

episcopo Masticonensi et unus de illis v in illa confessione perseverans in mortis articulo migravit, utinam ad Dominum.

Stetit dilucida et indubitabilis :

Primo, quia per testes convicti quamplures et superatus est ordo ;

secundo, quia confessi tot confessionibus quod rem faciunt notariam ;

tercio, per famam publicam, quia est communis tocius regni, ymmo tocius mundi, contra ipsos a[c]clamatam ;

quarto, quia nedum est notorium juris, ymmo notorium facti apud omnes homines ;

V°, per instrumenta publica et scripturas autenticas sigillis autenticis sigillatas ;

VI°, per relacionem indubitatam tanti et tam catholici principis, in hac parte Christi ministri, cui in [hi]s, que fidei sunt, debet credi ;

VII°, per relacionem tantorum catholicorum pontificum, qui pro se et tota Gallicana ecclesia hec profitentur notorie ;

VIII°, per a[c]clamacionem tantorum baronum et populorum hujus regni ;

presumpcionibus ortum habentibus et diversis indiciis perspicuis[a] et verisimilibus conjecturis, que per se simul juncte sine aliis precedentibus[b] rem indubitatam facerent :

Primo, prenunciaverunt hoc populi a tempore quo de contrario non extat memoria, quod in secreta recepcione eorum aliquid illicitum commi[t]tebant et de hoc

a. perstipiciis *dans le manuscrit*. — b. presedentibus *dans le manuscrit*.

et trente d'entre eux devant l'évêque de Mâcon et qu'un de ces cinq passa à Dieu (du moins plaise au ciel!) en persévérant dans sa confession à l'article de la mort.

Cette victoire s'est maintenue claire et indubitable :

1° Parce qu'ils sont convaincus par un grand nombre de témoins et que l'ordre est vaincu;

2° parce qu'ils ont avoué dans tant de confessions que cela rend la chose notoire;

3° à cause de la rumeur publique s'élevant contre eux, parce qu'elle est commune à tout le royaume, et même au monde entier;

4° parce que non seulement la chose est notoire en droit, mais encore parce qu'elle est notoire en fait pour tous;

5° par des actes publics et des écritures authentiques scellés de sceaux authentiques;

6° par le témoignage incontestable d'un prince si grand et si catholique, ministre du Christ en cette affaire, en qui, pour ce qui est de la foi, il faut croire;

7° par le témoignage de tant de pontifes catholiques qui, pour eux-mêmes, en leur nom et au nom de toute l'Église gallicane, le déclarent notoirement;

8° par la clameur de tant de barons et de tant de gens du peuple de ce royaume;

par des présomptions fondées, par divers indices parfaitement clairs et des conjectures vraisemblables qui, unis en un faisceau, suffiraient à rendre la chose incontestable, abstraction faite d'autres faits antérieurs :

1° Parce que, depuis un temps immémorial, les peuples ont annoncé que dans leur réception secrète ils commettaient quelque chose d'illicite et que pour cette raison ils étaient, avec vraisemblance, suspects à tous, publiquement et notoirement;

probabiliter ab omnibus habebantur suspecti publice et notorie.

Secundo, quia ep[iscopis] Romane ecclesie secreta ordinis sui non revelabant.

Item, quia de nocte faciebant capitula et conventiculas suas, qui mos est hereticorum, et qui male agit odit lucem.

Item, a fructibus eorum cognoscere possumus eosdem, quia per defectum ipsorum Terra Sancta dicitur perdita et pactiones secretas cum Soldano sepius[a] dicuntur fecisse, nec [h]ospitalitas, nec elemosina, nec alia opera caritatis fiebant in domibus eorum : totum intentum eorum erat in acquirendo et litigando et jurgiando et ita promittebant se facturos jure vel injuria, ut reperitur per deposiciones quorundam.

Item, quia alii, capti ut suspecti de heresi et accusati, fregerunt carceres et alii citati non venerunt; et alii, jussi capi etiam per Romanum pontificem, aufugerunt, quorum quidam sunt latrones in silvis, alii depredatores viarum, alii occisores, alii minantur mortem gladio vel veneno judicibus et ministris hujus negocii.

Item, in multis mundi partibus muniverunt castra contra ecclesiam et executorem ejusdem, subtraxerunt bona et dilapidaverunt, consumpserunt eadem, etiam vasa sacra.

Item, nulli vel pauci, eciam de hiis qui extra regnum Francie habitabant, optulerunt se purgaturos, licet jussus universalis emanaverit ab hac sede[b], quod omnes, tanquam suspecti de heresi, capiantur, ymmo multi in regnis Ispaniarum com[m]orantes ad Sarracenos se transtulerunt omnino.

a. cepius *dans le manuscrit.* — *b.* cede *dans le manuscrit.*

2° parce qu'ils ne révélaient pas aux évêques de l'Église romaine les secrets de leur ordre;

3° parce qu'ils tenaient leurs chapitres et leurs assemblées de nuit, ce qui est la coutume des hérétiques, et que qui agit mal hait la lumière;

4° parce que, par les fruits de leur action, nous pouvons les connaître, puisqu'on dit que la Terre Sainte fut perdue à cause de leur défaillance et qu'ils ont conclu souvent des accords secrets avec le sultan et que, dans leurs maisons, ils n'accordaient ni hospitalité ni aumônes et ne faisaient aucune autre œuvre de charité : toute leur attention était employée à acquérir, à plaider et à se quereller; c'est ainsi qu'ils promettaient d'agir soit légalement, soit illégalement, comme il appert des dépositions de certains d'entre eux;

5° parce que les uns, arrêtés comme suspects d'hérésie et mis en accusation, ont échappé de prison; parce que d'autres, bien que cités, n'ont pas comparu; parce que d'autres encore, que le souverain pontife romain lui-même avait ordonné de saisir, se sont enfuis[1] : quelques-uns d'entre eux sont des brigands dans les forêts, d'autres des pillards sur les routes, d'autres des meurtriers, d'autres encore menacent de la mort, par le glaive ou par le poison, les juges et les ministres commis à cette affaire;

6° parce que, dans beaucoup de parties du monde, ils ont fortifié leurs châteaux contre l'Église et son bras et qu'ils ont dérobé et dilapidé ses biens, qu'ils les ont dissipés, y compris les vases sacrés eux-mêmes;

7° parce qu'aucun, ou bien peu, même de ceux qui habitaient hors du royaume de France, n'a offert de se justifier, quoiqu'un ordre général émanât de ce siège de les arrêter tous comme suspects d'hérésie, et qu'au contraire beaucoup d'entre ceux qui habitaient dans les royaumes d'Espagne sont passés tout à fait aux Sarrasins.

1. Les Templiers qui réussirent à se soustraire à l'accusation étaient peu nombreux. Une liste qui se trouve au manuscrit latin 10919 (fol. 84) de la Bibliothèque nationale ne contient que douze noms.

Ex predictis igitur necessarie[a] concluditur predicta fore notoria et dilucida et indubitabilia, luce meridiana clariora, nec de cetero posse vel debere ab aliquo, qui sit verus catholicus et velit favoris heresis evitare periculum, in dubium revocari, nedum rebus manifestatis a Deo miraculose, ut predictum est, per dictum christianissimum principem et predictam Gallicanam ecclesiam, barones et omnes populos dicti regni. Ymmo et si brutum animal hoc ita clarum et probatum deferret non esset ulterius disputandum.

Ita est favendum cause fidei et specialiter per Romanum pontificem; cui cause omnia jura favent; et in ea omnes regule juris fallunt; nec est curandum quomodo aut qualiter aut coram quo, dummodo veritas sit reperta, ut est, et maxime per Romanum pontificem, qui solutus est nexibus[1].

* * *

2. — [*Oratio altera*[b].][2]

Pater sanctissime, novistis quod scriptum est a magis-

a. nessessarie *dans le manuscrit*. — b. *Archives nationales, J 413, n° 34. Publié par Boutaric dans* Notices et extraits de documents inédits relatifs à l'histoire de France sous Philippe le Bel, *dans le recueil des* Notices et extraits des manuscrits, *t. XX, 2e partie (1862), p. 182-186.*

1. Nous possédons deux analyses du discours prononcé à Poitiers par G. de Plaisians : la première est donnée par la Chronique du monastère de Saint-Albans (*Rerum Britannicarum medii aevi scriptores*, t. XXVII, 2e partie, 1865, p. 462-497); la seconde, plus détaillée, adressée à Jayme II, roi d'Aragon, par son agent auprès du pape, Jean Bourgogne, a été publiée par Finke (*Papsttum und Untergang des Templerordens*, t. II, p. 140-147) et traduite par Ch.-V. Langlois (*Journal des Savants*, août 1908, p. 426-430). La comparaison de ces analyses avec le texte

De ce qui précède on conclut nécessairement que les faits susdits sont notoires, clairs, indubitables, plus clairs que la lumière de midi, et que, d'ailleurs, ils ne peuvent ni ne doivent être révoqués en doute par aucune personne qui soit vraiment catholique et qui veuille éviter le péril de favoriser l'hérésie, étant données surtout les choses manifestées miraculeusement par Dieu, comme il est dit plus haut, par l'intermédiaire dudit prince très chrétien et de ladite Église de France, des barons et de tout le peuple dudit royaume. Bien plus, même si un animal stupide divulguait cela, qui est clair et prouvé, il n'y aurait pas lieu d'en discuter davantage.

Ainsi, la cause de la foi, que protègent toutes les lois, doit être secondée spécialement par le pontife romain; et, dans ce procès, toutes les règles du droit sont trompeuses. Il ne faut pas s'inquiéter de savoir comment, de quelle façon, en présence de qui la vérité est découverte, pourvu qu'elle soit découverte, comme elle l'est, et le pontife romain doit s'en inquiéter moins que tout autre, lui qui n'est lié par aucun lien[1].

***

2. — *Second discours (14 juin 1308)*[2].

Très saint Père, vous connaissez ce qui est écrit par Dieu,

que nous publions montre que Plaisians a fortement remanié son discours avant de le prononcer; en particulier, il en a rendu la conclusion plus véhémente surtout en y introduisant une dernière phrase menaçante pour le pape.

2. Boutaric (*Notices et extraits de documents inédits relatifs à l'histoire de France sous Philippe le Bel*, dans le recueil des *Notices et extraits des manuscrits*, t. XX, 2e partie, 1862, p. 170) considérait ce document comme « une soi-disant lettre adressée à Clément V au nom de Philippe le Bel », rédigée par Pierre Dubois, parce qu'on y rencontre ses « citations favorites », en particulier l'expression « testiculi Leviathan » qu'on trouve aussi dans des mémoires dont l'attribution n'est pas douteuse. Mais Finke (*Papsttum und Untergang des Templerordens*, t. I, p. 208)

tro Domino nostro, orbis conditore, qui peccatum non fecit : *Quis ex vobis me arguet de peccato*[1] *?* Loquens enim populo Judeorum, verbum hoc tradidit ad exemplum vicariis suis in ecclesia Dei futuris, ne propter dignitatis sue fastigium dedignentur, si peccaverint, ut homines argui de peccato, sicut beatus Petrus, nedum a Domino bis, set postmodum a Paulo noscitur reprehensus, multoque minus dedignentur interdum a parvulis aliqualem instructionem in agendis benigne recipere ad vitandum peccatum ac scandalum ne sequatur. Melius est enim ante causam vulneratam occurere quam post causam vulneratam remedium querere; potestque Dominus parvulis revelare, juxta verbum dominicum[2], quod sit fructuosum in magnis.

Pater sancte, nunc occurit Templariorum negocium. Clamor insonuit validus ad Deum et vos qui locum ejus tenetis : zizania jam potest separari a messe, tollenda siquidem et in ignem ponenda. Rex catholicus, rex Francorum, non ut accusator, denunciator vel specialis promotor, sed ut Dei minister, pugil fidei catholice, legis divine zelator, ad deffensionem ecclesie, juxta traditiones patrum sanctorum, de qua tenetur Deo reddere rationem — licet a plerisque[3] sibi suggestum fuerit quod auctoritate sua Templariorum perfidiam extirparet, prout a Deo preceptum ac sanctis patribus noscitur institutum; contra que si quis presidens quid statuerit, non esse[t] sequendum set Deo preceptisque suis pocius adherendum — ipse tamen filius pudoratus, reverenciam vestram adiens[a], tria requisivit in specie

a. adhiens *dans le manuscrit.*

a reconnu que le ton de ce document est celui d'un discours, ce que prouve aussi un compte-rendu de l'entrevue de Poitiers, d'origine anglaise, publié par L. Blancard (*Revue des Sociétés*

notre maître, créateur de notre monde et qui n'a pas péché : *Qui de vous m'accusera de péché*[1]*?* S'adressant en effet au peuple juif, il a laissé cette parole en exemple à ses futurs vicaires dans l'Église de Dieu, afin que, s'ils venaient à pécher, ils ne dédaignent pas, à cause de leur dignité éminente, d'être accusés de péché, à l'exemple du bienheureux Pierre, qui fut repris non seulement deux fois par Dieu, mais le fut ensuite aussi par Paul, et afin qu'ils dédaignent encore moins de recevoir parfois et volontiers des petits un conseil quelconque en vue de la conduite à tenir pour éviter le péché et conséquemment le scandale. Mieux vaut, en effet, intervenir avant qu'une affaire ne soit compromise que de rechercher un remède après ; et le Seigneur peut révéler aux petits, selon la parole divine[2], ce qui peut être profitable aux grands.

Saint Père, voici que se présente l'affaire des Templiers. Une clameur puissante s'élève vers Dieu et vers vous, qui êtes son lieutenant : maintenant l'ivraie peut être séparée de la moisson, enlevée et jetée au feu. Le roi catholique, le roi de France, non comme accusateur, dénonciateur ou promoteur spécial, mais comme ministre de Dieu, champion de la foi catholique, zélateur de la foi divine pour la défense de l'Église conformément aux traditions des saints Pères, sur quoi il est tenu de rendre compte à Dieu (quoique la plupart lui aient suggéré d'extirper l'hérésie des Templiers de sa propre autorité[3], comme on sait qu'il a été prescrit par Dieu et institué par les saints Pères; et si quelque autorité a statué à l'encontre, il ne faudrait pas la suivre, mais obéir plutôt à Dieu et à ses préceptes), le roi donc, s'adressant à Votre Révérence en fils respectueux, a requis de vous trois

savantes, 4e série, t. VI, p. 416-418). Ce document place au vendredi 14 juin, d'après les corrections faites par Finke (*loc. cit.*, p. 208, n. 1), une demande de réponse faite au pape par Plaisians, ce qui correspond au contenu du présent document. Pour lever la difficulté, il suffirait peut-être d'admettre que Plaisians a utilisé pour son discours un mémoire rédigé par Pierre Dubois.

1. *Jean*, VIII, 46.

2. *Luc*, X, 21.

3. C'est, par exemple, le conseil que lui donne P. Dubois (ci-dessus, p. 99).

necessaria quippe pro exstirpanda perfidia supradicta : primum quod prelatos ordinarios regni sui necnon ceteros prelatos aliorum regnorum sollicitare curetis, ut quoad singulares personas Templariorum in suis dyocesibus officio suo fungantur[1] ; secundum est ut suspensio quam vestra fecit sanctitas inquisitoribus heretice auctoritate apostolica deputatis debeat relaxari[2]; tercium ut dictus ordo Templariorum qui pocius est secta dampnata censendus, debeat ex provisione apostolica sicut vere vas inutile plenumque scandalo a Dei ecclesia totaliter amoveri.

Super quibus sanctitas vestra generaliter respondit, nichil tamen in specie declarando[3]; ex quo noveritis auditorum animos qui presentes fuerunt plurimum admiratos, et est apud omnes grave scandalum generatum. Alii namque suspicantur quod vos Templariis favere velitis, sicut est fama de aliquibus fratribus vestris de quo Templarii in locis pluribus se jactasse noscuntur verbis et litteris[4]. Alii vero peccatum Templariorum, quod clarum et certum est, in dubium deducunt, videntes quod vos sicut de dubio respondistis. Ceterum utrique scandalo est a sanctitate vestra celeriter occurendum ut, sicut affectionem vere justam ac bonam habetis, opere comprobetis operaque vestra sic coram hominibus luceant ut glorificent Deum patrem juxta Jhesu Christi doctrinam.

1. Cette concession ne fut faite que le 5 juillet suivant, après des négociations supplémentaires : le pape décida que, dans chaque diocèse, le procès contre les personnes du Temple serait fait par l'évêque, assisté de deux chanoines, deux Dominicains, deux Franciscains (*Mélanges historiques* de la *Collection des documents inédits*, t. II, p. 418-423).

2. Le pape la leva le 5 juillet; et cette mesure lui fut, ainsi qu'il

choses assurément nécessaires à l'extirpation de la perfidie susdite : la première est que vous preniez soin de stimuler les prélats ordinaires de son royaume et les autres prélats des autres royaumes pour que, dans leurs diocèses respectifs, ils exercent leur office relativement aux personnes du Temple en particulier[1]; la seconde est que la suspension que vous avez prononcée contre les inquisiteurs de l'hérésie établis par l'autorité apostolique doit être révoquée[2]; la troisième est que ledit ordre des Templiers, qui doit être plutôt considéré comme une secte condamnée, doit, par provision apostolique, être entièrement rejeté de l'Église, comme un vase vraiment inutile et plein de scandale.

Là-dessus Votre Sainteté a répondu d'une façon générale, sans cependant dire rien de précis du cas particulier[3]; vous avez vu que les esprits des auditeurs présents en avaient été considérablement surpris et que cela avait déterminé chez tous un grave scandale. Car les uns vous soupçonnent de vouloir favoriser les Templiers, comme on le dit de quelques-uns de vos frères; on sait que, de cela, les Templiers, en plusieurs endroits, se sont vantés en parole et par écrit[4]. D'autres, en revanche, mettent en doute le péché des Templiers, qui est clair et certain, voyant que vous avez répondu comme si vous en doutiez. Au reste, il doit être rapidement pourvu à l'un et à l'autre scandale par Votre Sainteté, afin que, comme vous avez vraiment une inclination pour le juste et pour le bien, vous le prouviez par des actes et qu'ainsi vos œuvres brillent aux yeux des hommes pour glorifier Dieu le Père, selon la doctrine de Jésus-Christ.

le dit, très pénible. Il pardonna aussi à frère Guillaume de Paris (*Ibid.*, t. II, p. 419).

3. Allusion au discours incolore prononcé par le pape au consistoire du 29 mai. On en trouvera une analyse dans Finke, *Papsttum und Untergang des Templerordens*, t. II, p. 148-150.

4. Un mémoire qui fut connu par P. Dupuy (*Histoire de la condamnation des Templiers*, édit. de 1654, n° 34) et qui est aujourd'hui en déficit aux Archives nationales fait allusion à ces espoirs des Templiers. Hugues de Pairaud avait été invité à dîner avec les cardinaux Bérenger Frédol et Étienne de Suisy.

Licet enim, ubi sine peccato vel sine obmissione salutis eterne scandalo tali non potest occurri, respondendum sit de scandalizantibus : *Sinite, quia ceci sunt et duces cecorum*[1], nec de scandalo sit curandum, ubi tamen sine peccato potest occurri, eciam quod esset aliter bonum et licitum obmittendo, debet in instanti occurri, sicut tradit Evangelista[a], apostolica canonicaque doctrina, vel animas scandalizantium, licet injuste, dicit Apostolus, *occiditis, pro quibus salvandis Christus mortuus est*[2]. Et ideo Dominus solvit pro se et jussit tributum, ne ceteri ignorantes eum Dominum scandalizarentur in eum. Sic Apostolus, qui esum carnium approbaverat et ciborum, cerimonias esse sublatas dicit, quod non comedit carnes in eternum *antequam scandalizet fratrem suum*[3], ne animam ejus occidat pro quo Christus mortuus est; et iterum Dominus : *Si oculus tuus scandalizaverit te*, et cetera[4]. Me autem scandalizatur qui fratrem meum scandalizatur; sumus enim unum corpus in Christo, sumus membra que nobis ad invicem compatimur *nec enim dolere potest unum ex membris corporis qui*[*n*] *cetera paciantur*[5], ut alibi tradit Apostolus eliganter.

Pater ergo familias domus Dei, scitis horam presentem qua fur venit diabolus ad perfod[i]endum domum vestram. Jam vobis furto subtraxit oves Templariorum conversas in lupos, ceteras que remanserunt in grege furari nitens; perfodit domum vestram[b], ex lapidibus, scilicet fidelibus, superedificatis supra lapidem angularem Christum fundatam[6]. Vigilate igitur; non vos

a. Evvangelista *dans le manuscrit*. — b. vestram que *dans le manuscrit*.

1. *Mathieu*, XV, 14.
2. *Corinth.*, I, VIII, 11.

Quoique, en effet, quand on ne peut intervenir dans un tel scandale sans péché ou sans oubli du salut éternel, il faille répondre au sujet des auteurs du scandale : *Laissez faire, parce que ce sont des aveugles et des conducteurs d'aveugles*[1], et qu'il n'y ait pas lieu dès lors de s'occuper du scandale, cependant, quand on peut intervenir sans péché, même s'il était par ailleurs avantageux et licite de ne pas le faire, on doit intervenir aussitôt, comme le conseillent l'Évangéliste, la doctrine apostolique et canonique; ou bien, alors, comme l'a dit l'Apôtre, *Vous tuez, quoique injustement, les âmes de ceux qui sont scandaleux et pour le salut de qui le Christ est mort*[2]. Et c'est pour cela que le Seigneur a payé pour lui et a ordonné de payer le tribut, afin que d'autres qui ne le connaissaient pas en tant que Dieu ne fussent pas scandalisés en lui. Ainsi l'Apôtre, qui avait approuvé la consommation des viandes et des autres aliments, dit cependant de supprimer les cérémonies, parce qu'il ne mangerait plus de viande à l'avenir, *pour ne pas scandaliser son frère*[3], pour ne pas tuer l'âme de son frère pour qui est mort le Christ; et de même Dieu a dit : *Si ton œil t'a scandalisé*, etc.[4]. Celui-là me scandalise qui scandalise mon frère; car nous sommes un seul corps dans le Christ, nous sommes des membres qui souffrons les uns pour les autres et *l'un des membres du corps ne peut souffrir sans que les autres souffrent*, comme l'Apôtre le rapporte ailleurs si bien[5].

Ainsi, père de famille de la maison de Dieu, vous savez qu'à l'heure présente le diable, comme un voleur, est venu pour percer votre maison. Déjà il vous a soustrait furtivement des brebis du Temple changées en loups, et il s'efforce d'enlever celles qui sont restées dans le troupeau; il a percé votre maison, que vous aviez édifiée, avec les fidèles en guise de pierres, sur le Christ, qui en est la pierre angulaire[6]. Veillez donc; que le sommeil ni la terreur ne

3. *Corinth.*, I, VIII, 13.
4. *Marc*, IX, 46 : « Si ton œil t'a scandalisé, arrache-le... »
5. *Corinth.*, I, XII, 26.
6. *Éphésiens*, II, 20.

sompnus teneat neque terror, sed vos murum pro domo Dei contra furem apponite; furem ipsum fugate, tollatis scandalum ab ecclesia sancta Dei perfidos amovendo, ceteros verbo et opere confortando pariter et exemplo.

Quod nisi celeriter feceritis, cernatis quanta sequatur vestre sanctitatis confusio, magna quippe, quia principes et populi videntes quod non vos facitis, ipsi facient in vestri defectum. Est enim fides catholica ex qua vivimus, secundum Apostolum; est fides ipsa ex qua id quod sumus unum corpus cum Christo consistimus; est fides ipsa ex qua et per quam in Christo Domino *filii Dei* vocamur, secundum Johannem[1] in evangelio[a] *et heredes*, per consequens, *si filii*, secundum Apostolum[2].

Secundum hoc ergo, quis potest fidem catholicam negare, pervertere, quin per eum tota vita totaque substancia cujusque nostrum tangatur? Quis potest capud nostrum Jhesum Christum tangere graviter, percutere, immo nitens penitus amputare, quin totum corpus invadat? Si igitur dextera, brachium scilicet ecclesiasticum, deficiat in deffensione corporis hujus sacri, nonne brachium sinistrum, scilicet justicia temporalis, ad deffensionem assurget? Et si brachium utrumque deficiat, nonne cetera membra, pedes et alia, ut populi, ad deffensionem assurgent propter necessitatem? Ubi enim instat periculum nec adest judex, deffensor vel minister, quilibet se, vicinum eciam et proximum debet defendere; quod nisi faceret, dampnationem sibi acquireret, ut tradunt jura civilia sanctorumque patrum decreta. Quod enim contra Deum committitur in

a. evvangelio *dans le manuscrit*.

s'emparent de vous, mais opposez-vous au voleur, comme un mur pour la défense de la maison de Dieu; mettez en fuite le voleur, supprimez le scandale de la sainte Église de Dieu en bannissant les pervers et en réconfortant en même temps les autres par la parole, par les œuvres, par l'exemple.

Que si vous ne le faites pas promptement, considérez quelle grande confusion s'ensuivra pour Votre Sainteté; grande assurément, parce que les princes et les peuples, voyant que vous ne le faites pas, le feront eux-mêmes, à défaut de vous. En effet, c'est de la foi catholique que nous vivons; c'est en elle que consiste ce que nous sommes : un seul corps avec le Christ; c'est d'elle et par elle que nous sommes appelés, en notre Seigneur le Christ, les *fils de Dieu*, selon ce que dit Jean dans l'Évangile[1] et, par conséquent, *ses héritiers, si nous sommes ses fils*, selon l'Apôtre[2].

Qui donc, par conséquent, peut renier la foi catholique, la renverser, sans atteindre toute la vie et toute la substance de chacun de nous? Qui peut atteindre gravement la tête, c'est-à-dire notre Jésus-Christ, bien plus, la frapper en s'efforçant de la couper complètement, sans s'attaquer au corps tout entier? Si donc la main droite, c'est-à-dire le bras ecclésiastique, se soustrait à la défense de ce corps sacré, est-ce que le bras gauche, c'est-à-dire la justice temporelle, ne se lèvera pas pour sa défense? Et si les bras manquent l'un et l'autre, est-ce que les autres membres, les pieds et les autres parties du corps, par exemple les peuples, ne se lèveront pas pour la défendre, à cause de la nécessité? Là, en effet, où il y a péril et où il n'y a pas de juge, de défenseur ou de ministre, n'importe qui doit se défendre et défendre aussi son plus proche voisin; car, s'il ne le faisait pas, il s'exposerait à la damnation, comme l'enseignent le droit civil et les décrets des saints Pères. Ce qui, en effet, est commis au préjudice de Dieu, est considéré comme une

1. *Jean*, I, 12.
2. *Romains*, VIII, 16 et 17.

omnium fertur injuriam, ut scriptum est. Ex predictis ergo sequeretur quod gloriam vestram Dei ministerii daretis alteri, quod esset vobis turpe.

Secundo, sequeretur confusio gravior. Inciditis enim in grave status vestri periculum negocium solummodo dif[f]erendo. Instat enim ag[g]ressus, qui[a], nisi celeriter propulsetis, forcius invalescit; immo est verendum ne vincat. Si ergo tardatis occurrere, negari non potest quominus adversariis faveatis, per quod in crimen incidi-tis fautorie. Anastasius bonus papa in se fuit; Acacium hereticum a se ipso dampnatum latenter revocare volebat; non consentiebat ejus erroribus aliter, sed ex eo quod tepide procedebat nec fervens erat in causa fidei ut debebat, fuit a Domino percussus et ante, tanquam fautor, refutatus a clero[1]. Agnus enim jubetur a Domino comedi festinanter; suppina prelati negligencia pro consensu erroris habetur. Error enim, cui non resistitur, approbatur, ut tradunt sanctorum patrum decreta, longeque magis in Dei conspectu est abominabile[b] tarde in causa fidei ac prolixe procedere quam prorsus obmittere, prout a Deo dictum est cuidam prelato alio : *Utinam*, inquid, *calidus vel frigidus; sed quia non es calidus neque frigidus sed tepidus, incipiam te evomere de ore meo*[2].

Tercio, sequeretur tercia confusio, gravissima, duplex : una est quia perfidia Templariorum, licet olim lateret, nunc patefacta[c], sicut ignis incensus qui diu latuit, quanto magis extingui tardabitur, forcius invalescet et domos proximioris comburet; ceteri namque sine numero eorum peccabant[d] exemplo, jamque per

a. que *dans le manuscrit.* — b. abhominabile *dans le manuscrit.* — c. patefiam *dans le manuscrit.* — d. peccabunt *dans le manuscrit.*

1. Allusion à la célèbre légende du pape Anastase II (496-498)

injure pour tous, ainsi qu'il est écrit. Donc, de ce qui précède, il résulterait que vous abandonneriez à un autre votre gloire attachée au service de Dieu, ce qui serait honteux pour vous.

Secondement, une confusion plus grave s'ensuivrait. En effet, vous tombez dans un grave péril pour votre situation si vous différez seulement l'affaire. L'agresseur, en effet, est menaçant; si vous ne le repoussez pas rapidement, il prendra des forces; bien plus, il est à craindre qu'il ne remporte la victoire. Si donc vous tardez à intervenir, on ne peut nier que vous ne favorisiez vos adversaires, par quoi vous tombez sous l'accusation d'être leur partisan. Anastase, en soi, fut un bon pape; il voulait révoquer secrètement l'hérétique Acace, qu'il avait lui-même condamné; il n'acceptait pas autrement ses erreurs, mais, parce qu'il procédait avec tiédeur et que, dans la cause de la foi, il ne se montrait pas fervent comme il devait, il fut frappé par Dieu et, auparavant, repoussé par le clergé comme son partisan[1]. Car le Seigneur commande de se hâter de manger l'agneau; la négligence insouciante d'un prélat est tenue pour consentement à l'erreur. En effet, l'erreur à laquelle on ne résiste pas, on l'approuve, comme l'enseignent les décrets des saints Pères, et, aux yeux de Dieu, il est beaucoup plus abominable de procéder en matière de foi avec retard ou avec lenteur que de s'abstenir complètement, ainsi que Dieu le dit à certain autre prélat : *Plût au ciel*, dit-il, *que tu fusses fervent ou froid; mais, puisque tu n'es ni froid ni fervent, mais tiède, je commencerai par te vomir de ma bouche*[2].

Troisièmement, une troisième confusion s'ensuivrait, très grave et double : l'une est que l'hérésie des Templiers, qui, du moins, se cachait autrefois, est patente maintenant, comme le feu allumé qui a couvé longtemps et qui prendra d'autant plus de force qu'on tardera à l'éteindre, et qui brûle

— légende que Dante a immortalisée (*Inf.*, XI, 9) — et qui a son point de départ dans ces quelques mots du *Liber pontificalis*, éd. Duchesne, t. I, p. 258 : « Voluit occulte revocare Acacium et non potuit; qui nutu divino percussus est. » Cf. Döllinger, *Die Papstfabeln des Mittelalters*, 2e éd., p. 150.

2. *Apocalypse*, III, 15, 16.

universum orbem plurium infirmorum [animi] in fide turbantur. Alia est confusio quia contra Romanam ecclesiam, que non festinat occurrere, infirmorum animi turbabuntur, scandalizabuntur juste in eam, ejus disciplinam contempnent, in peccatum labentur, proh dolor!

Igitur, pater sancte, videtis caminum ignis incensum domos primorum comburentem; clamat tota ecclesia Gallicana in qua hic ignis, [qui], sicut in aliis regnis, latuerat, revelatur ardens, in flatu devotionis clamat, inquam, ecclesia Gallicana : « Ad ignem, ad ignem! Succurrite, succurite! » Non vos igitur teneant torpor, non somnus[a], non laqueus diaboli, scilicet argumentorum modus sophisticus; contra processus tales enim disputationes sunt nodi diaboli, Leviatam testiculi, quibus trahit populorum catervas[b]. Aliter, vicinorum ruent parietes, domus comburentur, vosque, quod absit, timere poterit[is] sentenciam Heli, summi sacerdotis, qui cathedra fractis cervicibus[c] expiravit[1], et Anastasii predicti, qui tam enormiter a Domino est percussus[2].

A quibus periculis vestri[d] subditorumque vestrorum Deus ecclesiam suam deffendet. Liquet igitur erroris Templariorum veritas; non[e] licet in causa fidei per testiculos et nodos predictos diaboli celerem exequtionem justitie impediri; est namque juris servare ordinem juris ordinem in talibus non observare, nec est curandum unde claruerint crimina Templariorum, eciam si coram laicis, non coram inquisitoribus, vel eorum[f] commissariis vel ordinariis claruerint peccata predicta : quos omnes tangit negocium, omnes[g] ad fidei deffensionem vocantur.

a. sopnus *dans le manuscrit.* — b. *Après* catervas, *le manuscrit porte :* teneant. — c. servicibus *dans le manuscrit.* — d. vestro *dans le manuscrit.* — e. nam *dans le manuscrit.* — f. ejus *dans le manuscrit.* — g. omnis *dans le manuscrit.*

les maisons du voisin; car ceux d'entre eux qui restent, innombrables, péchaient à leur exemple, et maintenant, dans le monde entier, plusieurs âmes faibles sont troublées dans leur foi. L'autre confusion, c'est que les âmes faibles seront irritées contre l'Église romaine qui ne se presse pas d'intervenir, et que, justement scandalisées par elle, elles mépriseront sa discipline et tomberont dans le péché, ô douleur!

Donc, saint Père, vous voyez le feu de cheminée ardent, brûlant les maisons des meilleurs; l'Église de France tout entière, chez qui ce feu, jusqu'alors caché, ainsi que dans les autres royaumes, se révèle ardent, l'Église de France, dis-je, s'écrie dans le souffle de sa dévotion : « Au feu, au feu! Au secours, au secours! » Que la torpeur ne s'empare pas de vous, ni le sommeil, ni les pièges du diable, c'est-à-dire les arguments d'espèce captieuse; car les discussions instituées contre de tels procès sont des liens du diable, les testicules de Léviathan, par lesquels il séduit la foule des peuples. Autrement, les murailles des voisins s'effondreront, leurs maisons seront brûlées, et vous — ce qu'à Dieu ne plaise —, vous pourrez craindre la sentence prononcée contre le grand prêtre Élie, qui expira en tombant de sa chaire, la tête fracassée[1], et contre le susdit Anastase, qui fut frappé si durement par Dieu[2].

De ces périls, que vous faites courir à vous et à vos sujets, puisse Dieu défendre son Église! La réalité de l'erreur des Templiers est évidente; il n'est pas permis que la prompte administration de la justice dans une cause qui intéresse la foi soit empêchée par les testicules et les liens du diable ci-dessus dits; car c'est conserver les formes juridiques que de ne pas les observer dans un pareil procès, et il ne faut pas s'inquiéter de savoir par qui ont été mis au jour les crimes des Templiers, même si c'est devant des laïcs, non devant les inquisiteurs ou leurs commissaires ou les ordinaires qu'ils sont apparus : tous ceux que touche l'affaire sont appelés à la défense de la foi.

1. *Rois*, I, 4, 18.
2. Voir plus haut, p. 134, n. 1.

IX.

[PROCESSUS CONTRA PERSONAS TEMPLARIORUM. EPISCOPI PARISIENSIS INSTRUCTIONES[a].]

[1309][1].

1. — [*Interrogationis consignandae exemplar.*]

In Christi nomine, amen. Per presens publicum instrumentum pateat universis quod nos G[uillelmus][2], miseracione divina Parisiensis episcopus, etc., et talis, inquisitor, etc., licteras sanctissimi patris ac domini, domini C[lementis], divina providencia sacrosancte, etc., veras, non cancellatas, non abolitas recepimus, formam, que sequitur, continentes : *Clemens, etc. etc.* Quibus reverenter receptis, contra singulares personas ordinis Templariorum, in nostris civitate et dyocesi, in locis insignibus degentes, super articulis a predicto sanctissimo patre summo pontifice nobis missis, quorum tenor inferius annotatur, volentes inquirere, publico citacionis edi[c]to in nostris predictis civitate et dyocesi, in locis insignibus, juxta tenorem licterarum apostolicarum predictarum, publice facto, cujus tenor inferius continetur, ad talem diem, coram nobis, ad talem locum singulariter personas dicta die per deputatos ad eorum custodiam vobis mandavimus exhiberi. Qua die, [in] nostra pre-

a. *Extrait du livre de Guillaume Le Maire, évêque d'Angers (Archives de Maine-et-Loire, G 7, fol. 86). Publié par C. Port,* Le livre de Guillaume Le Maire, évêque d'Angers, *dans les* Mélanges historiques *de la collection des* Documents inédits, *t. II (1877), p. 446-448. Le titre, ajouté après coup, se trouve au bas de la seconde colonne du fol. 85 v°.*

IX.

PROCÈS CONTRE LES PERSONNES : INSTRUCTIONS DE L'ÉVÊQUE DE PARIS

(1309)[1].

1. — Modèle de procès-verbal d'interrogatoire.

Au nom du Christ, amen. Par le présent instrument public soit patent à tous que nous, Guillaume[2], par la compassion divine, évêque de Paris, etc., et un tel, inquisiteur, etc., avons reçu de notre Saint-Père et seigneur, le seigneur Clément, par la divine providence de la sacro-sainte, etc., des lettres authentiques, non cancellées, non abolies, contenant ce qui suit : *Clément, etc., etc.* Lesquelles, reçues avec révérence, voulant faire une enquête contre les personnes du Temple vivant dans nos ville et diocèse et lieux insignes, relativement aux articles à nous envoyés par ledit Très-Saint-Père et souverain pontife, et dont la teneur est reproduite plus bas, par un édit de citation publié dans nosdits cité et diocèse et lieux insignes, conformément à la teneur desdites lettres apostoliques, édit dont la teneur est insérée ci-dessous, nous vous avons mandé que tel jour et en tel lieu les personnes des Templiers nous fussent représentées séparément audit jour par ceux qui étaient préposés à leur garde. Lequel jour, en notre présence, au lieu susdit, un tel, com-

1. Du fait que les instructions de l'évêque de Paris ont été recueillies par l'évêque d'Angers, il semble résulter qu'elles ont servi de modèle dans plusieurs diocèses. — Pour la date, voir ci-dessous, p. 145, note 1.

2. Guillaume de Baufet. Sur lui, voir B. Hauréau, au tome XXXII de l'*Histoire littéraire de la France*, p. 469-474.

sencia, in loco predicto, talis, personaliter constitutus, alias non examinatus, ut asseruit, coram nobis juravit ad sancta Dei Euvangelia, corporaliter tacto libro, meram et plenam dicere veritatem, tam de se quam de aliis singularibus personis ordinis predicti, super hiis que tangunt fidem catholicam et quedam crimina et horrores, juxta tenorem articulorum predictorum a predicto domino nostro summo pontifice directorum, quorum tenor sequitur in hec verba : *Isti sunt articuli, etc.* Predictus vero talis, diligenter interrogatus de tempore et modo sue receptionis, etc., respondit, etc.

2. — [*De modo interrogandi.*]

De Templariis qui semper negaverunt et negant, videtur bonum quod pluries interrogentur et magna cautela adhibeatur utrum varient in secunda deposicione a prima.

Item, de loco, de tempore, de persona recipiente, de astantibus in recepcione et de modo.

Item, utrum ad aliquem locum secretum post publicam recepcionem fuerint ducti, et si sic, quid et qualiter ibi fuerit factum et quibus presentibus.

Item, si vivi sint aliqui, quos dicant interfuisse recepcioni, si commode ibi possint haberi, audiantur per juramentum, et, si commode non possint haberi, scribatur prelato, in cujus civitate et dyocesi detinebuntur, qui eos super hiis et aliis audiat et rescribat, et non solum inquiratur de veritate sed de credulitate et fama.

Item, expedit tales Templarios secrete et tuta custodia servari.

Item, queratur utrum aliquos viderint recipi, ubi et quando et per quos recepti fuerint illi quorum recep-

parant en personne, non examiné ailleurs, comme il l'a assuré, a juré en notre présence sur les saints Évangiles — dont il a de ses mains touché le livre — de dire la pure et entière vérité, tant sur lui-même que sur les autres personnes dudit ordre, relativement aux points qui touchent la foi catholique et à certains crimes ou certaines horreurs, conformément à la teneur des articles susdits, dressés par notre susdit seigneur le souverain pontife et dont la teneur est la suivante : *Ce sont les articles, etc.* Donc, le susdit un tel, interrogé avec soin sur l'époque et le mode de sa réception, etc., répondit, etc.

2. — *Manière de conduire l'interrogatoire.*

Au sujet des Templiers qui ont toujours nié et qui nient, il paraît bon qu'ils soient interrogés plusieurs fois et qu'on fasse grande attention si leur seconde déposition diffère de la première.

Item, sur le lieu, l'époque, la personne qui les a reçus, les personnes présentes à la réception et le mode de réception.

Item, s'ils furent, après la réception publique, conduits en un lieu secret et si, là, quelque chose leur fut fait, ce que c'était, et comment et en présence de qui.

Item, s'il en est quelques-uns d'encore vivants qui disent avoir assisté à la réception et si on peut les avoir à sa disposition facilement, qu'on les entende sous serment et, si on ne peut les avoir facilement, qu'on écrive au prélat dans la ville ou le diocèse de qui ils seront retenus, lequel devra les entendre là-dessus et sur d'autres points, en rendre compte et faire une enquête non seulement sur la vérité de ce qu'ils disent, mais encore sur la créance qu'ils méritent et sur leur réputation.

Item, il importe que les Templiers de cette sorte soient mis secrètement sous une garde sûre.

Item, qu'on leur demande s'ils en ont vu recevoir quelques-uns, où et quand et par qui ils furent reçus, ceux à la réception de qui ils furent présents et en présence de qui ; et alors que les assistants et ceux qui procédaient à la récep-

cionibus interfuerint et quibus presentibus; et tunc audiantur astantes et receptores, ut supra; similiter de fama.

Item, quod pastu stricto, videlicet pane et aqua et aliquibus paucis refectionibus, nisi infirmitas, debilitas vel alia causa subsit, quare eisdem largius ministretur. Si vero nec sic ad veritatem revertantur nec aliter convincantur, primo ostendantur sibi confessiones contente in licteris bullatis apostolicis, facte a magistro ordinis et aliis majoribus, et dicatur eis quod magna multitudo eorum sponte et libere confessi sunt, et si quis sit bene perseverans, loquatur cum eis ad eos convincendum.

Item, si hec non proficiant, comminetur eis de tormentis etiam gravibus et ostendantur eis, sed non cito ad tormenta ponantur; et si non proficiat comminacio, procedi poterit indiciis precedentibus ad questiones et aliqua tormenta, sed primo levia, ad alia, ut racionis fuerit, processuri. Per tortorem clericum ydoneum et modo debito et non excessivo procedatur[1].

Item, talibus, contra quos et etiam contra omnes de ordine laborat fama publica et notoria, sacramenta ecclesiastica non expedit ministrari, excepta confessione; in quo casu discretus et fidelis confessor deputetur, qui eos bene terreat et diligenter ex[h]ortetur, ut ad dicendam veritatem revertantur, propter salutem et utilitatem anime et corporis eorumdem, quorum Ecclesia cum revertentibus misericorditer se habebit. Qui tamen confessor sacramentalem absolucionem non impendat nec ecclesiasticam sepulturam, si eos mori contigerit in dicto statu.

Item, de illis qui confessi sunt et in confessionibus suis persistunt, absolvantur, nisi fuerint absoluti,

tion soient entendus comme ci-dessus; de même pour leur réputation.

Item, qu'on les mette au régime étroit, c'est-à-dire au pain et à l'eau avec quelques rares aliments, à moins que leur infirmité, leur faiblesse ou quelque autre cause n'exige qu'ils soient nourris plus abondamment. Si cependant ils ne reviennent pas ainsi à la vérité et s'ils ne sont pas par ailleurs convaincus, qu'on leur montre d'abord les confessions, contenues dans les lettres apostoliques scellées, émanant du maître de l'ordre et d'autres dignitaires et qu'on leur dise que la grande majorité des Templiers ont spontanément avoué, et s'il en est un qui persévère dans le bien, qu'il leur parle pour les convaincre.

Item, si cela ne sert de rien, qu'on les menace de la torture, même grave, et qu'on leur en présente les instruments, mais qu'on ne les y soumette pas tout de suite; et, si la menace ne réussit pas, on pourra recourir sur les indices précédents à la question et à des tortures, mais d'abord légères, ne devant recourir à d'autres que s'il y échet. La torture devra être appliquée par un tortionnaire clerc et idoine, à la manière habituelle et sans excès[1].

Item, il ne convient pas de leur administrer les sacrements ecclésiastiques, non plus qu'à tous les membres de l'ordre contre lesquels travaille la rumeur publique et notoire, excepté la confession; auquel cas on leur donnera un confesseur discret et sûr qui leur fasse une peur salutaire et les exhorte soigneusement à revenir à la vérité pour le salut de leur âme et le bien de leur corps; et qu'il leur dise que l'Église se montrera miséricordieuse à ceux qui reviendront à la vérité. Cependant ce confesseur ne leur accordera pas l'absolution sacramentelle ni la sépulture ecclésiastique s'il leur arrive de persévérer dans leur état.

Item, qu'on absolve, à moins qu'ils n'aient déjà été absous,

1. Cette recommandation ne paraît pas avoir été suivie; car devant la commission d'enquête pontificale de Paris, Ponsard de Gizy et Robert Viger se plaignirent fort des tortures qu'ils subirent alors et dont moururent trente-six prisonniers (Michelet, *Procès des Templiers*, t. I, p. 36 et 514).

abjurata omni heresi et cum solempnitate in talibus requisita et benigne, tam in sacramentis quam in custodia et victualibus, agatur cum ipsis. Tute tamen et caute custodiantur.

De hiis vero qui primo negaverunt sed postea confitentur, de cautelis in primo articulo contentis inquiratur ab eisdem, et bene custodiantur propter suspicionem prime negacionis; et in sacramentis ministrandis, divinis audiendi[s], postquam absoluti fuerint, et victualibus, ut[a] in proximo dictum est, cum eis bene agatur; et de perjurio, quod incurrerunt quando primo negaverunt, poterunt absolvi et penitencia salutaris injungi.

De illis qui primo confessi fuerunt et postea negaverunt et negant, neque ecclesiastica sacramenta ministrentur excepta confessione modo suprascripto[b].

Item, de cibis et aliis agatur cum eis sicut cum illis de primo articulo, exceptis auditis per papam[1] et inquisitorem et ordinarios, qui tute tenebuntur, donec aliud ordinetur.

a. Le manuscrit porte : et. — *b.* suprascripta *dans le manuscrit.*

ceux qui ont avoué et qui persistent dans leur confession, après qu'ils auront abjuré toute hérésie avec la solennité requise en pareil cas, et qu'on les traite avec bienveillance. Qu'on les garde cependant d'une manière sûre et avec soin.

Quant à ceux qui ont d'abord nié et qui ensuite avouent, qu'on fasse à leur égard une enquête sur les points contenus dans le premier article et qu'on les garde avec soin, parce que leur négation première les rend suspects; que, pour l'administration des sacrements, l'assistance aux offices divins, après qu'ils auront été absous, et pour la nourriture, on agisse avec eux avec bienveillance, comme il est dit à l'article précédent. On pourra les absoudre du parjure qu'ils ont commis quand ils ont d'abord nié et leur imposer une pénitence salutaire.

Quant à ceux qui d'abord ont avoué et ensuite nié et qui persistent à nier, qu'on les prive des sacrements ecclésiastiques, excepté de la confession et dans la manière susindiquée.

Item, qu'on agisse avec eux, en ce qui concerne la nourriture et le reste, comme avec ceux dont il est question dans le premier article, exception faite toutefois de ceux qui ont été entendus par le pape[1], l'inquisiteur et les ordinaires, que l'on gardera d'une manière sûre jusqu'à ce qu'il en soit autrement ordonné.

1. Le pape avait décidé (6 mai 1309) que les Templiers déjà examinés par lui et par les cardinaux ne devaient plus l'être; à l'égard des autres, qui avaient déjà été examinés, il s'en remettait aux prélats du soin de juger si l'enquête était suffisante (Finke, *Papsttum und Untergang des Templerordens*, t. II, p. 197-198). Il semble résulter de ce passage, conforme aux décisions du pape, que les instructions de l'évêque de Paris sont postérieures au 6 mai 1309.

X.

[PROCESSUS CONTRA ORDINEM.
VARIORUM DEPOSITIONES IN PAPAE COMMISSARIORUM PRAESENTIA FACTAE]

(1309-1311).

1. — [*Jacobi de Molayo, ordinis Templariorum majoris magistri, depositio prima*[a].][1]

... Post hec, die Mercurii supradicta, que fuit XXVI[a] mensis novembris, congregatis dictis dominis commissariis in camera existante post dictam aulam episcopalem, fuit per supradictos prepositum Pictavensem et Johannem de Jamvilla adductus ad presenciam eorumdem dominorum commissariorum frater Jacobus de Molayo, magister major predicti ordinis Templariorum, qui, ut supradictum est in processu, lecto[b] sibi citationis edicto per dictum Parisiensem episcopum, responderat se velle venire ad presenciam dictorum dominorum commissariorum.

Requisitus per eosdem dominos commissarios si volebat ordinem defendere supradictum vel pro eo aliquid dicere, respondit quod ordo erat per sedem apos-

a. *Bibliothèque nationale, manuscrit latin 11796, fol. 9 v°-10. Publié par Dupuy,* Histoire de l'ordre des Templiers (*édit. de Brussels, 1751*), *n° 81, p. 318-320, et Michelet,* Procès des Templiers, *t. I, p. 32-35. — b.* lecta *dans le manuscrit.*

1. La commission d'enquête, qui était chargée d'entendre les Templiers de plusieurs provinces ecclésiastiques, se composait

X.

PROCÈS CONTRE L'ORDRE : DÉPOSITIONS DE TÉMOINS DIVERS DEVANT LES COMMISSIONS D'ENQUÊTE

(1309-1311).

1. — Première déposition du grand maître Jacques de Molay devant la commission pontificale d'enquête de Paris (26 novembre 1309)[1].

... Ensuite, le mercredi susdit, qui fut le 26 novembre, lesdits seigneurs commissaires étant réunis dans la chambre sise derrière l'*aula* épiscopale, fut, par les susdits, le prévôt de Poitiers et Jean de Janville, amené en présence des mêmes seigneurs commissaires frère Jacques de Molay, grand maître du susdit ordre des Templiers; lequel, lecture lui ayant été faite de l'édit de citation de l'évêque de Paris, comme il est dit ci-dessus dans le procès, avait répondu qu'il voulait venir en présence desdits seigneurs commissaires.

Requis par les mêmes seigneurs commissaires de déclarer s'il voulait défendre l'ordre susdit ou dire quelque chose pour sa défense, il répondit que l'ordre était confirmé et privilégié par le siège apostolique et qu'il lui paraissait tout

surtout d'hommes dévoués au roi : Gilles Aicelin, archevêque de Narbonne; Guillaume Durant, évêque de Mende; Guillaume Bonnet, évêque de Bayeux; Renaud La Porte, évêque de Limoges; Mathieu de Naples, notaire apostolique; Jean de Mantoue, archidiacre de Trente et auditeur du cardinal Pierre Colonna; Guillaume Agarni, prévôt de l'église d'Aix, autrefois évêque de Grasse. Créée le 12 août 1308, elle n'ouvrit ses séances que le 8 août 1309. Elle perdit beaucoup de temps à faire ses citations, se heurta à la mauvaise volonté que lui témoigna l'évêque de Paris, en sorte que le premier témoin ne comparut devant elle que le 22 novembre.

tolicam confirmatus et privilegiatus et quod valde mirum videbatur eidem si ecclesia Romana subito volebat procedere ad destructionem[a] ordinis supradicti, cum sentencia deposicionis contra Fredericum imperatorem dilata fuit XXXII annis.

Dixit eciam quod ipse non erat ita sapiens sicut expediret sibi, nec tanti consilii quod posset defendere dictum ordinem per se ipsum; tamen paratus erat juxta sui possibilitatem dictum ordinem defendere; nam aliter se vilem et miserum reputare[t] et posset ab aliis reputari, nisi ipsum ordinem defenderet, a quo recepeperat tot com[m]oda et honores, licet difficile sibi videretur quod congrue deffensio posset fieri per eum, cum esset in captivitate dominorum pape et regis nec haberet aliquid, eciam IIII^or denarios, quos expendere posset pro predicta defensione, vel aliis, nisi secundum ministrabatur eidem. Propter quod petebat ad predicta perficienda auxilium et consilium dari eidem, dicens quod intencio sua erat quod veritas eorum que erant imposita dicto ordini sciretur, non solum per illos de dicto ordine, verum eciam in universis partibus mundi per reges, principes, prelatos, duces, comites et barones, licet cum pluribus ex eisdem prelatis illi de ordine suo fuissent nimis rigidi in defensione jurium eorumdem. Et paratus erat dictus magister stare deposicionibus et testimonio regum, principum, prelatorum, comitum, ducum, baronum et aliorum proborum virorum.

Quia vero negocium arduum est et predictus magister non habebat[b] secum, nisi unum fratrem servientem, cum quo consilium habere posset, predicti domini com-

a. destrusionem *dans le manuscrit.* — *b.* hebabat *dans le manuscrit.*

à fait étonnant que l'Église romaine voulût subitement procéder à la destruction de l'ordre susdit, alors que la sentence de déposition contre l'empereur Frédéric avait été différée trente-deux ans.

Il dit aussi qu'il n'était pas lui-même aussi savant qu'il conviendrait ni d'assez grand conseil pour pouvoir par lui-même défendre ledit ordre ; cependant il était prêt, selon son pouvoir, à défendre ledit ordre; car, autrement, il s'estimerait vil et misérable et pourrait être réputé tel par les autres s'il ne défendait pas ledit ordre, dont il avait reçu tant d'avantages et d'honneurs, quoiqu'il lui parût difficile d'en présenter une défense convenable, parce qu'il était prisonnier des seigneurs pape et roi, qu'il n'avait rien, pas même quatre deniers, à dépenser pour ladite défense ou pour autre chose, à l'exception de ce qui lui était alloué personnellement. Aussi demandait-il, pour exécuter son projet, qu'on lui donnât aide et conseil, disant que son intention était que la vérité, touchant ce qui était imputé à l'ordre, fût connue non seulement par ceux dudit ordre, mais aussi dans toutes les parties du monde par les rois, les princes, les prélats, les ducs, les comtes, les barons, quoique avec plusieurs de ces prélats ceux de son ordre eussent montré trop de raideur dans la défense de leurs droits. Et ledit maître était prêt à assister aux dépositions et aux témoignages des rois, princes, prélats, comtes, ducs, barons et d'autres honnêtes gens.

Mais, parce que l'affaire est ardue et que ledit maître n'avait avec lui qu'un seul frère servant de qui il pût prendre conseil, lesdits seigneurs commissaires dirent audit maître de délibérer bien et pleinement sur ladite défense à laquelle il s'offrait et de faire attention à ce qu'il avait déjà confessé à sa charge et à la charge de l'ordre susdit. Toutefois ils s'offraient et ils se déclaraient prêts à le recevoir à ladite défense si et comme la raison l'indiquait, s'il persistait dans ladite défense, et à lui accorder même un délai, s'il voulait délibérer plus amplement. Toutefois, ils voulaient qu'il sût que dans une cause touchant l'hérésie et la foi, on

missarii dixerunt predicto magistro quod bene et plene deliberaret super dicta defensione ad quam se offerebat et quod averteret ad illa que jam confessus fuerat contra se et contra ordinem supradictum. Ipsi tamen offerebant eidem quod parati erant eum ad dictam defensionem recipere si et prout racio suaderet, si persistebat[a] in dicta defensione facienda, et dilacionem eciam concedere, si amplius deliberare volebat. Volebant tamen ipsum scire quod in causa heresis et fidei procedendum erat simpliciter, de plano et absque advocatorum et judiciorum strepitu et figura.

Cui quidem magistro supradicti domini commissarii, ut plene deliberare posset, fecerunt cum diligencia legi et vulgariter exponi litteras apostolicas de commissione inquisicionis contra predictum ordinem Templi faciende a sede apostolica facte eisdem et IIII^or alias litteras apostolicas ad negocium facientes et eciam litteram in qua magister Guillelmus Agarni[1], Aquensis prepositus, se legitime[b] excusavit et eciam publicum citacionis edictum per quod iidem domini commissarii citaverant ordinem Templi, fratres ejusdem ordinis et alios evocandos. Quarum quidem litterarum apostolicarum et predicti edicti tenores supra inserti sunt in processu.

In quarum eciam litterarum apostolicarum lectura, potissime cum recitarentur illa que dictus magister dicebatur fuisse confessus[2] coram reverendis patribus dominis Dei gracia Berengario[3], nunc episcopo Tusculano, tunc vero sanctorum Nerei et Archilei, Stephano[4], sancti Ciriaci in Termis titulorum presbiteris, et Landulpho[5], sancti Angeli diacono cardinalibus ad hoc per

a. si persistebat *en marge.* — *b.* legittime *dans le manuscrit.*

procédait simplement, *de plano*, sans bruit ni forme de procès.

Les susdits seigneurs commissaires, pour que le maître pût délibérer pleinement, lui firent lire avec soin et traduire en français les lettres apostoliques de commission à eux données et les chargeant de faire une enquête contre ledit ordre du Temple, quatre autres lettres apostoliques relatives à l'affaire et même la lettre par laquelle maître Guillaume *Agarni*, prévôt d'Aix[1], donnait une excuse légitime de son absence et aussi l'édit de citation publié par lesdits seigneurs commissaires, par lequel ils avaient cité l'ordre du Temple, les frères dudit ordre et d'autres qu'il y avait lieu de convoquer, lettres apostoliques et édit dont la teneur est insérée ci-dessus, au procès.

Pendant la lecture desdites lettres apostoliques, surtout quand on lut ce que ledit maître était dit avoir confessé[2] en présence des Révérends Pères, par la grâce de Dieu, Bérenger[3], maintenant évêque de Tusculum, alors cardinal-prêtre du titre des saints Nérée et Achillée; Étienne[4], cardinal-prêtre du titre de saint Ciriaque aux Thermes, et Landolf[5], cardinal-diacre de saint Ange, à ce délégués et envoyés par ledit seigneur notre souverain pontife, ledit

1. Sur ce personnage, voir la note 1 de la page 146.

2. A Chinon, le 20 août 1308. Cette confession se trouve résumée dans la bulle *Faciens misericordiam* (Michelet, *Procès des Templiers*, t. I, p. 1-21); une copie du procès-verbal de l'interrogatoire a été donnée par Finke, *Papsttum und Untergang des Templerordens*, t. II, p. 328.

3. Bérenger Frédol, chanoine de Béziers, puis évêque de cette ville, créé cardinal-prêtre du titre des saints Nérée et Achillée par Clément V le 15 décembre 1305 et évêque de Tusculum le 10 août 1309.

4. Étienne de Suisy, archidiacre de Bruges, au diocèse de Tournai, garde du sceau royal, évêque de Tournai en 1300, créé cardinal par Clément V le 15 décembre 1305 sur la recommandation de Philippe le Bel.

5. Landolf Brancaccio, napolitain, créé cardinal le 18 septembre 1294, légat en France et en Angleterre (1295-1299), en Sicile (1299) ennemi de Boniface VIII.

dictum dominum nostrum summum pontificem deputatis et destinatis, producendo bis signum crucis coram facie sua et in aliis signis pretendere videbatur se esse valde stupefactum de hiis que continebantur super predicta confessione sua et aliis in litteris apostolicis supradictis, dicens, inter alia, quod si dicti domini commissarii fuissent alii quibus liceret hoc audire, ipse diceret aliud. Et cum fuisset responsum eidem per dictos dominos commissarios quod ipsi non erant ad recipiendum vadium duelli[1], subjunxit dictus magister quod non intendebat dicere de hoc, sed placeret Deo quod illud quod observatur a Saracenis et Tartaris observaretur contra tales perversos in hoc casu, nam dicti Saraceni et Tartari abscindunt caput perversis inventis vel scindunt eos per medium[2]. Et tunc fuit subjunctum per dictos dominos commissarios quod Ecclesia illos qui inveniebantur heretici indicabat hereticos et obstinatos relinquebat curie seculari.

Et cum idem magister rogasset nobilem virum dominum Guillelmum de Plasiano, militem regium, qui ibidem venerat, sed non de mandato dictorum dominorum commissariorum, secundum quod dixerunt, ut loqueretur cum eodem magistro et dictus dominus Guillelmus fuisset ad partem locutus cum eodem magistro, quem, sicut asserebat, diligebat et dilexerat, quia uterque miles erat et quia, ut dixit idem dominus Guillelmus, habebat providere ne se vituperaret vel perderet sine causa, et tunc idem magister dixit quod bene videbat quod, nisi bene deliberaret, cito posset cadere in capistrum suum, et ideo volebat deliberare, supplicans eisdem dominis commissariis quod concederent sibi dilacionem usque ad diem Veneris proximam ad deliberandum super predictis. Quam dilacio-

maître, en faisant deux fois le signe de la croix devant son visage et par d'autres signes, paraissait prétendre qu'il était tout à fait stupéfait de ce qui était contenu dans lesdites confession et lettres apostoliques, disant, entre autres choses, que si lesdits seigneurs commissaires étaient d'autres personnes à qui il fût permis de l'entendre, il dirait lui-même autre chose. Et comme il lui fut répondu par lesdits seigneurs commissaires qu'ils n'étaient pas là pour recevoir le gage de bataille[1], ledit maître ajouta qu'il n'entendait pas parler de cela, mais qu'il plût à Dieu que ce qui était observé par les Sarrasins et les Tartares fût observé dans le cas présent contre de tels pervers, car les Sarrasins et les Tartares coupent la tête des pervers qu'ils trouvent ou bien ils les fendent par le milieu[2]. Et alors lesdits seigneurs commissaires ajoutèrent que l'Église jugeait hérétiques ceux qu'elle trouvait hérétiques et qu'elle remettait les obstinés à la cour séculière.

Et ledit maître ayant demandé à noble homme le seigneur Guillaume de Plaisians, chevalier royal, qui était venu là (mais non sur l'ordre desdits seigneurs commissaires, ainsi qu'ils le dirent eux-mêmes), de vouloir bien s'entretenir avec lui et ledit seigneur Guillaume ayant parlé à part au maître qu'il aimait et avait aimé, à ce qu'il disait, parce qu'ils étaient tous deux chevaliers et parce que, comme il le déclara, ledit Molay devait prendre soin de ne pas se compromettre et de ne pas se perdre sans cause, ledit maître déclara qu'il voyait bien qu'à moins de bien délibé-

1. Engagement de combattre manifesté par l'offre d'un gant pour gage et contracté quand l'ennemi accepte le gage en ramassant le gant.

2. Sur ces déclarations de Molay dont l'interprétation est difficile, on peut lire : P. Viollet, *Bérenger Frédol, canoniste*, dans l'*Histoire littéraire de la France*, t. XXXIV, p. 62-178 (un extrait en a paru sous ce titre : *Les interrogatoires de Jacques de Molay, grand maître du Temple. Conjectures*, dans les *Mémoires de l'Académie des inscriptions*, t. XXXVIII, 2e partie, p. 121-136, et à part, Paris, 1909), et G. Lizerand, *Les dépositions du grand maître Jacques de Molay au procès des Templiers (1307-1314)*, dans le *Moyen âge*, 2e série, t. XVII, p. 81-106.

nem concesserunt eidem, majorem eciam se daturos offerentes, si sibi placeret et volebat.

Quibus peractis, facta per supradictum apparitorem proclamacione, sicut in diebus precedentibus, mandato eorum, ut comparerent coram eis, si erant, qui dictum ordinem defendere vellent, cum nullus compareret, de benignitate continuaverunt et prorogaverunt presentem terminum ad id ad quod supra et dixerunt se expectaturos usque ad diem Jovis proximo subsequentem, hora prime, non intendentes per hoc revocare dilacionem datam dicto magistro, sed procedere in aliis pertinentibus ad negocium supradictum, prout existeret racionis. De quibus omnibus, etc., ut supra[a].

***

2. — [*Ponzardi de Gysiaco*[1] *depositio*[b].]

Post hec, eisdem loco et die, frater Ponzardus de Gysiaco, preceptor de Paians[2], adductus ad presenciam eorumdem dominorum commissariorium et requisitus per eosdem si volebat defendere ordinem memoratum, respondit quod articuli qui sunt impositi dicto ordini, videlicet ipsum ordinem abnegare Jhesum Christum et spuere super crucem et quod licencia data sit quod unus fratrum se commisceret carnaliter cum alio et quedam alia enormia similia dependencia ex eisdem sunt falsa et quecumque ipse vel alii fratres dicti ordinis fuerunt confessi de premissis coram episcopo Parisiensi vel alibi erant falsa et quod predicta dixerunt per vim et propter periculum et timorem, quia torquebantur a Floyrano de Biteris[3], priore Montis Falco-

a. ut supra, *ajouté d'une autre main.* — b. *Bibliothèque nationale, manuscrit latin 11796, fol. 10-11. Publié par Michelet,* Procès des Templiers, *t. I, p. 36-39.*

rer il pouvait rapidement « s'enchevêtrer » et qu'à cause de cela il voulait en délibérer, suppliant lesdits seigneurs commissaires de lui accorder à cette fin un délai jusqu'au vendredi prochain, délai qu'ils lui accordèrent, offrant même de lui en donner un plus long s'il lui plaisait et s'il le voulait.

Ceci fait, après que l'appariteur susdit eut, sur l'ordre des commissaires, invité, comme aux jours précédents, ceux, s'il y en avait, qui voulaient défendre l'ordre, à comparaître devant eux, comme personne ne comparaissait, lesdits commissaires, par bienveillance, prolongèrent le présent terme comme il est ci-dessus indiqué et dirent qu'ils attendraient jusqu'au jeudi suivant, à l'heure de prime, n'entendant pas par cela révoquer le délai donné audit maître, mais procéder dans les autres choses touchant l'affaire susdite comme il conviendrait. De toutes choses, etc. (*comme ci-dessus*).

* * *

2. — *Déposition de Ponsard de Gizy*[1] *(27 novembre 1309).*

Ensuite, dans les mêmes lieu et jour, frère Ponsard de Gizy, précepteur de Payns[2], amené en présence desdits seigneurs commissaires et interrogé par eux s'il voulait défendre l'ordre susdit, répondit que les accusations articulées contre ledit ordre, à savoir que ledit ordre reniait Jésus-Christ et crachait sur la croix et qu'on donnait permission aux frères de s'unir charnellement l'un avec l'autre, et aussi les autres énormités dépendant des précédentes qu'on leur opposait étaient fausses et que tout ce que, lui et les autres frères dudit ordre, avaient confessé là-dessus devant l'évêque de Paris ou bien ailleurs était faux et qu'ils ne l'avaient confessé que contraints par le danger et la terreur, parce qu'ils étaient torturés par Floyran de Béziers[3],

1. Probablement Gizy, dans l'Aisne, arr. de Laon, canton de Sissonne.
2. Aube, canton de Troyes.
3. Sur ce personnage, principal dénonciateur des Templiers, voir Ch.-V. Langlois, *L'affaire des Templiers*, dans le *Journal des Savants*, 1908, p. 423-425.

nis[1], Guillelmo Roberti monacho[2], inimicis eorum, et propter quamdam convencionem et informacionem quam fecerant ante illi qui [eos] in carceribus tenebant et propter metum mortis et pro eo quia triginta sex de dictis fratribus fuerant mortui Parisius per jainnam et tormenta et multi alii in aliis locis; dicens eciam quod paratus erat defendere prefatum ordinem pro se et sibi adherentibus, si ministrarentur eis expense de bonis Templi, petens sibi fratres Reginaldum de Aurelianis et Petrum de Bononia presbiteros, fratres dicti ordinis, dari in auxilium et consilium sibi. Reddidit eciam quamdam cedulam manu sua, ut dicebat, scriptam, in qua erant scripta nomina quorumdam, quos dicebat esse inimicos ordinis antedicti. Cujus cedule tenor talis est :

Ces sont le treytour, li quel ont proposé fauseté et delauté contre ceste[a] *de la religion deu Temple : Guillalmes Roberts, moynes, qui les mitoyet a geine, Esquius de Floyrac de Biterris, cumprior de Montfaucon, Bernardus Peleti*[3], *prieus de Maso de Genois*[4], *et Geraues de Boyzol, cevalier, veneüs à Gisors.*

Interrogatus si umquam fuit positus in tormentis, respondit quod fuit positus, tres menses erant elapsi ante confessionem factam per eum coram domino Parisiensi episcopo, manibus ligatis retro, ita stricte quod sanguis sibi cucu[r]rit usque ad ungues, in quadam fovea, in qua stetit per spacium unius leuge, protestans et dicens quod, si poneretur adhuc in tormentis, quod[b] ipse negaret omnia que dicit modo et diceret quecumque homo vellet. Tantum, pro modico tempore, paratus erat vel capitis obtruncacionem, vel ignem, vel bulli-

a. leste *dans le manuscrit.* — b. *La conjonction* quod *ainsi répétée dans le manuscrit.*

prieur de Montfaucon[1], Guillaume Robert[2], moine, leurs ennemis, et en vertu d'un accord et d'une instruction émanant de ceux qui les détenaient en prison, et aussi par crainte de la mort et parce que trente-six de ces frères étaient morts à Paris, ainsi que beaucoup d'autres en d'autres endroits, des suites des tortures et des tourments. Il ajouta qu'il était prêt à défendre ledit ordre en son nom et au nom de ses adhérents si on lui allouait des biens du Temple pour ses dépenses et demanda que les frères Renaud d'Orléans et Pierre de Boulogne, prêtres, lui fussent accordés à titre d'aides et de conseils. En outre, il remit une cédule écrite de sa main, à ce qu'il disait, contenant les noms de quelques personnes qu'il disait être ennemies de l'ordre susdit. La teneur de cette cédule est la suivante :

Liste des traîtres qui ont articulé des faussetés contre ceux de l'ordre du Temple et leur ont imputé des actes déloyaux : Guillaume Robert, moine, qui les a mis à la question; Esquius de Floyrac, de Béziers, comprieur de Montfaucon; Bernard Pelet[3]*, prieur du Mas-d'Agenais*[4]*, et Gérard de Boyzol, chevalier, venu à Gisors.*

Interrogé sur le point de savoir s'il fut jamais mis à la torture, il répondit que trois mois avant la confession qu'il fit devant le seigneur évêque de Paris il fut placé dans une fosse, les mains liées derrière le dos si fortement que le sang coula jusqu'à ses ongles, et qu'il y resta, n'ayant d'espace que la longueur d'une longe, protestant et disant que, s'il était mis encore à la torture, il renierait tout ce qu'il disait et qu'il dirait tout ce qu'on voudrait. Autant il était prêt à souffrir, pourvu que le supplice fût court, la décapitation ou le feu ou l'ébouillantement, autant il était inca-

1. Peut-être Montfaucon, dans le Lot, arr. de Gourdon, canton de Labastide-Murat.

2. Peut-être le témoin désigne-t-il par ce nom frère Guillaume de Paris, inquisiteur de France?

3. Sur Bernard Pelet, voir Ch.-V. Langlois, *L'affaire des Templiers*, dans le *Journal des Savants*, 1908, p. 424-425.

4. Lot-et-Garonne, arr. de Marmande.

cionem pati pro honore dicti ordinis, tantum ita longa tormenta substinere non poterat, in quibus jam fuerat duobus annis elapsis et plus carcerem substinendo.

Item, requisitus et interrogatus si volebat aliquid aliud dicere quare non deberent dicti domini commissarii ad inquirendum procedere bene et fideliter, respondit quod non et quod volebat quod inquirerent per bonas gentes.

Item, cum dictus prepositus Pictavensis tradidisset dictis dominis commissariis quamdam cedulam in presencia dicti fratris Ponzardi et fuisset lecta coram eo, dictus frater Ponzardus dixit quia veritas non querit angulos, quod ipse scripserat quamdam cedulam ejusdem tenoris, quam tradidit eidem preposito, ad hoc ut adduceretur ad presenciam domini pape et dominorum commissariorum, ut audiretur. Dixit eciam quod ipse scripserat eam tanquam turbatus contra ordinem, pro eo quod thesaurarius Templi dixerat sibi verba contumeliosa. Cujus cedule tenor sequitur in hec verba :

Ce sont les articles que vous ferés demander as freres deu Temple, desquelles articles li dit frere n'ont point esté examiné :

Primers articles. Defendus des maistres que li frere n'alassent a main de preste a offerende.

Item, que li dit frere ne tenissent enfans a fons, pour batesme avoir.

Item, frere ne couchast s[o]*us toit ou fame i eust; et des articles dessus dites, li maistres vousisent metre un povre frere en prison; et il en ometoient*[a].

Item, li maistres qui fesoient[b] *freres et suers*[1] *du*

a. e il en ometoient *d'une autre encre et d'une autre main.* — *b.* fesonent *dans le manuscrit.*

pable de supporter les longs tourments dans lesquels il s'était trouvé déjà en subissant un emprisonnement de plus de deux ans.

Item, requis de dire s'il voulait ajouter quelque chose qui pût détourner lesdits seigneurs commissaires de procéder à leur enquête bien et fidèlement, il répondit que non et qu'il voulait qu'ils fissent l'enquête par le moyen de bonnes personnes.

Item, comme ledit prévôt de Poitiers avait remis une cédule auxdits seigneurs commissaires en présence dudit frère Ponsard et que cette cédule avait été lue devant lui, ledit frère Ponsard répondit, parce que la vérité ne cherche pas les détours, qu'il avait écrit une cédule de cette teneur, qu'il l'avait remise audit prévôt, afin d'être conduit devant le seigneur pape et les seigneurs commissaires pour être entendu par eux. Il dit aussi qu'il l'avait écrite alors qu'il était bouleversé parce que le trésorier du Temple lui avait adressé des paroles outrageantes. La teneur de cette cédule est la suivante :

Ce sont les articles sur lesquels vous questionnerez les frères du Temple, articles sur lesquels lesdits frères n'ont pas été examinés :

1er *article. Il est défendu par les maîtres aux frères d'aller à l'offrande...*

Item, défendu aux frères de tenir des enfants sur les fonts pour être baptisés.

Item, défendu aux frères de coucher sous un toit où se trouve une femme; et, à cause des articles ci-dessus, les maîtres voulaient mettre un pauvre frère en prison; et ils passaient sous silence d'autres imputations (?).

Item, les maîtres qui créaient des frères et des sœurs[1] *du Temple faisaient promettre auxdites sœurs obéissance, chasteté, pauvreté et lesdits maîtres leur promettaient foi et loyauté comme à leurs sœurs.*

1. Ce mot ne peut désigner que les femmes de charge qui étaient occupées dans les maisons de l'ordre.

Temple, aus dites suers fesoient promestre obediencie, chastée, vivre sans propre, et li dit maistre leur prometoient foi et loiauté come a leurs suers.

Item, quant les dites suers estoient entrées, li dit maistre les despouceloient; et autres suers qui estoient de bon age, qui pensoient estre venues en la religion pour leur ames sauver, il convenoit par force que li maistre en feïssent leurs volentez; et en avoient enfans les dites suers; et li dit maistre de leur enfans fesoient freres de la religion.

Item, li estas de la religion estoit tex que nus freres ne devoit recevoir autre frere en la religion se il n'estoit sains de toutes ses membres et non bastars et se il n'estoit homs de bonne vie et de bone conversacion.

Item, comunement estoient larron gent qui autre gent avoient mis a mort se il avoient un pou d'argent, s'il estoient freres.

Item, que li dit maistres des baillies qui demandoient congié aus commandaurs provinciaus du faire freres, tout ainsi comme hons vent un cheval en ma[r]chié; ainsi estoit marchié fais de celui qui i voloit venir en la religion; et vous saves que tuit cil et celes qui entrent en religion par symonie, cis qui le recoit et cis qui i entre est escomeniez et cist qui est escomeniez en tel cas ne puest estre absols que de par nostre pere le Pape.

Item, que li dit maistre fesoient jurer sus sains le frere que il n'i venoit par don ne par promesse et li dis maistres savoit vrai que il le fesoit parjurer et estoit li dit frere parjurs et escominiez ni en[a] *povoit freres sauver sa vie.*

Item, li dit commandaurs de baillies, se nus petit freres li dist aucunes choses qui li annuient, pourcha-

a. en ni *dans le manuscrit.*

Item, quand lesdites sœurs étaient entrées, lesdits maîtres les dépucelaient; et les autres sœurs qui étaient d'un certain âge et qui pensaient être entrées dans l'ordre pour sauver leur âme, il fallait que les maîtres en fissent de force leur volonté; et lesdites sœurs en avaient des enfants; et lesdits maîtres faisaient de leurs enfants des frères de l'ordre.

Item, le statut de l'ordre était tel qu'aucun frère ne devait recevoir dans l'ordre un autre frère si celui-ci n'était sain de tous ses membres et non bâtard et s'il n'était homme de bonne vie et de bonne conduite[1].

Item, communément il y avait des larrons qui avaient mis à mort d'autres personnes et qui, s'ils avaient un peu d'argent, devenaient frères.

Item, lesdits maîtres des bailliages demandaient aux commandeurs provinciaux l'autorisation de créer des frères, tout comme on vend un cheval au marché : ainsi on faisait marché de celui qui voulait entrer dans l'ordre. Et vous savez que tous ceux et toutes celles qui entrent dans un ordre par simonie sont — et celui qui reçoit et celui qui entre — excommuniés; et celui qui est excommunié en tel cas ne peut être absous que par notre père le pape.

Item, lesdits maîtres faisaient jurer au frère sur les saints qu'il ne venait pas par don ni par promesse et lesdits maîtres savaient bien qu'ils le faisaient se parjurer et ledit frère était parjure et excommunié et il n'en pouvait sauver sa vie.

Item, ledit commandeur de bailliage, si un petit frère lui disait quelque chose qui l'ennuyât, demandait au commandeur provincial et obtenait de lui par des dons que le pauvre frère allât outre-mer pour y mourir ou en terre étrangère, où il ne connaissait personne, et il y mourait de douleur et de pauvreté; et s'il abandonnait l'ordre et pouvait être pris, il était mis en prison.

1. Cf. le formulaire de réception des nouveaux Templiers reproduit ci-dessous à l'Appendice, § 658.

sast par dons au commandaur provincial que li pouvres freres alast outre mer pour morir ou en estrange terre o il ne se conoissoit et par duel et por povreté le convenoit morir; et si il lessoit la religion et li povoit estre pris, il estoit mis en prison.

Item, au derrerain chapistre qui fo tenus par lu visitaur, et fu a lau chadelor feste Nostre Dame[1]*, pourposa frere Ranaus de la Folie contre frere Gerot de Villers et par un autre frere estoit perdue l'ille de Tourtose*[2] *et par lui forent mort li freres et prins, et encor sont, et le voloit prover par bone gant et fo por ce que li dit frere Geraut se parti un jur devant et amena avec lui ses amis, et pour le deffaut de bons chevaliers qu'il enmena furent perdu.*

Et quia idem frater Ponzardus dicebat se dubitare quod agravaretur sibi carcer pro eo quod obtulerat se ad defensionem dicti ordinis, supplicabat quod providerent ne gravaretur propter premissa; et dicti domini commissarii dixerunt dicto preposito Pictavensi et Johanni de Jamvilla[3] quod nullo modo gravarent eum, pro eo quod obtulerat se ad defensionem ordinis supradicti. Qui responderunt quod plus propter hoc non gravarent eundem.

*
* *

3. — [*Jacobi de Molayo depositio altera*[a].][4]

Post hec, die Veneris ante festum beati Andree, congregatis predictis dominis commissariis in camera post aulam predictam in qua congregari consueverant, frater Jacobus de Molayo, magister major dicti ordinis Templi, qui in die Mercurii proxime precedenti pecie-

a. *Bibliothèque nationale, manuscrit latin 11796, fol. 12. Publié*

Item, au dernier chapitre qui fut tenu par le visiteur et qui eut lieu à la Chandeleur, fête de Notre-Dame[1], *frère Renaud de la Folie, ainsi qu'un autre frère, accusa frère Géraud de Villiers d'avoir fait perdre l'île de Tortose*[2] *et causé la mort de frères et leur capture — et ils sont encore prisonniers — et il voulait le prouver par le moyen d'honnêtes personnes; et ce fut parce que ledit frère Géraud partit un jour avant, en emmenant avec lui ses amis, et faute des bons chevaliers qu'il avait emmenés, qu'ils furent perdus.*

Et comme ledit frère Ponsard disait qu'il craignait qu'on aggravât sa prison parce qu'il s'était offert à défendre l'ordre, il les suppliait de pourvoir à ce qu'elle ne fût pas aggravée pour cela; et lesdits seigneurs commissaires recommandèrent audit prévôt de Poitiers et à Jean de Janville[3] de ne le maltraiter en aucune façon parce qu'il s'était offert à la défense de l'ordre susdit. A quoi ils répondirent qu'ils n'aggraveraient pas sa condition à cause de cela.

***

3. — Seconde déposition de Jacques de Molay (28 novembre 1309)[4].

Ensuite, le vendredi avant la fête de saint André, les seigneurs commissaires susdits étant assemblés dans la chambre où ils avaient coutume de se réunir, située derrière l'*aula* épiscopale, frère Jacques de Molay, grand maître dudit ordre du Temple, qui, le mercredi précédent, avait demandé

par Dupuy, Histoire de l'ordre des Templiers *(éd. de 1751), nos 82-83, p. 320-323, et par Michelet,* Procès des Templiers, *t. I, p. 42-45.*

1. Le 2 février.
2. Sur la côte de Syrie, au nord de Tripoli. Cette île avait été perdue en 1291.
3. Chargés tous deux d'amener les témoins devant les commissaires. Voir plus haut, p. 147.
4. Comme il est dit ci-dessous, la première déposition du grand maître devant la commission d'enquête remontait à l'avant-veille. Voir p. 146-147.

rat a dictis dominis commissariis quod posset deliberare usque ad hanc diem Veneris super responsione per ipsum dicta die Mercurii facta coram eis[1] quod ordinem defendere volebat, fuit adductus ad presenciam eorumdem dominorum commissariorum per supradictos prepositum Pictavensem et Johannem de Jamvilla[2] et fuit regraciatus eisdem dominis commissariis de dicta dilacione ad deliberandum concessa [ab] eisdem et quia majorem se daturos eidem obtulerant, si dicto magistro eam accipere placuisset[3], et in hoc, sicut dixit, posuerant frenum super collum ejus.

Interrogatus autem a dictis dominis commissariis si volebat defendere ordinem supradictum, respondit quod ipse erat miles illitteratus et pauper et quod audiverat in quadam littera apostolica, que sibi lecta fuerat, contineri quod dominus papa ipsum et quosdam alios magnos ordinis Templariorum reservaverat sibi, et ideo ad presens, in statu in quo erat, nolebat aliud facere super predictis.

Requisitus expresse an vellet ad presens aliter defendere ordinem supradictum, dixit quod non, sed ad domini pape presenciam iret, quando dicto domino pape placeret, supplicans eisdem dominis commissariis et requirens eosdem quod cum ipse, sicut et alii homines, esset mortalis nec haberet de tempore nisi nunc, placeret eisdem dominis commissariis significare predicto domino pape quod ipsum magistrum quam cicius posset ad ejus presenciam evocaret, quia tunc tantum diceret ipsi domino pape quod esset honor Christi et ecclesie pro posse suo.

Item, requisitus si vellet aliud dicere quare dicti domini commissarii, qui non intromit[t]ebant se de facto singularium personarum, sed de facto ordinis supra-

auxdits seigneurs commissaires à pouvoir délibérer jusqu'à ce vendredi sur la réponse par lui faite ledit mercredi en leur présence[1], à savoir qu'il voulait défendre l'ordre, fut amené en présence desdits seigneurs commissaires par les susdits prévôt de Poitiers et Jean de Janville[2], et il remercia lesdits seigneurs commissaires pour ledit délai de délibération accordé par eux et parce qu'ils lui avaient offert de lui en donner un plus grand s'il lui plaisait de l'accepter[3], et en cela, ainsi qu'il le dit, ils lui avaient mis la bride sur le cou.

Interrogé par lesdits seigneurs commissaires sur le point de savoir s'il voulait défendre l'ordre susdit, il répondit qu'il était un chevalier illettré et pauvre et qu'il avait compris par la teneur d'une lettre apostolique qu'on lui avait lue que le seigneur pape s'était réservé de le juger, lui et quelques autres dignitaires des Templiers, et que pour cette raison, présentement, dans l'état où il se trouvait, il ne voulait rien faire d'autre à ce sujet.

Requis expressément de dire s'il voulait en ce moment défendre l'ordre susdit, il répondit que non, mais qu'il irait en présence du seigneur pape, quand il plairait audit seigneur pape, et il supplia lesdits seigneurs commissaires et les requit, attendu qu'il était mortel comme tous les hommes et ne disposait que du temps présent, de faire comprendre au pape qu'il eût à le convoquer le plus vite possible en sa présence, parce qu'alors seulement il dirait, dans la mesure de ses forces, au seigneur pape ce qui était à l'honneur du Christ et de l'Église.

Item, requis de déclarer s'il voulait ajouter quelque chose qui pût empêcher lesdits commissaires — qui, sans s'immiscer dans le procès contre les personnes en particulier, ne s'occupaient que de l'ordre en tant qu'ordre — de procéder bien et fidèlement à l'enquête contre l'ordre susdit, à eux commise

1. Voir en effet plus haut, p. 155, le texte de la première déposition de Jacques de Molay devant la commission d'enquête.

2. Voir plus haut, p. 147 et 163.

3. C'est ce qui résulte en effet du procès-verbal de la première déposition de Jacques de Molay devant la commission d'enquête (ci-dessus, p. 155).

dicti, non deberent bene et fideliter procedere in negocio inquisicionis contra ordinem predictum per dominum papam commisse, eisdem respondit quod non, requirens eos ut bene et fideliter procederent in negocio supradicto.

Quibus peractis, predictus magister ordinis Templariorum dixit quod ad exoneracionem consciencie sue volebat predictis dominis commissariis exponere tria de ordine prelibato et ea exponebat eisdem :

Quorum primum erat quod idem magister nesciebat aliquam aliam religionem in qua capelle et ecclesie religionis haberent meliora et pulc[h]riora ornamenta et reliquias ad cultum divinum pertinencia et in quibus per presbiteros et clericos melius deservirent in divinis, exceptis ecclesiis cathedralibus.

Secundum erat quia nesciebat aliquam religionem in qua fierent plures elemosine quam in religione eorum; nam in omnibus domibus ordinis, ex generali ordinacione ipsius ordinis, dabant ter in septimana elemosinam omnibus accipere volentibus eam.

Tercium erat quia nesciebat aliquam religionem nec aliquas gentes que pro defensione fidei christiane contra inimicos ipsius fidei prompcius personas suas exposuerint morti nec tantum de sanguine effudissent et que magis dubitarentur a catholice fidei inimicis et quod ex hoc comes Atrabatensis[1], quando fuit mortuus in partibus ultramarinis, in prelio, voluit quod dicti Templarii essent in acie sua in antegarda; et si credidisset dictus comes magistro dicti ordinis qui tunc erat, predicti comes, magister et alii non periissent; et quod dictus magister, qui tunc erat, dixit quod non crederet quod ipse hoc diceret nisi propter bonum, quia sequendo consilium dicti comitis[a] ipse moreretur in prelio et predictus comes una cum aliis.

a. comes *dans le manuscrit.*

par le seigneur pape, il leur répondit que non et les requit de procéder bien et fidèlement dans cette affaire.

Cela fait, ledit maître de l'ordre du Temple dit que, pour soulager sa conscience, il voulait, au sujet de l'ordre susdit, exposer auxdits seigneurs commissaires trois choses, et il les leur exposa :

La première était que ledit maître ne connaissait pas d'autre ordre dans lequel les chapelles et les églises eussent des ornements, des reliques et des accessoires du culte divin meilleurs ni plus beaux et dans lesquelles le service divin fût mieux célébré par les prêtres et par les clercs, les églises cathédrales exceptées.

La seconde était qu'il ne connaissait pas d'ordre où l'on fît plus d'aumônes que dans leur ordre; car dans toutes les maisons de l'ordre, d'après la règle générale dudit ordre, ils faisaient trois fois par semaine l'aumône à tous ceux qui voulaient l'accepter.

La troisième était qu'il ne connaissait pas d'autre ordre ni d'autres personnes qui, pour la défense de la foi chrétienne contre les ennemis de ladite foi, eussent exposé plus promptement leurs personnes à la mort ni versé autant de leur sang et qui fussent plus redoutés des ennemis de la foi catholique, et que c'est pour cela que le comte d'Artois[1], quand il mourut outre-mer dans un combat, voulut que les Templiers fussent à l'avant-garde de son armée; et, si ledit comte avait cru le maître de l'ordre alors en fonctions, le comte, le maître et d'autres n'auraient pas péri; et que ledit maître d'alors lui demanda de croire qu'il ne disait cela que pour son bien, puisque, en suivant le conseil dudit comte, lui-même était resté dans le combat et en même temps ledit comte, ainsi que d'autres.

Comme on lui répliquait que tout cela n'était pas utile au salut de l'âme, lorsque le fondement de la foi catholique manquait, ledit maître répondit que c'était vrai et que lui-même croyait bien en un Dieu et en une trinité de personnes et aux autres points de la foi catholique, et qu'il y avait un

1. Sur la conduite du comte Robert Ier d'Artois, tué à Mansourah le 8 février 1250, voir plus haut, p. 11, note 1.

Cum autem replicatum fuisset quod predicta ad salvacionem animarum non proderant, ubi catholice fidei deerat fondamentum, respondit ipse magister hoc verum esse et quod ipse bene credebat in unum Deum et in trinitate personarum et in aliis pertinenciis ad catholicam fidem et quod unus Deus erat et una fides et unum baptisma et una ecclesia, et quando anima separaretur a corpore, tunc appareret qui bonus et quis malus esset et quilibet nostrum scirent veritatem de quibus agitur in presenti.

Verum, cum per nobilem virum Guillelmum de Nogareto, cancellarium regium, qui supervenerat, post responsionem factam per dictum magistrum quod nolebat aliter defendere quam suprascriptum fuerit ordinem supradictum, fuisset dictum eidem magistro quod in c[h]ronicis que erant apud Sanctum Dionisium, continebatur quod tempore Saladini, soldani Babilonie, magister ordinis Templi qui tunc erat et alii majores ipsius ordinis fecerant homagium ipsi Saladino et quod idem Saladinus, audita adversitate magna quam dicti Templarii tunc passi fuerant, dixerat in publico predictos Templarios fuisse dictam adversitatem perpessos, quia vicio sodomitico laborabant et quia fidem suam et legem prevaricati fuerant[1], dictus magister fuit ex predictis verbis plurimum stupefactus, dicens quod nunquam usque tunc dici audiverat supradicta; sed tamen bene sciebat quod, eo existente ultra mare, tempore quo erat magister dicti ordinis, frater Guillelmus de Bellojoco[2], ipse Jacobus et multi fratres alii de conventu predictorum Templariorum, juvenes, gue[r]ram appetentes, sicut moris est militum juvenum qui volunt videre de factis armorum, et eciam alii qui non erant de conventu eorum, murmurabant contra dictum magistrum quia, durante treuga quam rex Anglie premortuus posuerat inter Christianos et Saracenos[3], dic-

seul Dieu, une seule foi, un seul baptême et une seule Église et que, quand l'âme serait séparée du corps, on verrait qui était bon et qui était mauvais et que chacun saurait la vérité sur les choses qui étaient présentement en question.

Mais, comme noble homme Guillaume de Nogaret, chancelier royal — lequel était survenu après la réponse faite par ledit maître : à savoir qu'il ne voulait pas défendre l'ordre autrement qu'il n'a été indiqué, — dit au maître qu'on rapportait dans les chroniques de Saint-Denis qu'au temps de Saladin, soudan de Babylone, celui qui était alors maître de l'ordre et d'autres dignitaires dudit ordre avaient fait hommage audit Saladin et que celui-ci, ayant appris le grand malheur que lesdits Templiers avaient alors éprouvé, avait dit publiquement que les Templiers l'avaient éprouvé parce qu'ils étaient travaillés par le vice de sodomie et parce qu'ils avaient manqué à leur foi et à leur loi[1], ledit maître en fut stupéfait au plus haut point et déclara que jamais jusqu'alors il ne l'avait entendu dire, mais qu'il savait bien toutefois que, se trouvant outre-mer, au temps où le maître dudit ordre était frère Guillaume de Beaujeu[2], lui-même, Jacques, et beaucoup d'autres frères du couvent des susdits Templiers, jeunes et désireux de faire la guerre, comme c'est l'habitude chez les jeunes chevaliers qui veulent assister à des faits d'armes, et même d'autres, qui n'étaient pas de leur couvent, avaient murmuré contre ledit maître parce que, durant la trêve que le roi d'Angleterre défunt avait établie entre les Chrétiens et les Sarrasins[3], ledit maître se montrait soumis au soudan et conservait sa faveur; mais

1. Cette accusation à laquelle Guillaume de Plaisians semble faire allusion dans son discours de Poitiers du 29 mai 1308 (voir plus haut, p. 123) ne se trouve pas dans le texte des chroniques de Saint-Denis que nous possédons.

2. Grand maître de l'ordre du Temple depuis le 13 mai 1273, tué à la prise de Saint-Jean-d'Acre le 18 mai 1291.

3. Édouard Ier, après avoir remporté d'assez grands succès en Terre Sainte, avait conclu en 1272 une trêve de dix ans avec l'ennemi, à cause de l'affaiblissement de son armée. A cette époque, il n'était pas encore roi; son père, Henri III, mourut le 15 novembre de cette année, alors qu'il avait déjà quitté la Palestine.

tus magister serviebat Soldano et eum sibi retinebat placatum; sed finaliter ipse frater Jacobus et alii de conventu predicto Templariorum fuerunt de hoc contenti, videntes quod dictus magister non poterat aliud facere, quia ordo eorum habebat illis temporibus et tenebat ad manum suam et sub ejus custodia multas civitates et multa fortalicia in confinibus terre dicti Soldani, nominando dicta loca, que non potuisset aliter custodiisse et eciam tunc perdita extitissent, nisi dictus rex Anglie victualia transmisisset.

Postremo predictus frater Jacobus, magister ordinis Templi predicti, rogavit humiliter predictos dominos commissarios et dictum cancellarium regium quod placeret eis ordinare et procurare quod ipse magister posset audire missam et alia officia divina et habere capellam suam et capellanos. Et dicti domini commissarii et cancellarius, laudentes devocionem quam pretendebat, dixerunt se procuraturos predicta.

***

4. — [*Johannis de Cochiaco depositio*[a].]

Johannes de Cochiaco[1], Lingonensis diocesis, similiter requisitus, peciit consilium magistrorum suorum et exhibuit quamdam litteram, que videbatur clausa fuisse sub duobus sigillis, quorum tamen caracteres non apparebant, quam litteram tradidit Johannes Supini[b] clericus predictis fratribus et pluribus aliis qui erant simul tunc temporis Senonis[2], quando dominus episcopus Aurelianensis venit ibidem pro examinandis eisdem, prout dixit frater Laurencius de Belna[3] suprascriptus; cujus littere tenor talis est :

Ph[*ilippe*] *de Voet*, *prevost de l'eglese de Poytes*, *et*

a. *Bibliothèque nationale, manuscrit latin 11796, fol. 18 v° et 19. Publié par Michelet*, Procès des Templiers, *t. I, p. 71-72.* — b. Supimi *dans le manuscrit.*

que, finalement, ledit frère Jacques et d'autres dudit couvent des Templiers en furent satisfaits, voyant que ledit maître n'avait pu agir autrement, parce qu'en ce temps leur ordre tenait sous sa main et sous sa garde beaucoup de villes et de forteresses aux frontières de la terre dudit soudan, en des lieux qu'il nomma, et qu'il n'aurait pu garder autrement, et qui même, alors, auraient été perdus si ledit roi d'Angleterre ne leur avait envoyé des vivres.

A la fin, le susdit frère Jacques, maître de l'ordre du Temple, pria humblement lesdits seigneurs commissaires et ledit chancelier royal qu'il leur plût de donner l'ordre de pourvoir à ce que lui, maître, pût entendre la messe et les autres offices divins et avoir sa chapelle et ses chapelains. Et lesdits seigneurs commissaires et chancelier, louant la dévotion qu'il montrait, lui dirent qu'ils y pourvoiraient.

* * *

4. — Déposition de Jean de Cochiaco (14 février 1310).

Jean *de Cochiaco*[1], du diocèse de Langres, semblablement requis de dire [s'il voulait défendre l'ordre], réclama le conseil de ses maîtres et présenta une lettre, qui paraissait avoir été scellée de deux sceaux, dont les empreintes cependant n'étaient pas distinctes, lettre que le clerc Jean Chapin aurait remise auxdits frères et à plusieurs autres qui se trouvaient ensemble alors à Sens[2], quand monseigneur l'évêque d'Orléans y vint pour les examiner, à ce que dit le susdit frère Laurent de Beaune[3]. La teneur de la lettre est la suivante :

Philippe de Voet, prévôt de l'église de Poitiers, et Jean

1. Nous n'avons pu identifier cette localité d'une façon sûre.
2. Où ils avaient été emprisonnés.
3. Laurent de Beaune était commandeur de la maison du Temple d'Épailly, comme il est dit dans la lettre qui suit. Il avait été auparavant précepteur de la maison de Mormant (voir ci-dessus, p. 45).

Johan de Jemville, huisser d'armes nostre segnor le roy, deputez sus l'ordenance de la garde des Templers es provinces de Sens, de Roem et de Rems, a nostre amez frere Lorent de Biame, jadis commandaur de Apuli[1], *et aus autres freres qui sont en prison de Sans, salut et amor. — Savoir vous faisons*[a] *que nous avons procuré que li roys nostre siere vous envoie a lo vesche d'Orleans pour vous reconcilier. Si vous requirons*[b] *et prions que vous en la bone confession que nos vous lassames vous tenez si devotamant et si gransemant envers le dit evesche d'Orliens que il n'aie cause de dire que par vous nous l'aiens fait travalier ne fait entandre mençonge; nous vous somons Joan Chapini, nostre amé clerc, auquel vous voilhet crere de part nous de ce que il vous dira, lequel en leu de nous vos anvoionz*[c]. *Et sachez que nostre pere le pape a mandé que tuit cil qui auront fayt confessions devant los quizitor, ses anvouez, qui en cele confession ne veudoent perseveres, qui il seront mis a damnazion et destruit an feu. Nous avons commandé au dit Joan que il vous mit a vous les covenables cambres, tant que nous serons a vous, ou nos serons brevement, se Diu plet; et fessons ale, se ne fust pour avere grant besogne ou li rois envoie. Sus*[d] [*ce, Diu*] *soit garde de vous.*

Dictus vero prepositus, vocatus ibidem per dictos dominos commissarios, ostensa sibi dicta littera, et per eum visa et diligenter inspecta, dixit quod ipse non credebat misisse dictam litteram nec sciebat si sigillo suo sigillata fuerat, nam clericus suus aliquociens tenebat sigillum suum; nunquam tamen de mandato

a. faisans *dans le manuscrit.* — *b.* requirens *dans le manuscrit.* — *c.* anvoienz *dans le manuscrit.* — *d.* sue *dans le manuscrit.*

de Janville, huissier d'armes de notre seigneur le roi, préposés à la garde des Templiers dans les provinces de Sens, de Rouen et de Reims, à notre aimé frère Laurent de Beaune, jadis commandeur d'Épailly[1], *et aux autres frères qui sont en prison à Sens, salut et amour. — Nous vous faisons savoir que nous avons obtenu que le roi notre sire vous envoie auprès de l'évêque d'Orléans pour vous faire réconcilier. En conséquence, nous vous requérons et vous prions de vous en tenir à la bonne confession que nous vous laissâmes, et cela si dévotement et si gracieusement à l'égard dudit évêque d'Orléans, qu'il n'ait motif de dire que nous l'avons fait souffrir ni que nous lui avons fait entendre un mensonge; nous accreditons auprès de vous Jean Chapin, notre aimé clerc, en qui vous voudrez croire pour ce qu'il vous dira de notre part et que nous vous envoyons à notre place. Et sachez que notre père le pape a ordonné que tous ceux qui auront avoué devant les inquisiteurs, ses délégués, et qui ne veulent pas persévérer dans cette confession soient condamnés et mis à mort par le feu. Nous avons commandé audit Jean de vous donner les chambres convenables, jusqu'à ce que nous soyons près de vous, où nous serons bientôt, s'il plaît à Dieu; et nous faisons (?) le voyage, à moins d'avoir une grande besogne où le roi nous envoie. Sur ce, Dieu vous garde.*

Or, ledit prévôt, convoqué par lesdits seigneurs commissaires, à qui ladite lettre fut montrée et par qui elle fut examinée avec soin, dit qu'il ne croyait pas avoir envoyé ladite lettre et qu'il ne savait pas si elle avait été scellée de son sceau, car son clerc en avait quelquefois la garde ; que, cependant, elle n'avait jamais été scellée sur son ordre ou avec son consentement, à ce qu'il dit, assurant qu'il n'avait jamais, personnellement, ni par envoyé, ni par lettre, ni autrement, amené un frère dudit ordre ou engagé quelqu'un à dire autre chose que la vérité pure, voulant qu'on le demandât auxdits frères. Et les susdits Jean *de Cochiaco* et

1. Épailly, Côte-d'Or, arrondissement de Châtillon-sur-Seine, canton de Montigny-sur-Aube, commune de Courban.

vel consensu suo sigillata fuerat, sicut dixit, asserens quod ipse nec per se nec per nuncium nec per litteram nec alias unquam induxit aliquem fratrem dicti ordinis nec dixit alicui quod diceret nisi veritatem puram, volens quod istud a dictis fratribus peteretur. Prefati vero Johannes de Cochiaco et Laurencius de Belna[1] dixerunt ibidem quod dictus prepositus nunquam eis dixerat quod dicerent nisi bonum et veritatem[2].

* * *

5. — [*Jacobi de Molayo depositio tertia*[a].]

... Post hec, die lune sequenti, que fuit II dies mensis marcii, convenerunt omnes septem domini commissarii predicti in quadam parva camera dicte aule adherente et fuerunt adducti coram eis de domo predicta Templi Parisiensis fratres subscripti, qui singulariter requisiti si volebant dictum ordinem Templi defendere, responderunt ut sequitur :

. . . .
. . . .
. . . .[b]

Frater Jacobus de Molayo, miles, magister magnus ordinis Templi, requisitus per dictos dominos commissarios si vult defendere dictum ordinem, respondit quod dominus papa reservaverat eum sibi et ideo supplicavit quod dicti commissarii dimitterent eum super istis quousque in presencia domini pape fuerit, et tunc diceret quod videret expedire. Qui domini commissarii expresse declaraverunt quod contra personam suam, sicut contra singularem, nichil facere nec inquirere

a. Bibliothèque nationale, manuscrit latin 11796, fol. 24 v°. Publié par Michelet, Procès des Templiers, *t. I, p. 87-88. — b. Nous omettons ici les réponses négatives de quatre Templiers.*

Laurent de Beaune[1] déclarèrent à l'instant que ledit prévôt ne leur avait jamais rien recommandé, sinon de dire le bien et le vrai[2].

* * *

5. — Troisième déposition de Jacques de Molay (2 mars 1310).

... Puis, le lundi suivant, qui fut le 2 mars, les sept seigneurs commissaires susdits se réunirent tous dans une petite chambre contiguë à ladite *aula ;* et en leur présence on amena de la susdite maison du Temple de Paris les frères ci-dessous indiqués, lesquels, requis séparément de déclarer s'ils voulaient défendre ledit ordre du Temple, répondirent comme il suit :

(Suivent les réponses négatives de quatre Templiers.)

Frère Jacques de Molay, chevalier, grand maître de l'ordre du Temple, requis par lesdits seigneurs commissaires de déclarer s'il voulait défendre ledit ordre, répondit que le seigneur pape s'était réservé son cas ; et, en conséquence, il supplia lesdits commissaires de le tenir quitte sur ce point jusqu'à ce qu'il fût en présence du seigneur pape, ajoutant qu'alors il dirait ce qu'il croirait utile. Les seigneurs commissaires déclarèrent expressément qu'ils ne voulaient ni ne pouvaient nullement agir ni faire une enquête contre sa personne, mais seulement procéder à l'enquête à eux commise contre l'ordre en tant qu'ordre, enquête qu'ils devaient faire conformément au formulaire qui leur avait été remis ; et ledit maître requit lesdits seigneurs commissaires d'écrire au seigneur pape pour qu'il l'appelât en sa présence, lui et

1. Laurent de Beaune fut brûlé plus tard (Michelet, *Procès des Templiers*, t. I, p. 591).

2. La commission ne crut pas devoir entendre le clerc du prévôt de l'église de Poitiers, afin d'élucider l'incident.

volebant nec poterant, sed tantum procedere in inquisicione sibi commissa contra ordinem, secundum traditam eis formam quod eos facere oportebat; et requisivit idem magister quod dicti domini commissarii scriberent domino pape quod se et alios per dominum papam reservatos ad suam presenciam evocaret. Et dicti domini commissarii responderunt ei quod facerent quam cicius possent.

Acta fuerunt hec predictis die et loco, presentibus me, Floriamonte Dondedei, et aliis notariis supra proximo nominatis.

***

6. — [*Templariorum quorumdam defensio*[a].]

... Post hec, ipsa die Martis, VII die videlicet mensis aprilis, redivimus ad capellam predictam, aule episcopali adherentem, et ibidem comparuerunt coram omnibus predictis dominis commissariis prefati fratres Raynaldus de Pruino[1] et P. de Bononia[2] presbiteri ac fratres Guillelmus de Chambonnet, Bertrandus de Sartiges et Guillelmus de Fuxo milites, fratres Johannes de Monte regali, Matheus de Cresson Essart[3], Johannes de Sancto Leonardo et Guillelmus de Givrisaco, pro se et aliis omnibus fratribus supradicitis, qui ad defensionem dicti ordinis[4] se obtulerant[b], et pro se et aliis fratribus predictis exhibuerunt in presenciam dominorum commissariorum predictorum quamdam cedulam, et eam legit frater P. de Bononia prefatus, de mandato aliorum fratrum predictorum ibidem presencium, cujus tenor sequitur in hunc modum :

« Coram vobis, reverentibus et commissariis datis per dominum summum pontificem ad inquirendum de

a. Bibliothèque nationale, manuscrit latin 11796, fol. 42 v°-44.

ceux dont il s'était réservé le cas. Et lesdits seigneurs commissaires répondirent qu'ils le feraient le plus tôt qu'ils pourraient.

Fait auxdits jour et lieu, en présence de moi, Florimont Dondedieu, et des autres notaires susnommés.

* * *

6. — *Défense de l'ordre par un groupe de Templiers (7 avril 1310).*

... Ensuite, le même mardi, c'est-à-dire le 7 du mois d'avril, nous revînmes à la chapelle susdite, contiguë à l'*aula* épiscopale, et là comparurent, en présence de tous les susdits seigneurs commissaires, lesdits frères Renaud de Provins[1] et P. de Boulogne[2], prêtres, et les frères Guillaume de Chambonnet, Bertrand de Sartiges et Guillaume de Foix, chevaliers, les frères Jean de Montreal, Mathieu de Cresson-Essart[3], Jean de Saint-Léonard et Guillaume de Givry, pour eux et pour tous les autres frères susdits qui s'étaient offerts à défendre l'ordre[4], et, pour eux et pour les autres frères susdits, exhibèrent, en présence des seigneurs commissaires susdits, une cédule, et le susdit frère Pierre de Boulogne la lut, mandaté par les autres frères susdits et présents; et la teneur de cette cédule est la suivante :

« En présence de vous, révérends Pères et commissaires, établis par le seigneur souverain pontife pour informer sur

Publié par Dupuy, Histoire de l'ordre des Templiers (*éd. de 1751*), *n° 88, p. 331-335, et Michelet,* Procès des Templiers, *t. I, p. 164-169. — b.* se obtulerant, *en marge.*

1. Autrefois précepteur de la maison du Temple d'Orléans.
2. Pierre de Boulogne avait été le dernier procureur de l'ordre en cour romaine.
3. Mathieu de Cresson-Essart, précepteur de la maison de *Belleyvial* au diocèse d'Amiens.
4. Les Templiers qui se présentaient devant les commissaires pour défendre l'ordre étaient déjà à cette époque au nombre de plus de cinq cents.

statu religionis Templi super quibusdam articulis [h]o[r]-rendis datis contra ordinem Templi, proponunt et dicunt infrascripti fratres ejusdem ordinis, non animo litem contestandi, sed simpliciter respondendo, quod procuratores constituere non possunt nec debent nec eciam volunt absque presencia, consilio et assensu sui magistri et conventus in tanta causa, cum hoc de jure non possint, nec debeant.

« Item, quod offerunt se omnes, personaliter, generaliter et singulariter ad defensionem religionis et petunt et supplicant esse in concilio generali per se ipsos[1], et ubicumque tractabitur de statu religionis.

« Item, dicunt quod cum erunt in plena libertate, intendunt omnino, si poterunt, ire ; qui vero non poterunt, committere vices suas, vel constituere procuratores de fratribus ipsius ordinis, qui nomine eorum et suo negocium hujusmodi prosequantur.

« Item, concesserunt et commiserunt fratribus Reginaldo de Pruino, P. de Bononia, presbiteris, Guillelmo de Chambonnet et Bertrando de Sartiges, fratribus militibus, quod possint producere, por[r]igere, dicere et dare in scriptis vobis supradictis, reverentibus patribus, omnia jura, omnes allegationes et argumenta bona que faciunt et possunt facere ad defensionem, statum et honorem religionis predicte, et si quid porrigerent[a] vel dicerent quod posset[b] in prefate religionis prejudicium vel dispendium redundare, nullo modo consenciunt, sed petunt et volunt quod omnino sit irritum et inane.

« Item, protestantur quod si aliqua dixerunt[c] fratres

a. porrigerint *dans le manuscrit.* — b. possent *dans le manuscrit.* — c. dixerint *dans le manuscrit.*

le statut de l'ordre du Temple à propos de certaines propositions horribles articulées contre l'ordre du Temple, les soussignés, frères dudit ordre, proposent et disent, non pas avec l'intention d'entamer un procès, mais simplement à titre de réponse : que dans une si grande cause ils ne peuvent, ne doivent ni même ne veulent constituer de procureurs sans la présence, le conseil et l'assentiment de leur maître et du chapitre, parce qu'en droit ils ne le peuvent ni ne le doivent.

« Item, qu'ils s'offrent tous, personnellement, ensemble et séparément, à défendre l'ordre et demandent avec supplication à assister en personne au concile général[1] et être présents partout où l'on traitera du statut de l'ordre.

« Item, ils disent que, quand ils seront en pleine liberté, ils ont assurément l'intention d'y aller, s'ils le peuvent; ceux qui ne pourront y aller commettront à leur place ou constitueront comme procureurs des frères dudit ordre, qui, en leur nom, suivront l'affaire.

« Item, ils ont désigné les frères Renaud de Provins, P. de Boulogne, prêtres, Guillaume de Chambonnet et Bertrand de Sartiges, frères chevaliers, les ont autorisés à produire, présenter, dire et remettre par écrit à vous, révérends Pères susdits, l'exposé de tous les droits, de toutes les allégations et de tous les arguments favorables qu'ils apportent ou qu'ils peuvent apporter pour la défense, le statut et l'honneur dudit ordre; et si ceux-ci vous présentaient ou vous disaient quoi que ce fût qui pût tourner au préjudice ou aux dépens dudit ordre, ils n'y donnent pas du tout leur consentement, mais demandent et veulent qu'on le tienne pour entièrement nul et non avenu.

« Item, ils protestent que si les frères du Temple ont dit, disent ou disaient à l'avenir, tant qu'ils seront en prison,

1. C'est, en effet, ce qu'essayèrent de faire un grand nombre de Templiers. Une lettre du pape au roi, en date du 4 novembre 1311 (publiée dans G. Lizerand, *Clément V et Philippe IV le Bel*, appendice n° 30, p. 472), dit qu'il y en avait alors 1,500 ou 2,000 aux environs de Lyon et que leur attitude était menaçante.

Templi, dicunt vel dixerint in futurum, quamdiu erunt carcerati, contra se ipsos et ordinem Templi, non prejudicent ordini predicto, cum notorium sit quod coacti et compulsi aut cor[r]upti prece, precio vel timore, dixerunt vel dicent, et protestantur quod de predictis docebunt suo loco et tempore, cum plena securitate gaudebunt et ad plenum fuerint in integrum restituti.

« Item, petunt quod omnes fratres dicti ordinis qui, relicto habitu seculari, conversantur inhoneste in opprobrium dicte religionis et ecclesie sancte, ponantur in manu ecclesie, sub fida custodia, donec cognitum fuerit utrum falsum vel verum perhibuerint testimonium.

« Item, petunt, supplicant et requirunt quod, quandocumque fratres aliqui examinabuntur, nullus laycus intersit qui eos possit audire vel alia persona de qua possint merito dubitare nec pretextu alicujus terroris vel timoris falsitas possit exprimi vel veritas occultari, quia omnes fratres generaliter sunt tanto timore et terrore percussi quod non est mirandum quodam modo de hiis qui menciuntur, sed plus de hiis qui sustinent veritatem, videndo tribulaciones et angustias quas continue veridici[a] paciuntur et minas et contumelias et alia mala que cotidie sustinent et bona, com[m]oda et delicias ac libertates quas habent falsidici[b] et magna promissa que sibi cotidie fiunt. Unde mira res et forcius stupenda omnibus quod major fides adhibeatur mendacibus illis qui sic co[r]rupti talia testificantur ad utilitatem corporum quam illis [qui], tamquam Christi martires, in tormentis pro veritate sustinenda cum palma martirii decesserunt, et eciam quod majori et saniori parti vivencium, [qui] pro ipsa veritate sustinenda,

a. veritici *dans le manuscrit.* — *b.* falsilici *dans le manuscrit.*

quoi que ce soit à leur charge ou à la charge de l'ordre du Temple, cela ne porte pas préjudice à l'ordre susdit, parce qu'il est notoire qu'ils ont parlé ou qu'ils parleront contraints et poussés ou corrompus par les prières, l'argent ou la crainte, et ils protestent qu'ils le prouveront en temps et lieu, quand ils jouiront d'une pleine liberté et qu'ils auront été rétablis pleinement et intégralement.

« Item, ils demandent que tous les frères dudit ordre qui, ayant abandonné l'habit séculier, se comportent malhonnêtement, à la honte dudit ordre et de la sainte Église, soient mis en la main de l'Église, sous garde sûre, jusqu'à ce qu'on sache s'ils ont fait un témoignage faux ou vrai.

« Item, ils demandent, supplient, requièrent que, chaque fois que des frères seront examinés, aucun laïc ne soit présent, qui puisse les entendre, ni aucune autre personne de l'honnêteté de qui on puisse douter avec raison ni que, sous prétexte de terreur ou de crainte, le faux puisse être dit, le vrai caché, parce que tous les frères, en général, sont frappés d'une telle crainte et d'une telle terreur qu'il ne faut en aucune façon s'étonner qu'il y en ait qui mentent, mais plutôt qu'il y en ait qui soutiennent la vérité, quand on voit les tribulations et les angoisses qu'éprouvent ceux qui disent la vérité, les menaces, les outrages et les autres maux qu'ils subissent quotidiennement, les avantages, les commodités, les douceurs, les libertés dont jouissent les menteurs et les grandes promesses qui leur sont faites chaque jour. D'où il suit que c'est pour tous une chose admirable, bien plus, stupéfiante, qu'on accorde aux menteurs, qui, ainsi corrompus, témoignent dans l'intérêt de leur corps, plus de créance qu'à ceux qui, comme des martyrs du Christ, sont morts dans les tortures, avec la palme du martyre, pour soutenir la vérité, et même qu'à la plus grande et plus saine partie des vivants qui, pour soutenir la vérité, n'obéissant qu'à leur conscience, ont souffert et souffrent encore chaque jour, en prison, tant de tortures, de peines, de tribulations, d'angoisses, d'incommodités, de calamités et de misères.

sola urgente consciencia, tot tormenta, penas, tribulaciones et angustias, inproperia, calamitates et miserias passi fuerunt et in carceribus cotidie paciuntur.

« Item, dicunt quod extra regnum Francie nullus in toto terrarum orbe reperietur frater Templi qui dicat vel qui dixerit ista mendacia[1], propter quod satis patet quare dicta sunt in regno Francie, quia qui dixerunt, cor[r]upti timore, prece vel precio testificati fuerunt.

« Ad defensionem religionis respondent et dicunt simpliciter quod religio Templi in caritate et amore vere fraternitatis tradita et fundata fuit, et est — ad honorem Virginis gloriose, matris Domini nostri Jhesu Christi, ad honorem et defensionem ecclesie sancte et tocius fidei christiane et ad expugnationem inimicorum crucis, hoc est infidelium, paganorum seu Saracenorum ubique et presertim in terra sancta Jerosolimitana, quam ipse Dei filius moriendo pro nostra redempcione sanguine proprio consecravit — religio sancta, munda et inmaculata apud Deum et patrem, hoc est ab omni labe et ab omni sorde quorumlibet viciorum, in qua semper viguit et viget regularis institucio et observancia salutaris et talis per sedem apostolicam approbata, confirmata et multis privilegiis decorata.

« Quicumque religionem ipsam ingreditur promittit IIII^or substancialia, videlicet obedienciam[2], castitatem[3], paupertatem[4] et se totis viribus exponere servicio Terre Sancte[5], hoc est ad ipsam terram sanctam Jerosolimitanam adquirendam et adquisitam, si Deus dederit graciam adquirendi, conservandam, custodiendam et defendendam pro posse; recipitur ad honestum osculum pacis et, habitu recepto cum cruce quam perpetuo differunt circa pectus, ob reverenciam Crucifixi pro nobis, in sue memoriam passionis, regulam et mores antiquos,

« Item, ils disent qu'on n'a trouvé aucun frère du Temple hors du royaume de France, dans tout l'univers, qui dise ou qui ait dit ces mensonges[1]; par quoi on voit assez clairement la raison pour laquelle c'est dans le royaume de France que ces mensonges sont articulés : c'est parce que ceux qui les ont dits ont témoigné alors qu'ils étaient corrompus par la crainte, par les prières ou par l'argent.

« Pour la défense de l'ordre, ils répliquent et disent simplement que l'ordre du Temple fut créé et fondé dans la charité et l'amour d'une vraie fraternité et qu'il est — pour l'honneur de la glorieuse Vierge, mère de Notre-Seigneur Jésus-Christ, pour l'honneur et la défense de la sainte Église et de toute la foi chrétienne, pour la lutte contre les ennemis de la croix, c'est-à-dire les infidèles, les païens ou les Sarrasins, en tout lieu et principalement sur la Terre Sainte de Jérusalem, que le Fils de Dieu, en mourant pour notre rédemption, a consacrée par son propre sang, — auprès de Dieu le Père, un ordre saint et immaculé de toute tache et de toute espèce de vices, en qui est et sera toujours en vigueur une doctrine régulière, une observance salutaire, et que, comme tel, il est approuvé, confirmé et honoré de nombreux privilèges par le siège apostolique.

« Quiconque entre dans ledit ordre promet quatre choses essentielles, savoir : obéir[2], rester chaste[3], rester pauvre[4] et consacrer toutes ses forces au service de la Terre Sainte[5], c'est-à-dire à la conquête de la Terre Sainte de Jérusalem et, au cas où Dieu aurait fait la grâce de la conquérir, à la conserver, la garder et la défendre selon son pouvoir; il est

1. On peut signaler ici le cas d'Humbert Blanc, précepteur d'Auvergne, qui réussit à s'enfuir en Angleterre, où il fut arrêté et intèrrogé : il n'avoua jamais rien (Dupuy, *Histoire de l'ordre des Templiers*, éd. de 1751, p. 299-300 et 415).

2. Sur ce point, voir à l'Appendice, p. 208-209, le paragraphe 675 de la règle du Temple.

3. Ibid., §§ 658 et 675 (p. 204-205 et 208-209).

4. Ibid., § 675 (p. 208-209).

5. Ibid., § 676 (p. 210-211).

eis traditos ab ecclesia Romana et sanctis Patribus servare docetur. Et hoc est omnium fratrum Templi communiter una professio, que per universam orbem servatur et servata fuit per omnes fratres ejusdem ordinis a fundamento religionis usque ad diem presentem. Et quicumque aliud dicit vel aliter credit errat totaliter, peccat mortaliter et omnino discedit a tramite veritatis.

« Unde, super articulis datis contra religionem inhonestis, [h]or[r]ibilibus et [h]or[r]endis et detestandis, tamquam inpossibilibus et turpissimis, dicunt quod articuli illi sunt mendaces et falsi et quod illi qui sugesserunt illa mendacia tam iniqua et falsa domino nostro summo pontifici[a] et serenissimo domino nostro regi Francorum sunt falsi christiani vel omnino heretici, detractores et seductores ecclesie sancte et tocius fidei christiane, quia zelo[b] cupiditatis et ardore invidie moti, tanquam impiissimi scandali seminatores quesierunt apostatas seu fratres fugitivos ab ordine Templi, qui propter eorum scelera, tamquam morbide pecudes, abjecti fuerunt ab ovile[1], hoc est a fratrum congregacione, adinvenientes et fabricantes una cum eis illa scelera[c] et [h]or[r]enda mendacia, que ipsis fratribus et ordini falso fuerunt inposita, seducentes eosdem, ita quod ad eorum suggestionem omnes, quotquot poterant inveniri, querebant et adducebant, monebant et informabant super ipsis mendaciis referendis domino regi et ejus consilio, ita quod, quantumcumque de diversis mundi partibus adducerentur, ita subornabantur et ducebantur super istis criminibus quod omnes conveniebant in idem. Propter quod predicti domini regis et sui consilii animos inducebant ad credendum

a. pontiffici *dans le manuscrit.* — b. zello *dans le manuscrit.* — c. scellera *dans le manuscrit.*

admis à l'honnête baiser de paix et, quand il a reçu l'habit avec la croix qu'ils portent perpétuellement étalée sur la poitrine, en révérence de Celui qui a été crucifié pour nous et en souvenir de sa passion, on lui apprend à conserver la règle et les coutumes antiques données aux Templiers par l'Église romaine et les saints pères. Et voilà l'unique profession de foi de tous les frères du Temple, qui est et fut conservée dans le monde entier par tous les frères dudit ordre, depuis sa fondation jusqu'au jour présent. Et quiconque dit ou croit autre chose erre entièrement, pèche mortellement et s'écarte tout à fait de la voie de la vérité.

« C'est pourquoi, au sujet des articles proposés contre l'ordre — articles déshonnêtes, horribles, terrifiants et détestables autant qu'impossibles et souverainement honteux — ils disent que ces articles sont mensongers et faux et que ceux qui ont suggéré ces mensonges iniques à notre seigneur le souverain pontife et à notre sérénissime seigneur le roi de France sont de faux chrétiens ou bien de parfaits hérétiques, détracteurs et corrupteurs de la sainte Église et de toute la foi chrétienne, parce que, mus par un zèle cupide et une ardeur envieuse, ils ont, comme de très impies semeurs de scandale, recherché les apostats ou les frères sortis de l'ordre, qui furent, à cause de leurs crimes, chassés comme des bêtes malades de la bergerie, c'est-à-dire de la congrégation des frères[1]; de concert avec eux, ils ont inventé et ourdi ces crimes et ces mensonges qu'on attribua faussement auxdits frères et à leur ordre; ils les ont séduits de telle sorte que, tous ceux qui ont pu être découverts, ils les recherchaient, les amenaient, les chapitraient et ils constituaient un dossier de ces mensonges pour les porter au seigneur roi et à son conseil. De cette façon, tous ceux qui étaient amenés des diverses parties du monde, si nombreux fussent-ils, étaient ainsi subornés et conduits que, touchant ces crimes, ils faisaient la même déposition. Grâce à quoi ils induisaient l'esprit dudit seigneur roi et de ceux de son

1. Sur la genèse du procès, voir l'Introduction du présent volume, § 1.

predicta. Nam credebant quod ex vicio religionis et fratrum procederent ea que dicebant, que ex malicia suggerentium et subornancium procedebant.

« Ex quibus omnibus tanta postmodum pericula[a] processerunt, ut de captione, spoliacione, tormentis, occisionibus et coactionibus predictorum fratrum, qui per penas mortis coacti, prout a satellitibus edocti, confitebantur contra conscienciam et cogebantur ista facinora confiteri, quia predictus dominus rex, ita deceptus a seductoribus illis, dominum papam super predictis omnibus informavit, et sic dominus papa et dominus rex per falsas su[g]gestiones decepti fuerunt.

« Item, dicunt quod via vobis tradita, videlicet ex officio, de jure procedere non potestis, cum super articulis illis ante capcionem ipsorum diffamati non essent nec contra ordinem fama publica laboraret et hoc certum sit nos et ipsos in loco tuto non esse, cum sint et continue fuerint in potestate suggerencium falsitatem domino regi, quia cotidie per se vel per alios monent et suadent per verba, nuncios et litteras ne a falsis deposicionibus, extortis metus causa, recedant, quia si recesserint, prout dicunt, comburentur omnino.

« Item, dicunt quod fratres ejusdem ordinis qui ea dixerint vel confessi fuerunt, propter tormenta vel timore tormentorum dixerunt et quod libenter redirent si auderent; sed tot et tantis terroribus sunt percussi et perte[r]riti quod non audent, propter minas eis illatas cotidie. Unde supplicant quod in examinacione ipsorum talis et tanta securitas eis detur quod absque terrore possint ad veritatem redire.

« Hec omnia protestantur et dicunt, salvis semper

a. periculla *dans le manuscrit.*

conseil à croire à ces crimes. Car ceux-ci croyaient que ce qu'ils disaient, et qui procédait de la malice des inspirateurs et des suborneurs, procédait du vice de l'ordre et des frères.

« C'est de tout cela qu'ensuite sont sortis pour l'ordre de si grands périls, comme aussi l'arrestation, la spoliation, les tortures, les assassinats, les violences endurées par lesdits frères, qui, menacés de mort, avouaient contre leur conscience, dressés qu'ils étaient par des satellites; et ils étaient forcés d'avouer ces crimes parce que le susdit seigneur roi, ainsi trompé par ces séducteurs, instruisit le seigneur pape de tout ce qui précède et qu'ainsi le seigneur pape et le seigneur roi furent trompés par de faux avis.

« Item, ils disent que vous ne pouvez procéder par la voie qui vous est tracée, c'est-à-dire d'office, parce qu'ils n'étaient pas diffamés à propos de ces articles avant leur arrestation et que l'opinion publique ne travaillait pas contre l'ordre. Et il est certain qu'ils ne sont pas plus que nous en lieu sûr, parce qu'ils se trouvent et se sont continuellement trouvés au pouvoir de ceux qui suggéraient des faussetés au roi et qui, chaque jour, par eux-mêmes ou par autrui, les engagent, par le moyen de discours, d'envoyés, de lettres, à ne pas s'écarter des fausses dépositions qui leur ont été extorquées par la crainte, parce que, disent-ils, s'ils s'en écartaient, ils seraient certainement brûlés.

« Item, ils disent que les frères de l'ordre qui ont dit ou confessé ce qui précède l'ont fait à cause ou par crainte des tortures et qu'ils reviendraient volontiers sur leurs aveux s'ils l'osaient; mais ils sont frappés par tant et de si grandes terreurs qu'ils n'osent pas, à cause des menaces qui leur sont faites quotidiennement. Par suite, ils supplient qu'on leur donne, au moment de leur audition, une sécurité si grande qu'ils puissent sans crainte revenir à la vérité.

« Ils protestent de toutes ces choses et les disent, sauf toujours toutes les défenses présentées et à présenter par les frères du Temple en particulier, séparément ou ensemble, maintenant ou dans l'avenir, pour la défense ou en faveur dudit ordre. Et si des choses ont été produites, ou bien apportées, ou bien dites, qui puissent tourner au détriment

omnibus defensionibus datis et dandis per quoscumque fratres Templi singulariter, specialiter vel generaliter, nunc et in futurum, ad defensionem et favorem religionis predicte. Et si qua data fuerunt prolata vel lata vel dicta, que possent in dampnum vel prejudicium dicti ordinis redundare, sunt omnino cassa et irrita et nullius valoris. »

*
* *

7. — [*Amerii de Villaribus Ducis depositio*[a].]

... Post hec, die Mercurii sequenti, que fuit XIII dies mensis maii, convenerunt in dicta capella sancti Elligii dicti domini commissarii, exceptis dominis Narbonensi[1] et Baiocensi supra excusatis, et fuit adductus ad eorum presenciam, ut deponeret dictum suum, Amerius de Villaribus Ducis, Lingonensis diocesis, rasa barba et sine mantello et habitu Templi, etatis, ut dixit, L annorum vel circa, et dixit quod fuerat frater Templi XX[ti] anni sunt vel circa, et antequam esset frater, serviverat in dicto ordine par VIII annos, ut dixit. Cum autem ipsi domini commissarii explicarent sibi articulos super quibus erat inquirendum cum eo, dictus testis, pa[l]lidus et multum exterritus, dixit per juramentum suum et sub periculo[b] anime sue, impetrando sibi ipsi, si menciebatur in hoc, mortem subitaneam, et quod statim in anima et corpore in presencia dictorum dominorum commissariorum absorberetur in infernum, condendo sibi pectus cum pugnis, et elevando[c] manus suas versus altare, ad majorem assercionem, flectendo genua[d], quod omnes errores ordini[e] inpositi erant

a. *Bibliothèque nationale, ms. lat. 11796, fol. 70* bis. *Publié par Michelet,* Procès des Templiers, *t. I, p. 275-276.* — *b.* pericullo *dans le manuscrit.* — *c.* ellevando *dans le manuscrit.* — *d.* jenua *dans le manuscrit.* — *e.* ordinis *dans le manuscrit.*

ou au préjudice dudit ordre, ils les tiennent pour entièrement nulles, vaines et sans valeur. »

* * *

7. — *Déposition d'Aimery de Villiers-le-Duc (13 mai 1310).*

... Ensuite, le mercredi d'après, qui fut le 13 du mois de mai, lesdits seigneurs commissaires se réunirent dans la chapelle de saint Éloi, les seigneurs archevêque de Narbonne[1] et évêque de Bayeux exceptés et excusés, et, en leur présence, fut amené, pour qu'il fît sa déposition, Aimery de Villiers-le-Duc, du diocèse de Langres, la barbe rasée, sans manteau ni habit de Templier, âgé, à ce qu'il dit, de cinquante ans ou environ; et il dit qu'il était devenu frère du Temple il y avait vingt ans ou environ et qu'avant d'être frère il avait, à ce qu'il dit, servi dans ledit ordre pendant huit ans. Et comme les seigneurs commissaires lui exposaient les articles sur lesquels ils avaient à faire une enquête, ledit témoin, pâle et tout à fait terrifié, déclara, sous serment, et au péril de son âme — en appelant sur lui, s'il mentait, une mort subite et en acceptant d'être sur-le-champ, en présence desdits seigneurs commissaires, plongé âme et corps dans l'enfer, en se cachant la poitrine avec les poings, en levant ses mains vers l'autel pour une affirmation plus solennelle, en fléchissant les genoux, — que toutes les erreurs imputées à l'ordre étaient entièrement fausses, bien que, par suite des tortures nombreuses que lui infligèrent, à ce qu'il dit, G. de Marsillac et Hugues de la Celle, chevaliers royaux, qui l'in-

1. Le 10 mai, des délégués des prisonniers, qui avaient appris que le concile de la province de Sens devait se réunir le lendemain et qui appréhendaient ses décisions, étaient venus demander aux commissaires d'intervenir auprès de l'archevêque de Sens pour que le concile fût ajourné. Mais l'archevêque de Narbonne se retira, disant qu'il avait à entendre ou à dire la messe. Les autres commissaires, après délibération, répondirent qu'ils ne pouvaient intervenir (Michelet, *Procès des Templiers*, t. I, p. 259-263). Cependant, le 12, après que les condamnations furent prononcées, ils demandèrent, sans succès, que l'exécution fût différée (*Ibid.*, t. I, p. 274).

omnino falsi, quanquam ipse testis propter multa tormenta sibi, ut dixit, illata per dominos G. de Marcilhiaco et Hugo de Cella milites regios, qui inquisiverant cum eodem[1], aliquos errores ex predictis confessus fuisset, asserens quod cum ipse testis vidisset heri duci[a] in quadrigiis LIIII fratres dicti ordinis ad comburendum, qui noluerant confiteri errores predictos[2], et audivisse[t] eos fuisse combustos, quod ipse qui dubitabat quod non posset habere bonam patientiam si combureretur, timore mortis confiteretur et deponeret per juramentum suum coram dictis dominis commissariis et coram quibuscumque aliis, si interrogaretur, omnes errores impositos ordini esse veros et quod eciam interfecisse[t] Dominum, si peteretur ab eo, obsecrans et adjurans dictos dominos commissarios et nos notarios astantes quod non revelarentur[b] predicta gentibus regiis nec custodibus suis, quia timebat, ut dicebat, quod si predicta scirent, traderetur tali supplicio quali traditi fuerunt LIIII Templarii supradicti.

Unde, cum dicti domini commissarii viderent dictum testem paratum precipicio et ipsum et alios valde exterritos[c] propter premissa et quidam testis, prius receptus ab eisdem dominis propter premissa in die Martis proximo preterita, rediisset ad eos ad supplicandum quod ejus deposicio secreta teneretur propter periculum[d] quod, timebat, posset sibi probabiliter inminere, predicti domini commissarii, ex predictis periculis et aliis que credebant posse inminere negocio commisso eisdem et testibus, si quos reciperent durante

a. erri dulci *dans le manuscrit.* — *b.* revellarentur *dans le manuscrit.* — *c.* exterritus *dans le manuscrit.* — *d.* pericullum *dans le manuscrit.*

terrogèrent[1], il eût, lui témoin, confessé quelques-unes des erreurs susdites. Il affirma qu'il avait vu, la veille, de ses yeux, conduire en voiture cinquante-quatre frères dudit ordre pour être brûlés, parce qu'ils n'avaient pas voulu avouer les erreurs susdites[2], qu'il avait entendu dire qu'ils avaient été brûlés, et que lui-même, craignant de ne pas offrir une bonne résistance s'il était brûlé, avouerait et déposerait sous serment, par crainte de la mort, en présence desdits seigneurs commissaires et en présence de n'importe qui, s'il était interrogé, que toutes les erreurs imputées à l'ordre étaient vraies et qu'il avouerait même avoir tué le Seigneur si on le lui demandait. Et il supplia et adjura lesdits seigneurs commissaires et nous, notaires présents, de ne pas révéler ce qui précède aux gens du roi ni à ses gardiens, parce, disait-il, qu'il craignait d'être, s'ils l'apprenaient, livré au même supplice que les cinquante-quatre Templiers susdits.

C'est pourquoi, comme lesdits seigneurs commissaires voyaient que ledit témoin était au bord du précipice, que lui et d'autres étaient complètement terrifiés par ce qui précède et qu'un témoin, entendu auparavant par les mêmes seigneurs, était, à cause des événements survenus le mardi d'avant, revenu à eux pour les supplier de tenir sa déposition secrète, à cause du péril dont il craignait pour lui la menace, lesdits seigneurs commissaires, à raison de ces périls et d'autres dont ils craignaient la menace et pour l'affaire à eux commise et pour les témoins, s'ils en entendaient tant

1. Cet interrogatoire précéda celui des commissaires de l'inquisition.

2. Ces témoins furent condamnés non comme obstinés, mais comme relaps, parce qu'ils avaient, devant l'inquisition diocésaine, révoqué leurs précédents aveux. Cette opinion ne fut soutenue devant la Faculté de théologie de Paris, qu'avaient consultée les prélats du concile, que par trois docteurs, dont Jean de Pouilly; dix-neuf autres maîtres estimèrent qu'ils n'étaient pas relaps. Le concile de la province de Sens, présidé par l'archevêque Philippe de Marigny, adopta donc l'opinion la plus défavorable aux accusés (N. Valois, *Deux nouveaux témoignages sur le procès du Temple*, dans les *Comptes-rendus de l'Académie des inscriptions et belles-lettres*, séance du 3 juin 1910, p. 229-241).

timore predicto, et eciam ex aliis causis, deliberaverunt quoad presens supersedendum esse ab examinacione ipsius testis et eciam aliorum, donec deliberacionem super predictis habuerint pleniorem. Que voluerunt et preceperunt per nos notarios redigi in processu.

Acta fuerunt hec predictis die et loco, presentibus Floriamonte Dondedei, Hugone Nicolai, Guillelmo Radulpho et Ber[nardo] Humbaldi, et aliis notariis supra proximo nominatis.

* * *

8. — [Petri de Palude, ordinis Predicatorum, depositio[a]*.]*

... Post hec, Petrus de Palude[1], Lugdunensis diocesis, ordinis Predicatorum, baccalarius in theologia, qui dicebatur aliquid scire de contentis in dictis articulis, juravit, tactis sacrosanctis Evangeliis, dicere veritatem in negocio isto, secundum formam juramenti aliorum testium superius registratam, lectam eidem secundum quod recordabatur.

Lectis autem sibi omnibus et singulis articulis[2], respondit se nescire nec credere nec audivisse dici de contentis in eis nisi quod sequitur : videlicet quod interfuerat examinacionibus multorum Templariorum, quorum aliqui confitebantur multos ex erroribus contentis in dictis articulis et aliqui alii eos omnino diffitebantur; et ex multis argumentis videbatur ei quod major fides esset adhibenda negantibus quam confitentibus. Audivit tamen multa nar[r]ari a multis qui examinaverant dictos Templarios multa confessata coram

a. *Bibliothèque nationale, manuscrit latin 11796, fol. 203. Publié par Michelet,* Procès des Templiers, *t. II, p. 195-196.*

1. Créé plus tard patriarche de Jérusalem par Jean XXII. Voir, sur lui, Quétif et Échard, *Scriptores ordinis Praedicatorum*, t. I, p. 603-609.

que cette terreur durerait, et aussi pour d'autres raisons, décidèrent de surseoir momentanément à l'audition dudit témoin et même à celle des autres jusqu'à ce qu'ils en eussent délibéré plus amplement. Et ils voulurent et ordonnèrent que cela fût inséré par nous, notaires, au procès-verbal.

Fait auxdits jour et lieu, en présence de nous, Florimont Dondedieu, Hugues Nicolas, Guillaume Raoul et Bernard Imbaut et des autres notaires ci-dessus nommés.

*
* *

8. — Déposition de Pierre de la Palud, de l'ordre des Prêcheurs (19 avril 1311).

... Ensuite, frère Pierre de la Palud[1], du diocèse de Lyon, de l'ordre des Prêcheurs, bachelier en théologie, qui passait pour savoir quelque chose sur les accusations contenues dans lesdits articles, jura, après avoir touché les sacro-saints Évangiles et conformément à la formule de serment des autres témoins ci-dessus transcrite et qui lui fut lue, de dire la vérité en cette affaire, ainsi que sa mémoire le servirait.

Donc, les articles[2] lui ayant été lus ensemble et séparément, il répondit que, sur leur contenu, il ne savait, ne croyait et n'avait entendu dire que ce qui suit : c'est à savoir qu'il avait assisté à l'examen de beaucoup de Templiers, dont les uns avouaient un grand nombre des erreurs contenues dans lesdits articles et dont quelques autres les niaient entièrement, et que, pour beaucoup de raisons, il lui paraissait qu'il fallait plutôt ajouter foi à ceux qui

2. Les articles sur lesquels les témoins pouvaient être interrogés sont au nombre de 127 (Michelet, *Procès des Templiers*, t. I, p. 89-96). Ils ont été établis à l'aide de l'acte d'accusation de septembre 1307, délayé pour la circonstance et complété par les détails supplémentaires que fournirent les premiers interrogatoires. Le travail fut préparé par les gens du roi et envoyé en cour de Rome où il fut mis au point et réexpédié aux commissions d'enquête. La comparaison entre le projet français (Archives nationales, J 413, n°s 24 *bis* et 24 *ter*) et le texte définitif montre, comme l'a remarqué Raynouard (*Monuments historiques relatifs à la condamnation des Templiers*, p. 50), que le pape ne lui fit subir à peu près aucune modification.

eis, ex quibus nar[r]acionibus et aliis credebat quod illicita contenta in dictis articulis, vel major pars ex eis, intervenirent in recepcionibus aliquorum ex fratribus ordinis vel post et non in recepcionibus aliorum nec post.

Et audivit narrari quod ab inicio, quando ordo Templariorum inceptus fuerat, duo equitantes super unum equum in prelio ultra mare, quorum primus sessor recommendavit se Jhesu Christo et fuit vulneratus in prelio; alter vero post eum equitans, quem credit fuisse dyabolum transformatum in forma humana, dixit quod ipse recommendabat se illi qui melius juvare poterat, et cum non fuisset in prelio vulneratus, reprehenderet alium quod recommendaverat se Jhesu Christo[a] et dixit ei quod, si volebat sibi credere, multiplicaretur et ditaretur ordo; et audivit, nescit tamen a quibus, quod primus qui fuerat vulneratus, fuit seductus a dicto dyabolo in forma humana transformato et quod exinde habuerunt ortum errores predicti. Et vidit frequenter in picturis duos barbatos in uno equo equitantes et credit quod representarent predictos duos[b].

Dixit insuper se audivisse nar[r]ari, non recolit a quibus, quod, cum quondam magister ordinis Templi diucius fuisset af[f]lictus in carceribus soldani, fuit demissus, promissione per eum facta quod errores contenti in dictis articulis vel aliqui ex eis introducerentur per eum in ordine supradicto, et ipse soldanus et ejus successores haberent dictum ordinem recommendatum et quod temporaliter subvenirent eisdem Templariis et ordini eorumdem. Verumtamen si dicte nar[r]aciones vere sint vel non dixit se idem testis ignorare, adjiciens quod in substancia nesciebat plus de contentis in articulis memoratis.

. Jhesum *dans le manuscrit.* — *b. En marge de la déposition,*

niaient qu'à ceux qui avouaient. Cependant, il entendit donner par un grand nombre d'inquisiteurs qui procédaient à l'examen desdits Templiers beaucoup de détails qui furent confessés en leur présence : de ces récits et d'autres faits, il concluait que les crimes contenus dans les articles susdits ou du moins la plus grande partie d'entre eux étaient commis au moment ou à la suite de la réception de certains frères et qu'ils ne l'étaient pas pour d'autres.

Et il entendit raconter qu'au début, dans les commencements de l'ordre, deux Templiers montant un seul cheval dans un combat outre-mer, celui qui était assis devant se recommanda à Jésus-Christ et fut blessé dans le combat; mais l'autre, qui chevauchait derrière lui et qui, croit-il, était le diable déguisé sous forme humaine, dit qu'il se recommandait à celui qui pouvait le mieux l'aider. Comme il n'avait pas été blessé dans le combat, il blâmait l'autre de s'être recommandé à Jésus-Christ et il lui dit que s'il voulait croire en lui l'ordre s'accroîtrait et s'enrichirait; et le témoin entendit raconter, mais il ne sait cependant par qui, que le premier, qui avait été blessé, fut séduit par ledit diable déguisé sous forme humaine et que c'est de là que les erreurs susdites ont pris naissance. Et il vit souvent en peinture deux hommes barbus montés sur un seul cheval, et il croit que c'était le portrait des deux Templiers susdits.

Il ajouta qu'il avait entendu raconter, mais il ne se souvient pas par qui, qu'autrefois le maître de l'ordre, après avoir souffert longtemps dans les prisons du soudan, fut relâché après avoir promis d'introduire dans l'ordre susdit les erreurs contenues dans lesdits articles ou du moins quelques-unes d'entre elles, et qu'à cette condition ledit soudan promit que lui et ses successeurs tiendraient l'ordre pour recommandé et qu'ils aideraient matériellement lesdits Templiers et leur ordre. A la vérité, ledit témoin déclara qu'il ignorait si ces récits étaient vrais ou faux, ajoutant qu'il ne savait rien de plus sur les points contenus dans lesdits articles.

un petit dessin à la plume représente, montés sur le même cheval, deux Templiers barbus; derrière le second voltige un petit diable noir.

XI.

[TEMPLARIORUM ORDINIS ABOLITIO]

(1312)

1. — [*De Templi ordine abolendo Philippi regis ad Clementem papam epistola*[a].][1]

Sanctissimo patri in Domino Clementi, divina providentia sacrosancte Romane ac universalis ecclesie summo pontifici, Philippus, eadem gratia Francorum rex, pedum oscula beatorum.

Noverit vestra beatitudo a fide dignis nobis fore datum intelligi quod, per ea que reperiuntur in inquestis factis contra fratres et ordinem milicie Templi, apparet seu constat de talibus et tantis heresibus et aliis horribilibus et detestandis criminibus eorumdem quod propterea dictus ordo merito tolli debet. Quare, zelo fidei orthodoxe succensi et ne tanta injuria Christo facta remaneat impunita, vestre sanctitati affectuose, devote et humiliter supplicamus quatinus tollatis ordinem supradictum et alium ordinem militarem de novo creare velitis, cui bona ordinis supradicti seu que ordo ipse habebat et possidebat tempore quo magister ordinis

a. *Archives nationales, J 413, n*os *12 et 12* bis *(pièce insérée dans une lettre originale d'acceptation du pape, datée de Vienne,* le *8 mars); Ibid., J 417, n° 22 (copie du XIV*e *s.); Bibliothèque nationale, collection Brienne, manuscrit 177, fol. 390, copie du XVII*e *s. Publié par Dupuy,* Histoire de l'ordre des Templiers, *n° 110, p. 416-417, et Leibniz,* Codex juris gentium, *p. 92-93.*

1. Cette lettre fut envoyée par le roi, en route alors pour Vienne, après qu'il eut vu ses ambassadeurs Louis d'Evreux, les

XI.

SUPPRESSION DE L'ORDRE DU TEMPLE

(1312).

1. — Lettre de Philippe le Bel au pape Clément V réclamant la suppression de l'ordre (2 mars 1312)[1].

Au Très-Saint-Père dans le Seigneur Clément, par la divine Providence souverain pontife de la sacro-sainte Église romaine et universelle, Philippe, par la même grâce roi de France, en baisant ses bienheureux pieds.

Votre Béatitude a su qu'il nous a été donné d'entendre par des personnes dignes de foi qu'il ressort ou qu'il résulte de ce qu'on a trouvé dans les enquêtes faites contre les frères et l'ordre de la milice du Temple de telles et de si grandes hérésies et d'autres crimes si horribles et si détestables commis par eux que, pour ce motif, à juste titre, l'ordre doit être supprimé. C'est pourquoi, brûlant de zèle pour la foi orthodoxe, et afin qu'une si grande injure faite au Christ ne reste pas impunie, nous supplions affectueusement, dévotement et humblement Votre Sainteté de vouloir bien supprimer l'ordre susdit et créer un nouvel ordre militaire et de lui attribuer, avec leurs droits, honneurs et charges, les biens de l'ordre susdit ou les biens qu'il avait et qu'il possédait à l'époque où le maître de l'ordre, les pré-

comtes de Saint-Pol et de Boulogne, Marigny, Nogaret, Plaisians, qui avaient quitté le pape à la fin de février (Finke, *Papsttum und Untergang des Templerordens*, t. II, p. 277). Elle se trouvait dans les papiers de Guillaume de Nogaret avant d'être versée au Trésor des chartes (Ch.-V. Langlois, *Les papiers de Guillaume de Nogaret et de Guillaume de Plaisians au Trésor des chartes*, dans les *Notices et extraits des manuscrits de la Bibliothèque nationale*, t. XXXIX, p. 234, n° 295).

et preceptores Francie, terre ultramarine, Normannie Pictavie et Aquitanie et quamplurimi alii fratres ipsius ordinis in grandi numero, videlicet anno Domini millesimo septimo trecentesimo[1], in regno nostro capti et detenti fuerunt, cum suis juribus, honoribus et oneribus conferatis vel eadem in alium ordinem de antiquis militaribus transferatis[2], prout ad honorem De iet utilitatem Terre Sancte vestra beata circumspectio viderit expedire. Quidquid enim in premissis vos, sancte Pater, duxeritis ordinandum, nos ratum et gratum habebimus et devote recipiemus et observabimus in regno nostro et nostros servare volumus, precipimus et decernimus successores et a subditis nostris faciemus, prout ad nos pertinet, observari; ita tamen quod, bonis ipsis cum honoribus, juribus et oneribus suis salvis remanentibus subsidio Terre Sancte secundum ordinacionem supra scriptam de ipsis faciendam, salva remaneant nobis, prelatis, baronibus, nobilibus et quibuslibet aliis regni nostri jura quacunque, que nobis et aliis personis supradictis competebant ante capcionem predictam.

In cujus rei testimonium et munimen, presentibus litteris nostrum fecimus apponi sigillum.

Actum apud Matisconem, secunda die martii, anno Domini millesimo trecentesimo undecimo[3].

*
* *

2. — [*De bonis Templariorum ad Hospitalis ordinem transferendis Philippi regis edictum*[a].]

Sanctissimo domino patri in Domino C[lementi],

a. Archives nationales, J 413, n° 13 (original privé de son sceau). Publié par Dupuy, Histoire de l'ordre des Templiers, *n° 116, p. 450-451.*

cepteurs de France, d'outre-mer, de Normandie, de Poitou et d'Aquitaine et beaucoup d'autres frères dudit ordre furent arrêtés et détenus dans notre royaume en grand nombre, c'est-à-dire en l'an du Seigneur mil trois cent sept[1], ou bien de consentir à les transférer à un autre des anciens ordres militaires[2], comme votre sainte circonspection le jugera avantageux à l'honneur de Dieu et au bien de la Terre Sainte. Et assurément, Saint-Père, tout ce que vous ordonnerez à ce sujet, nous le tiendrons pour ratifié et agréable, nous le recevrons et l'observerons dévotement dans notre royaume et nous voulons, ordonnons et prescrivons que nos successeurs le respectent; et nous le ferons, comme il nous appartient, observer par nos sujets, de telle sorte cependant que lesdits biens, avec les honneurs, droits et charges y attachés, subsistent intacts pour l'aide à la Terre Sainte, conformément à l'ordonnance ci-dessus dite qui doit en être faite, les droits quelconques qui, avant ladite arrestation, nous appartenaient à nous, aux prélats, aux barons, aux nobles et à tous autres de notre royaume restant saufs.

En témoignage et garantie de quoi, nous avons fait apposer notre sceau auxdites lettres.

Fait à Mâcon, le 2 mars de l'an du Seigneur mil trois cent onze[3].

* * *

2. — *Lettre de Philippe le Bel approuvant, sous réserve, l'attribution des biens de l'ordre du Temple à celui de l'Hôpital (24 août 1312).*

Au Très-Saint-Père en Notre-Seigneur le seigneur Clé-

1. Le 13 octobre 1307. Voir l'ordre d'arrestation ci-dessus, p. 16 et suiv.

2. On se rappelle la proposition dont avait été saisi, dès 1274, le concile de Lyon touchant la fusion de tous les ordres militaires ou de quelques-uns d'entre eux, avec attribution des biens des ordres supprimés aux ordres maintenus, et l'avis exprimé à ce sujet quelques années plus tard par Jacques de Molay (ci-dessus, p. 2 et suiv.).

3. C'est-à-dire le 2 mars 1312, nouveau style.

divina providentia sacrosancte Romane ac universalis ecclesie summo pontifici, Philippus, eadem gratia Francorum rex, pedum oscula beatorum.

Pater sanctissime, cum nuper in concilio generali Viennensi, propter hereses, enormitates et scelera reperta in fratribus tunc ordinis militie Templi, tamquam infructuosum, odiosum et abhominabilem per ordinationem seu disposicionem apostolicam, vestra sanctitas ordinem eumdem, statum et nomen ipsius tollere curaverit ab ecclesia sancta Dei nosque beatitudini vestre assensum prebuerimus quod de bonis quondam Templi in regno nostro consistentibus, eadem transferendo in novum ordinem vel antiqum militarem, ordinaretis prout secundum Deum pro subsidio Terre Sancte videret vestra sanctitas expedire; sanctitatisque vestre finalis deliberatio, nobis assencientibus, in hoc resedit quod bona ordinis prefati cum suis honoribus et oneribus in fratres et ordinem Hospitalitatis sancti Johannis Jerosolymitani per ordinacionem apostolicam transferrentur pro Terre Sancte servicio, cui prius fuerant deputata, sicut et bona ordinis Hospitalis ejusdem; nos itaque, quorum interest, cum bona predicta, quatenus in regno nostro sunt, sub nostra gardia speciali et protectione consistant, et in eis ad nos jus patronatus mediate vel inmediate plenarie pertinere noscatur et hujusmodi consensum impertiendum una cum prelatis in concilio congregati fuerimus per vos inducti [1], quia sanctitas vestra disposuerat et ordinaverat quod per sedem apostolicam sic dictorum Hospitaliorum ordo regularetur et reformaretur tam in capite quam in membris [2] quod Deo, ecclesiasticis personis et secularibus esset acceptabilis, non autem infestus, sed subsidio Terre Sancte quampluri-

ment, par la divine Providence souverain pontife de la sacro-sainte Église romaine et universelle, Philippe, par la même grâce roi de France, en baisant ses bienheureux pieds.

Très-Saint-Père, attendu que naguère, au concile général de Vienne, Votre Sainteté a pris soin, à cause des hérésies, des énormités et des crimes découverts chez les frères de l'ancien ordre de la milice du Temple, d'exclure par une ordonnance et une disposition apostolique ledit ordre de la sainte Église de Dieu, comme inutile, odieux et abominable, d'en abolir le statut et le nom, et que nous avons consenti que Votre Béatitude, en transférant les biens de l'ancien ordre du Temple à un ordre militaire nouveau ou à un ancien, en dispose selon ce qui paraîtra à Votre Sainteté avantageux à Dieu et à l'aide de la Terre Sainte; attendu que la décision finale de Votre Sainteté, prise avec notre assentiment, a consisté en ceci, que les biens dudit ordre, avec les honneurs et les charges y attachés, soient, par une ordonnance apostolique, transférés aux frères et à l'ordre de Saint-Jean de Jérusalem pour le service de la Terre Sainte, à qui ils avaient été d'abord destinés, de même que les biens de l'ordre de l'Hôpital lui-même; considérant que lesdits biens, pour autant qu'ils sont situés dans notre royaume, se trouvent placés sous notre garde et sous notre protection spéciale et que le droit de patronat médiat et immédiat sur eux nous appartient, comme on le sait, pleinement; nous donc, ainsi qu'il nous appartient, nous avons été amené, avec les prélats réunis au concile[1], à donner notre consentement à votre décision, parce que Votre Sainteté avait disposé et établi que ledit ordre de l'Hôpital serait régularisé et réformé par le siège apostolique tant dans son chef que dans ses membres[2] et qu'il serait rendu acceptable à Dieu et aux personnes ecclésiastiques et laïques, et non pas dange-

1. Philippe le Bel n'accepta ce transfert que parce que son projet de création d'un nouvel ordre, sur lequel il aurait eu la haute main, rencontra au concile une très forte résistance.

2. Cette réserve était peut-être, dans la pensée des conseillers du roi, l'amorce d'un nouveau procès, dirigé cette fois contre l'ordre de l'Hôpital.

mum fructuosus, sic etiam provideretur et disponeretur de bonis prefatis omnibus quod, revocatis bonis omnibus alienatis utriusque ordinis, fructus, proventus et redditus eorumdem bonorum utriusque ordinis, deductis expensis necessariis pro custodia et administratione bonorum ipsorum, fideliter ac integre converterentur in servicium et subsidium supradictum ; sicque vestra Sanctitas, sacro approbante concilio, ordinavit et ordinationem hujusmodi in dicto concilio sollempriter publicavit, nos igitur disposicionem, ordinationem et translationem hujusmodi acceptamus et ei nostrum prebemus assensum, juribus omnibus nobis et prelatis, baronibus, nobilibus et aliis quibuscunque regni nostri ante predicta competentibus in bonis predictis, salvis perpetuo nobis et eis.

In quorum testimonium et munimem sigillum nostrum presentibus litteris duximus apponendum.

Datum Parisius, die XXIIII augusti, anno Domini millesimo trecentesimo duodecimo.

reux, mais aussi utile que possible à l'aide à la Terre Sainte, et qu'on prendrait même, au sujet de tous les biens susdits, des précautions et des dispositions, après avoir récupéré tous ceux qui, appartenant aux deux ordres, ont été aliénés, pour que les fruits, produits et revenus des biens de l'un et l'autre de ces ordres, déduction faite des dépenses nécessaires à leur garde et à leur administration, soient affectés fidèlement et intégralement au service et à l'aide susdits et ainsi que Votre Sainteté, avec l'approbation du sacré concile, l'a ordonné et en a publié l'ordre audit concile. Nous acceptons donc la disposition, l'ordonnance et le transfert susdits et nous y donnons notre consentement, sous réserve que tous les droits sur lesdits biens nous appartenant antérieurement, à nous, aux prélats, aux barons, aux nobles et aux autres personnes quelconques de notre royaume, soient saufs à toujours.

En témoignage et garantie de quoi, nous avons fait apposer notre sceau aux présentes lettres.

Donné à Paris, le 24 août de l'an du Seigneur mil trois cent douze.

APPENDIX

C'EST SI COME L'ON DOIT FAIRE FRERE ET RECEVOIR AU TEMPLE[a].

. . . .

[**657**.] *Biaus seignors freres*[5], *vos veés bien que li plus s'est*[b] *accordés de faire cestui frere : s'il y avoit nul de vos qui seüst en lui chose por quoi il ne deüst estre*[c] *freres droiturierement, si le deïst; car plus bele chose seroit qu'il le deïst avant que puis qu'il sera venus devant nos.* Et se nul ne dit rien, si le doit l'en mander querre et metre le en une chambre pres de chapistre; et puis li doit l'en mander deus prodeshomes ou trois des plus anciens de la maison et que miaus li saischent mostrer ce qui li convient.

[**658**.] Et quant il sera devant ces, il li doivent bien dire : *Freres, requerés vos la compaignie de la maison?* Et se il dit : *Oïl*, il li doivent mostrer les grans durtés de la maison, et les chari[t]ables comandemens qui i sont, et toutes les durtés aussi qui li sauront mostrer. Et se il dit qu'il souffrira volentiers tout por Dieu, et qu'il veaut estre serf et esclaf de la maison a tous jors mais, tous les jors de sa vie, il li doivent demander se

a *Bibliothèque nationale, manuscrit français 1977, fol. 191-122 v°, avec une lacune comblée à l'aide du manuscrit 44, A*[15] *de l'Académie des Lincei, à Rome. Publié par H. de Curzon*, La règle du Temple (*Paris, Soc. de l'hist. de France*, 1886), *dont nous conservons la division en paragraphes et la numérotation.* — — *b.* cest *dans le manuscrit.* — *c. Ici commence la lacune signalée plus haut.*

APPENDICE

EXTRAIT DE LA RÈGLE DU TEMPLE CONCERNANT LA RÉCEPTION DES NOUVEAUX FRÈRES.

. . . .

[**657**.] *Beaux seigneurs frères*[1], *vous* ***voyez*** *bien que la majorité s'est mise d'accord pour faire de celui-ci un frère. S'il y avait parmi vous quelqu'un qui connût en lui quelque chose qui l'empêchât d'être un frère selon la règle, qu'il le dise; car il serait mieux qu'il le dît avant qu'après qu'il sera venu devant nous.* Et si personne ne dit rien, on doit l'envoyer chercher et le mettre en une chambre près du chapitre; et puis on doit lui faire venir deux prud'hommes ou trois des plus anciens de la maison et qui sachent le mieux lui montrer ce qui lui convient.

[**658**.] Et quand il sera devant eux, ils lui doivent bien dire : *Frère, demandez-vous à entrer dans notre compagnie?* Et s'il dit : *Oui*, ils lui doivent montrer les grandes duretés de la maison et les commandements de charité qui y existent et toutes les autres duretés qu'ils sauront lui montrer. Et s'il dit qu'il souffrira volontiers tout pour Dieu et qu'il veut être serf et esclave de la maison toujours désormais et pour tous les jours de sa vie, ils doivent lui demander s'il a

1. Ces paroles sont prononcées en chapitre par le maître ou par son lieutenant.

il a femme espouse ni fiancée; ne se il fist onques vou ni promission a autre religion ne se il doit dette a nul homme dou monde qu'il ne puisse paier et se il est sain de son cors, qu'il nait nule maladie reposte, ne se il est serf de nul home.

[**659**.] Et se il dit que non, que il est bien quites de ces choses[1], li freres doivent entrer en chapistre et dire le au Maistre ou a celui qui tendra son luec : *Sire nos avons parlé a cest prodhome qui est defors et li avons mostré les durtés de la maison si come nos avons peü et seü. Et il dit qu'il veaut estre serf et esclaf de la maison, et de toutes ces choses que nos li demandames il en est quites et delivrés n'en li a nul empeschement que bien ne puisse et doie estre freres, se a Dieu et a vos et as freres plaist.*

[**660**.] Et li Maistre doit dire de rechief que se il y avoit nul qui i seüst autre chose, que il le deüst dire, quar meaus vaudroit ores que après. Et se nul ne dit riens, si doit dire : *Volés vos qu'en le face venir de par Dieu?* Et li prodome diront : *Faites le venir de par Dieu.* Et adonques doivent retorner cil qui parlerent a li et doivent demander : *Estes vos encore en votre bone volonté?* Et s'il dit : *Oïl*, il li doivent dire et enseignier coment il doit requerre la compaignie de la maison. C'est qu'il doit venir en chapistre et se doit agenoillier devant celui qui le tient, les mains jointes, et doit dire : *Sire, je suis venus devant Dieu et devant vos et devant les freres et vos prie et vos requier por Dieu et por nostre Dame que vos m'accuilliés en vostre compaignie et en vos bienfaits de la maison come celui qui tos jors mes veaut estre serf et esclaf de la maison.*

[**661**.] Et cil qui tient le chapistre li doit dire : *Biau*

femme, épouse ou fiancée; s'il a jamais fait vœu ou promesse à un autre ordre; s'il a une dette envers homme du monde qu'il ne puisse payer et s'il est sain de corps, s'il n'a pas de maladie cachée, s'il n'est serf de personne.

[659.] Et s'il dit que non, qu'il est bien quitte de ces choses[1], les frères doivent entrer en chapitre et ils doivent dire au maître ou à son lieutenant : *Sire, nous avons parlé à ce prud'homme qui est dehors et lui avons montré les rigueurs de la maison, ainsi que nous avons pu et su. Et il dit qu'il veut être serf et esclave de la maison et que de toutes ces choses que nous lui demandâmes il est quitte et délivré et qu'il n'y a en lui rien qui l'empêche de pouvoir et de devoir être frère, s'il plaît à Dieu, à vous et aux frères.*

[660.] Et le maître doit dire derechef que, s'il y avait quelqu'un qui sût quelque autre chose sur lui, il le doit dire, car mieux vaudrait maintenant qu'après. Et si personne ne dit rien, il doit dire : *Voulez-vous qu'on le fasse venir de par Dieu?* Et les prud'hommes diront : *Faites-le venir de par Dieu.* Et alors, ceux qui lui parlèrent doivent retourner vers lui et lui demander : *Êtes-vous encore en votre bonne volonté?* Et s'il dit : *Oui*, ils lui doivent dire et enseigner comment il doit requérir la compagnie de la maison : à savoir qu'il doit venir dans le chapitre et s'agenouiller devant celui qui le préside, les mains jointes, et dire : *Sire, je suis venu devant Dieu et devant vous et devant les frères et vous prie et vous requiers pour Dieu et pour Notre-Dame de m'accueillir en votre compagnie et de me donner part aux bienfaits de la maison, comme celui qui toujours désormais veut être serf et esclave de la maison.*

[661.] Et celui qui tient le chapitre doit lui dire : *Beau*

1. Les articles 432 à 437 de la Règle (H. de Curzon, *La règle du Temple*, p. 234-237) édictent des peines sévères contre ceux qui, lors de la réception dans l'ordre, auraient répondu inexactement aux questions précédentes. Dans certains cas, la peine prévue est celle de la mise aux fers suivie du renvoi : « Mes toute fois il doit dire la verité, quar se il en mentist et aprés fust provés que en eust menti et que il s'en fust parjurés, l'on le devroit metre en fers et faire li de la honte assés, et puis donné li congié de la maison » (p. 234-235).

frere, vos requerés mult grant chose, quar de nostre religion vos ne veés que l'escorche[1] *qui est par defors. Car l'escorche si est que vos nos veés avoir beaus chevaus et beaus hernois et bien boivre et bien mangier et beles robes, et ensi vos semble que vos fussiés mult aise. Mais vos ne savés pas les fors comandemens qui sont par dedans : quar forte chose si est que vos, qui estes sires de vos meïsmes, que vos vos faites serf d'autrui. Quar a grant poine ferés jamais chose que vos veullés : car se vos veullés estre en la terre deça mer, l'en vos mandera dela; ou se volés estre en Acre, l'en vos mandera en la terre de Triple ou d'Antioche, ou d'Ermenie; ou l'en vos mandera en Puille, ou en Sesile, ou en Lombardie, ou en France, ou en Borgoigne, ou en Angleterre, ou en pluisors autres terres ou nos avons maisons et possessions*[2]. *Et se vos volés dormir, on vos fera veillier; et se vos volés aucunes fois veillier, l'en vos commandera que vos ailliés reposer en vostre lit*[3]. . . .

. . . .

[**675**.] *Ores*[a] *beau frere, or entendés bien ce que nos vos dirons : vos prometés a Dieu et a nostre Dame que vos mes, tous les jors de vostre vie, serés obeissans au Maistre dou Temple et a quelque comandeor sera sur vos?* — Et il doit dire : *Oïl, sire, se Dieu plaist.*

— *Encores prometés-vos a Dieu et a madame sainte Marie que vos mes, tous les jors de vostre vie, vivrés castement de vostre cors?* — Et il doit dire : *Oïl, sire, se Dieu plaist.*

a. *A partir de cet endroit, le texte est de nouveau donné d'après le manuscrit français 1977.*

1. C'est précisément cette « écorce » qui explique la mauvaise réputation de l'ordre du Temple et la facilité avec laquelle une

frère, vous requérez moult grande chose, car de notre ordre vous ne voyez que l'écorce qui est au dehors. Car l'écorce[1], *c'est que vous nous voyez avoir de beaux chevaux et de beaux harnais et bien boire et bien manger et avoir de belles robes, et il vous semble ainsi que vous y seriez moult à votre aise. Mais vous ne savez pas les durs commandements qui sont par dedans : car c'est chose dure que vous, qui êtes maître de vous-même, vous vous fassiez serf d'autrui. Car à grand'peine ferez-vous jamais ce que vous voudrez : car si vous voulez être en la terre deçà la mer, l'on vous mandera delà; ou si vous voulez être à Acre, l'on vous enverra en la terre de Tripoli ou d'Antioche ou d'Arménie, ou l'on vous mandera en Pouille ou en Sicile ou en Lombardie ou en France ou en Bourgogne ou en Angleterre ou en plusieurs autres terres où nous avons des maisons et des possessions*[2]. *Et si vous voulez dormir, on vous fera veiller; et si vous voulez quelquefois veiller, on vous commandera d'aller vous reposer dans votre lit*[3].

[Après que l'on s'est assuré par un interrogatoire que le candidat ne se trouve pas dans un cas d'exclusion ou de non admission, le maître continue en ces termes :]

[**675.**] *Maintenant, beau frère, maintenant, entendez bien ce que nous vous dirons : vous promettez à Dieu et à Notre-Dame que désormais, tous les jours de votre vie, vous serez obéissant au maître du Temple et à n'importe quel commandeur qui sera au-dessus de vous?* — Et il doit dire : *Oui, sire, s'il plaît à Dieu.*

— *Promettez-vous encore à Dieu et à madame sainte Marie que désormais, tous les jours de votre vie, vous vivrez chastement de corps?* — Et il doit dire : *Oui, sire, s'il plaît à Dieu.*

partie de l'opinion publique ajouta foi aux accusations que l'on porta contre lui.

2. Sur les déplacements auxquels étaient exposés les frères de l'ordre, voir plus haut, p. 161, la déposition de Ponsard de Gizy.

3. L'article 233 de la Règle (H. de Curzon, *La règle du Temple*, p. 154-155) édicte la peine des fers et la perte de l'habit contre tout frère qui aura refusé d'obéir. Cette peine est régulièrement prononcée par le chapitre.

— *Encores prometés vos a Dieu et a nostre Dame sainte Marie que vos, toz les jors mes de vostre vie, vivrés sans propre?* — Et il doit dire : *Oïl, sire, se Dieu plaist.*

— *Encores prometés vos a Dieu et a madame sainte Marie que vos, tous les jors mes de vostre vie, les bons us et les bones costumes de nostre maison, celes qui i sont et celes que li Maistre et li proudomes de la maison i metront, tendrez?* — Et il doit dire : *Oïl, se Dieu plaist, sire.*

[**676.**] — *Encores prometés vos a Dieu et a madame sainte Marie que vos, tous les jors mes de vostre vie, aiderés a conquerre, a la force et au pooir que Dieu vos a doné, la sainte terre de Jerusalem; et cele que crestien tienent aiderés a garder et a sauver a vostre pooir?* — Et il doit dire ; *Oïl, sire, se Dieu plaist.*

— *Encores prometés vos a Dieu et a madame sainte Marie que jamais ceste religion ne lairés por plus fort ne por plus foibles ne por pior ne por mellior, se vos ne le faciés par le congié dou Maistre et dou covent*[1] *qui ont le pooir?* — Et il doit dire : *Oïl, sire, se Dieu plaist.*

— *Encores prometés vos a Dieu et a madame sainte Marie que vos jamais ne serés en luec ni en place ou nus crestiens soit deserités a tort ne a desraison des soes choses ne par vostre force ne par vostre conseill?* — Et il doit dire : *Oïl, sire, se Dieu plaist.*

[**677.**] — *Et nos de par Dieu et de par nostre Dame sainte Marie, de par mon seignor saint Pierre de Rome et de par nostre pere l'apostoile et de par tous les freres dou Temple, si vos acuillons a toz les biensfais de la maison qui ont esté fais des le comencement et qui seront fais jusques a la fin, et vos et vostre pere et*

— *Promettez-vous encore à Dieu et à Notre-Dame sainte Marie que désormais, tous les jours de votre vie, vous vivrez sans biens en propre?* — Et il doit dire : *Oui, sire, s'il plaît à Dieu.*

— *Promettez-vous encore à Dieu et à madame sainte Marie que désormais, tous les jours de votre vie, vous maintiendrez les bons usages et les bonnes coutumes de notre maison, celles qui y sont et celles que le maître et les prud'hommes de la maison y mettront?* — Et il doit dire : *Oui, s'il plaît à Dieu, sire.*

[**676.**] — *Promettez-vous encore à Dieu et à madame sainte Marie que, tous les jours de votre vie, vous aiderez à conquérir, selon la force et le pouvoir que Dieu vous a donnés, la Terre Sainte de Jérusalem et que vous aiderez à garder et à sauver, selon votre pouvoir, celle que les Chrétiens tiennent?* — Et il doit dire : *Oui, sire, s'il plaît à Dieu.*

— *Promettez-vous encore à Dieu et à madame sainte Marie que vous n'abandonnerez jamais cet ordre pour plus fort ni pour plus faible, pour pire ni pour meilleur, à moins que ce ne soit avec le congé du maître ou du couvent*[1] *qui ont le pouvoir?* — Et il doit dire : *Oui, sire, s'il plaît à Dieu.*

— *Promettez-vous à Dieu et à madame sainte Marie que jamais vous ne serez en lieu et place où un chrétien soit privé à tort et sans raison de ses biens ni par votre force ni par votre conseil?* — Et il doit dire : *Oui, sire, s'il plaît à Dieu.*

[**677.**] — *Et nous, de par Dieu et de par Notre-Dame sainte Marie et de par monseigneur saint Pierre de Rome et de par notre père le pape et de par tous les frères du Temple, nous vous admettons à tous les bienfaits de la maison qui lui ont été faits depuis son commencement et qui lui seront faits*

1. La procédure à suivre lorsqu'un frère désire quitter l'ordre pour entrer dans un autre — spécialement pour entrer dans un ordre assujetti à une discipline plus étroite — est minutieusement fixée par plusieurs articles de la Règle (H. de Curzon, *La règle du Temple*, art. 428, 429, 437, 474, 488, 595, 630, 653).

vostre mere et tous ces que vos vorrés acuillir de vostre lignage. Et vos aussi nos accuilliés en toz les biensfais que vos avés fais et ferés. Et si vos prometons dou pain et de l'aigue et de la povre robe de la maison et de la poine et dou travaill assés.

[**678**.] Et puis cil qui tient le chapistre doit prendre le mantel et li doit metre au col et estraindre les las. Et le frere chapelain doit le saume dire que l'on dit *Ecce quam bonum* et l'orison dou saint Esperit et chascun des freres doit dire la *Pater nostre*. Et celui qui le fait frere le doit lever sus et baisier en la bouche; et est usé que le frere chapelain le baisent aussi.

Et puis cil qui le fait frere le doit faire seir devant li et li doit dire : *Biau frere, nostre Sires vos a amené a vostre desirer et vos a mis en ensi bele compaignie come est la chevalerie dou Temple, par quoi vos devés metre grant poine en vos garder que vos ne faciés jamais chose par quoi il la vos coveigne perdre, dont Dieu vos gart. Et nos vos dirons aucunes de celes choses de qui nos remembrera de la faille de la maison et de l'abit après* . . . .

. . . .

jusques à la fin, et vous et votre père et votre mère et tous ceux de votre lignage que vous voudrez accueillir. Et vous aussi, admettez-nous à tous les bienfaits que vous avez faits et que vous ferez. Et ainsi nous vous promettons du pain et de l'eau et la pauvre robe de la maison et beaucoup de peine et de travail.

[**678.**] Et puis celui qui tient le chapitre doit prendre le manteau et doit le lui mettre au cou et en serrer les cordons. Et le frère chapelain doit dire le psaume *Ecce quam bonum* et l'oraison du Saint-Esprit et chacun des frères doit dire le *Pater noster*. Et celui qui le fait frère doit le faire lever et le baiser sur la bouche; et il est d'usage que les frères chapelains le baisent aussi.

Puis celui qui le fait frère doit le faire asseoir devant lui et doit lui dire : *Beau frère, Notre-Seigneur a satisfait votre désir et vous a mis en une aussi belle compagnie qu'est la chevalerie du Temple, par quoi vous devez faire grand effort pour vous garder de ne jamais rien faire par quoi il vous arriverait de la perdre, ce dont Dieu vous garde. Et nous vous dirons celles des choses dont nous nous souviendrons touchant l'exclusion de la maison et ensuite l'habit* . . . .

. . . .

16

ADDITIONS ET CORRECTIONS

P. IX, ligne 31. — *Au lieu de :* « Tempelherrenordens », *lire :* « Templerordens » *dans le titre de l'ouvrage de Gmelin.*

P. XVIII, ligne 6. — *Ajouter en note :* Toutefois l'inventaire des biens des Templiers du bailliage de Caen se trouvait au domicile de Nogaret (voir Ch.-V. Langlois, *Les papiers de Guillaume de Nogaret et de Guillaume de Plaisians au Trésor des chartes*, dans les *Notices et extraits des manuscrits de la Bibliothèque nationale*, t. XXXIX, p. 235, n° 304).

P. 3, note 1. — *Au lieu de :* t. XXIX, *lire :* t. XXXIX.

P. 21, note 1. — *Au lieu de :* Fréunville, *lire :* Fréauville.

P. 23, ligne 24. — *Au lieu de :* seul, *lire :* tous.

P. 25, ligne 1. — *Au lieu de :* à l'abbaye de Sainte-Marie, *lire :* à l'abbaye de Notre-Dame-la-Royale.

P. 55, ligne 1. — *Au lieu de :* Ballery, *lire :* Balleroy.

P. 156, ligne 27. — *Au lieu de :* leuge, *leçon du manuscrit*, *lire :* longe.

ADDITION

Une collation du manuscrit du procès-verbal de la commission pontificale d'enquête conservé au Vatican sous la cote *AA*, *Arm. D*, *caps. IX* (voir ci-dessus, p. XVII), que nous avons reçue seulement après l'impression du présent volume, permet d'apporter au texte du manuscrit de Paris, que nous avons donné, les améliorations qui suivent :

Page 146, ligne 15. — Au lieu de : per dictum Parisiensem episcopum, *lire :* per dominum Parisiensem episcopum, *et p. 147, l. 14, au lieu de :* de l'évêque de Paris, *lire :* du seigneur évêque de Paris.

P. 148, l. 10. — Au lieu de : miserum, *lire :* miserrimum, *et p. 149, l. 9, au lieu de :* misérable, *lire :* très misérable.

P. 148, l. 16. — Au lieu de : secundum, *lire :* secundum quod, *et p. 149, l. 15, au lieu de :* à l'exception, *lire :* sauf dans la mesure.

P. 148, l. 20. — Au lieu de : dicto, *lire :* ipso.

P. 150, l. 14. — Au lieu de : et vulgariter exponi, *lire :* et etiam vulgariter exponi, *et p. 151, l. 4, au lieu de :* et traduire, *lire :* et même traduire.

P. 150, l. 19. — Au lieu de : excusavit, *lire :* excusabat.

P. 152, l. 17. — Au lieu de : indicabat, *lire :* judicabat.

P. 154, l. 10. — Au lieu de : non intendentes per hoc, *lire :* non intendentes propter hoc, *et p. 155, l. 13, au lieu de :* par cela, *lire :* pour cela.

P. 154, l. 23. — Au lieu de : alia enormia similia, *lire :* alia erronea similia, *et p. 155, l. 24, au lieu de :* les autres énormités, *lire :* les autres erreurs.

P. 156, l. 17. — Au lieu de : « contre ceste de la religion », *lire :* « contre l'esta[t] de la religion », *et p. 157, l. 15, au lieu de :* « contre ceux de l'ordre », *lire :* « contre l'état de l'ordre ».

P. 156, l. 18. — Au lieu de : « qui les mitoyet », *lire :* « qui les metoit », *et p. 157, l. 17, au lieu de :* « qui les a mis », *lire :* « qui les mettait ».

P. 158, l. 27. — Au lieu de : « Item, frere ne couchast », *lire :* « Item, que frere ne couchast ».

P. 160, l. 28. — Au lieu de : « li dis maistres savoit vrai », *lire :* « li dis maistres savoit bien ».

P. 160, l. 31. — Au lieu de : « se nus petit freres », *lire :* « se uns petit freres ».

P. 164, l. 8. — Au lieu de : concessa [ab] eisdem, *lire :* concessa eidem, *et p. 165, l. 7, au lieu de :* accordé par eux, *lire :* à lui accordé.

P. 164, l. 9. — Supprimer eidem *après* daturos.

P. 164, l. 31. — Au lieu de : requisitus si vellet, *lire :* requisitus utrum vellet.

P. 166, l. 10. — Au lieu de : idem magister, *lire :* ipse magister.

P. 166, l. 14. — Au lieu de : deservirent, *lire :* deserviretur.

P. 168, l. 5. — Au lieu de : pertinenciis, *lire :* pertinentibus.

P. 168, l. 11. — Après : virum, *lire :* dominum, *et p. 169, l. 5, après :* homme, *lire :* le seigneur.

P. 170, l. 17. — Au lieu de : laudentes, *lire :* laudantes.

P. 174, l. 22. — Au lieu de : dicti commissarii, *lire :* dicti domini commissarii, *et p. 174, l. 16, lire :* lesdits seigneurs commissaires.

P. 174, l. 26. — Au lieu de : quousque in presencia domini pape fuerit, *lire :* quousque esset in presencia domini pape.

P. 174, l. 28. — Au lieu de : expresse declaraverunt quod, *lire :* expresse declaraverunt sibi quod, *et p. 175, l. 19, lire :* lui déclarèrent.

P. 176, l. 7. — Au lieu de : quod facerent, *lire :* quod hoc facerent.

P. 176, l. 29. — Au lieu de : reverentibus, *lire :* reverendis patribus.

P. 178, l. 8. — Après : possint, *lire :* facere, *et p. 179, l. 9, après :* doivent, *lire :* faire.

P. 178, l. 22. — Au lieu de : reverentibus, *lire :* reverendis.

P. 180, l. 9. — Au lieu de : relicto habitu seculari, conversantur, *lire :* relicto habitu, seculariter conversantur, *et p. 181, l. 9, au lieu de :* ayant abandonné l'habit séculier, se comportent, *lire :* ayant abandonné l'habit, vivent en séculiers et se comportent.

P. 180, l. 26. — Au lieu de : mira res et forcius stupenda omnibus, *lire :* mira res et forcius stupenda fidelibus omnibus, *et p. 181, l. 27, lire :* D'où il suit que c'est pour tous les fidèles une chose admirable.

P. 182, avant-dernière ligne. — Au lieu de : differunt circa pectus, *lire :* deferunt circa pectus, *et p. 185, l. 2, supprimer le mot* étalée.

P. 182, dernière ligne. — Au lieu de : regulam et mores antiquos, *lire :* regulam et mores antiquitus traditos, *et p. 185, l. 5, au lieu de :* antiques, *lire :* anciennement.

P. 184, l. 3. — Au lieu de : universam orbem, *lire :* universum orbem.

P. 186, l. 26. — Après : et quod libenter redirent, *ajouter :* ad veritatem, *et p. 187, l. 28, au lieu de :* qu'ils reviendraient volontiers sur leurs aveux, *lire :* qu'ils reviendraient volontiers à la vérité.

P. 188, l. 4. — Supprimer : vel lata.

P. 188, l. 17. — Au lieu de : serviverat, *lire :* servierat.

P. 188, l. 25. — Au lieu de : condendo sibi pectus, *lire :* contundendo sibi pectus, *et p. 189, l. 20, au lieu de :* en se cachant la poitrine, *lire :* en se meurtrissant la poitrine.

P. 190, l. 3. — Au lieu de : Hugo de Cella, *lire :* Hugonem de Cella.

P. 190, l. 7. — Au lieu de : qui noluerant, *lire :* quia noluerant.

P. 190, l. 14. — Au lieu de : interfecisset Dominum, *lire :* interfecisset Deum, *et p. 191, l. 11, au lieu de :* le Seigneur, *lire :* Dieu.

P. 190, l. 18. — Au lieu de : scirent, *lire :* scirentur, *et p. 191, l. 15, au lieu de :* s'ils l'apprenaient, *lire :* si on l'apprenait.

P. 190, l. 19. — Au lieu de : fuerunt, *lire :* fuerant.

P. 192, l. 12. — Avant : Petrus, *lire :* frater.

P. 192, l. 18. — Au lieu de : recordabatur, *lire :* recordabitur.

P. 193, l. 6. — Lire : en présence de Florimont.

P. 194, l. 13. — Avant : juvare, *lire :* eum.

P. 194, l. 14. — Au lieu de : reprehenderet alium, *lire :* reprehendit alium, *et p. 195, l. 16, au lieu de :* blâmait, *lire :* blâma.

P. 194, l. 18. — Au lieu de : dicto dyabolo, *lire :* dyabolo predicto.

P. 194, l. 20. — Au lieu de : Et vidit frequenter in picturis, *lire :* Et vidit frequenter in aliquibus picturis, *et p. 195, l. 22, après :* Et il vit souvent en, *lire :* certaines peintures.

P. 194, l. 23. — Au lieu de : cum quondam magister ordinis Templi, *lire :* cum quidam magister ordinis Templi, *et p. 195, l. 26, au lieu de :* qu'autrefois le maître de l'ordre, *lire :* qu'un certain maître de l'ordre.

INDEX[1]

1. Pour ne pas alourdir inutilement cet index, les renvois n'ont été faits qu'aux pages de la traduction française.

C

D

E

TABLE DES MATIÈRES

LES CLASSIQUES DE L'HISTOIRE DU MOYEN ÂGE

publiés sous le patronage de l'Association Guillaume Budé

ABBON.
Siège de Paris par les Normands. (1 vol.).

ADALBÉRON DE LAON.
Poème au Roi Robert. (1 vol.).

BERNARD GUI.
Manuel de l'Inquisiteur. (1 vol.).

BERNARD ITIER.
Chronique (1 vol.).

LA CHANSON DE LA CROISADE ALBIGEOISE. (3 vol.).

LA CHRONIQUE DE SAINT MAIXENT (751-1140). (1 vol.).

PHILIPPE DE COMMYNES.
Mémoires. (3 vol.).

LE DOSSIER DE L'AFFAIRE DES TEMPLIERS. (1 vol.).

ÉGINHARD.
Vie de Charlemagne. (1 vol.).

ERMOLD LE NOIR.
Louis le Pieux et Épîtres au Roi Pépin. (1 vol.).

GERBERT D'AURILLAC.
Correspondance. (1 vol.).

LES GESTES DES ÉVÊQUES D'AUXERRE. (3 vol.).

GRÉGOIRE DE TOURS.
Histoire des Francs. (1 vol.).

GUIBERT DE NOGENT.
Autobiographie. (1 vol.).

GUILLAUME DE POITIERS
Histoire de Guillaume le Conquérant. (1 vol.).

HISTOIRE ANONYME DE LA PREMIÈRE CROISADE. (1 vol.).

LOUP DE FERRIÈRES.
Correspondance (829-886). (2 vol.).

NITHARD.
Histoire des fils de Louis le Pieux, avec un fac-similé des Serments de Strasbourg. (1 vol.).

RICHER.
Histoire de France (888-895). (2 vol.).

SUGER.
Vie de Louis VI Le Gros. (1 vol.)
Œuvres. (2 vol.).

THOMAS BASIN.
Apologie ou plaidoyer pour moi-même. (1 vol.).
Histoire de Charles VII. (2 vol.).
Histoire de Louis XI. (3 vol.).

VIE DU PAPE LÉON IX.
(Brunon, évêque de Toul). (1 vol.).

GEOFFROY DE VILLEHARDOUIN.
La conquête de Constantinople. (2 vol.).

YVES DE CHARTRES.
Correspondance. (1 vol. paru).

SAINT-WANDRILLE.
Chronique des abbés de Fontenelle (1 vol.).

Ce volume,
le deuxième
de la collection Les Classiques
de l'Histoire au Moyen Âge
publié aux Éditions Les Belles Lettres
a été achevé d'imprimer
en juillet 2012
sur presse rotative numérique
de Jouve
11, bd de Sébastopol, 75001 Paris

N° d'éditeur : 7473
N° d'imprimeur : 915930S
Dépôt légal : août 2012
Imprimé en France